# 中国制造业企业出口贸易效益的实证分析

周小琳 著

吉林省社会科学基金项目（2017BS20）
及东北电力大学博士科研启动基金项目（BSJXM–2019107）阶段性研究成果

科学出版社

北京

## 内 容 简 介

异质性企业贸易理论是国际贸易理论研究的前沿，目前国外相关研究呈现全面扩展的趋势，而国内相关研究才刚刚起步。本书运用异质性企业贸易理论，从贸易起因、贸易模式和贸易利得三个角度分析中国制造业企业出口中存在的自选择效应机制欠佳、出口学习效应微弱、出口深陷"低加成率陷阱"和出口二元边际不均衡发展等低效出口现象的现状、成因及相互作用关系，并在此基础上提出制造业企业生产率、成本加成率和出口二元边际协调发展以推动中国从制造业大国向制造业强国转变的路径。

本书可供国际贸易专业、统计学专业和数量经济学专业的学生、教师及科研工作者、外贸从业人员、统计与计量分析人员等参考阅读。

**图书在版编目（CIP）数据**

中国制造业企业出口贸易效益的实证分析/周小琳著．—北京：科学出版社，2019.10
ISBN 978-7-03-062430-7

Ⅰ.①中… Ⅱ.①周… Ⅲ.①制造工业-工业企业-出口贸易-研究-中国 Ⅳ.①F426.4

中国版本图书馆 CIP 数据核字（2019）第 215602 号

责任编辑：刘英红 / 责任校对：贾娜娜
责任印制：张 伟 / 封面设计：华路天然

科学出版社 出版
北京东黄城根北街 16 号
邮政编码：100717
http://www.sciencep.com

北京虎彩文化传播有限公司 印刷
科学出版社发行 各地新华书店经销

\*

2019 年 10 月第 一 版 开本：720×1000 B5
2020 年 1 月第二次印刷 印张：10 1/4
字数：200 000

**定价：85.00 元**
（如有印装质量问题，我社负责调换）

# 前　言

　　加入世界贸易组织（World Trade Organization，WTO）以来，我国对外贸易获得了飞速的发展，货物贸易出口额从 2001 年的 2.20 万亿元增加到 2017 年的 15.33 万亿元，出口额增加了 5.97 倍，年均增长速度高达 12.90%。2018 年，在世界经济温和复苏、国际市场需求回暖、国家供给侧结构性改革和"一带一路"倡议稳步推进、国内经济稳中向好的大背景下，我国外贸出口总体形势依然较好。出口的持续扩张在拉动经济增长、吸收过剩劳动力和积累外汇收入等方面起到了巨大的推动作用，但事实上，我国出口规模持续扩张的背后也存在一系列的问题，使得未来出口存在不确定性因素：首先，贸易模式缺乏可持续性。中国是按照比较优势原则参与国际分工的，长期以来，我国依赖自身的劳动力禀赋优势，大规模从事原材料和产品两头在外的加工贸易，随着原材料价格上涨和工资水平不断攀升，我国在传统出口产品上的比较优势逐渐被印度、越南等国家取代，而新的比较优势尚未形成，贸易方式应如何转变才能确保对外贸易的持续健康发展是政府当局迫切需要解决的现实问题。其次，贸易收益微薄。尽管我国在 2013 年以后已经跃居为世界第一货物贸易大国，但由于我国长期处于微笑曲线的最底端，我国在国际分工格局中获取的利润份额非常有限（周小琳和王浩明，2014a，2014b；马树才和周小琳，2014，2015），即使是在中国最具竞争力的制造业产业内，我国产品创造的价值增值比重，与发达国家在同类产品生产上占据垄断地位的战略环节所创造的价值增值比重相比，还有相当大的差距。随着出口规模的扩大，我国的贸易条件不断恶化，贸易收益份额不断减少，部分产品的出口已经陷入"比较优势陷阱"。再次，贸易摩擦不断升级。由于内需不足，众多企业以降低价格的方式将产品销往国际市场，中国和主要贸易伙伴之间贸易摩擦的数量不断增多，涉案金额不断攀升、涉案范围不断扩大。劳动力密集型产品推动我国贸易顺差规模居高不下、外汇收入稳步上升的同时，我国的要素禀赋结构和产品结构正在逐渐发生变化。在新常态下，我国积极实施外贸供给侧改革，推动对外贸易从代工、山寨、低端产品生产到自主承担知识产权、品牌和渠道等各个价值链环节的转变。我国和主要贸易伙伴之间的贸易摩擦也从阻碍中国贸易规模的扩张上升到抑制中国对外贸易的转型升级。在这种情况下，一方面，贸易摩擦延缓了中国由贸易大国向贸易强国转变的速度；另一方面，贸易摩擦的压力可以被看作是倒逼中国对外贸易转型升级的动力和提升整体自主创新能力的机遇。最后，过度依赖外部市场。由于内需不足及对国外市场的过度依赖，当世界市场需求下降时，我国对外出口额急剧下降，这表明我国过度依赖出口的经济增长模式十分脆弱，来自外部市场的不确定性因素成为阻碍我国经济增长的长期隐患。中国对外贸易到了转型升级的关键时期。深入分析我国出口贸易现状，找出出口贸易增收不增利的本质原因，探索企业进入国际市场的正确方式，对我国顺应经济的新常态、优化外贸结构、促进经济持续健康发展具有重要意义。

贸易成因、贸易模式和贸易利得是国际贸易领域研究的关键问题。主流的国际贸易理论主要经历了古典贸易理论（比较优势理论）、新古典贸易理论（要素禀赋理论）和新贸易理论（规模经济理论、需求偏好相似理论、产品生命周期理论等）三个阶段。传统贸易理论认为，国家之间的差异，包括技术差异（比较优势理论）、要素禀赋差异（要素禀赋理论），是国际贸易产生的原因。然而，20世纪60年代以来，研究人员发现，超过60%的贸易为生产技术水平和要素禀赋相似的发达国家之间的产业内贸易。对此，Linder（1961）提出需求偏好相似理论，Krugman（1979）提出规模经济理论，他们认为：即使国家之间不存在生产技术水平和要素禀赋的差异，规模经济和不完全竞争也可以促进国际贸易的产生，新贸易理论由此诞生。传统贸易理论都是以产业为出发点来研究国家之间的贸易行为的，比较优势理论和要素禀赋理论研究的是生产技术水平或者要素禀赋差异大的国家间的产业间贸易，规模经济理论和需求偏好相似理论研究的是生产技术水平、要素禀赋或者需求偏好相似的国家间的产业内贸易。为了便于研究，主流的国际贸易理论假设国家之间在产业层面存在差异，但是同一产业内所有的企业都是同质的，即某一产业内或者所有企业都出口，或者所有企业都不出口，这显然与现实中任何国家同一产业内不同企业之间广泛地存在生产率、成本加成率和要素密集度等方面的差异，以及同一产业内只有部分企业出口的现象不一致。为此，Melitz（2003）、Bernard 等（2003）、Helpman 等（2003）学者以企业生产率异质为角度，开创性地提出异质性企业贸易理论。众多学者以 Melitz 模型（Melitz，2003）的企业生产率异质为基础，不断放宽假设条件，逐步将产品质量差异、成本加成差异、要素禀赋差异等因素纳入异质性企业贸易理论模型，随着假设条件与现实不断接近，模型的解释力度越来越强，应用领域越来越广泛（周小琳等，2015）。Melitz 模型及其扩展模型得到了发达国家企业层面和细分类商品层面数据的实证检验，有力地指导了发达国家的贸易实践。然而，国内学者，如李春顶和尹翔硕（2009）、赵伟和赵金亮（2011）、戴觅等（2014）利用 Melitz 模型检验中国企业的出口市场进入行为，黄先海等（2016）、盛丹和王永进（2012）、盛丹（2013）、刘啟仁和黄建忠（2015）、祝树金和张鹏辉（2015）等利用 Melitz 和 Ottaviano 模型（Melitz and Ottaviano，2008）检验中国企业出口与成本加成率之间的关系，这些学者均发现异质性企业贸易理论模型无法解释中国的现实问题。盛斌和吕越（2014）、史本叶和张永亮（2014）、薛冰和卫平（2017）、马凌远（2016）等运用异质性企业贸易理论的引力模型发现，与发达国家出口沿着扩展边际扩张不同，中国绝大部分贸易收入来源于出口集约边际。从企业角度分析我国出口贸易效益，找出传统异质性企业贸易理论模型无法解释我国企业出口中存在的问题，构建适合中国的异质性企业贸易理论模型，并运用该模型解释和指导我国企业的贸易实践，是当前国际理论研究迫切需要解决的问题。

随着异质性企业贸易理论的发展和微观数据的可得性增强，越来越多的国内学者开始从微观角度分析我国出口贸易的效益。生产率、成本加成率和出口二元边际是异质性企业贸易理论研究的核心内容，异质性企业贸易理论以这三个问题为主线揭示了贸易起因、贸易模式和贸易利得。生产率体现企业的生产技术水平和竞争能力，成本加成率体现企业的市场势力和获利能力，出口二元边际体现企业的出口模式和未来发展潜力。贸易起因是否与异质性企业贸易理论相符、贸易模式是否均衡发展、贸易利得是否巩固了企业的市场势力，是从异质性企业贸易理论的视角衡量企业出口贸易效益的主要因素，且三者之间是相互作用、相互联系的，但国内尚无文献将三者结合起来进行分析。为此，本书运用异质性企业贸易理论，对中国制造业企业生产率、成本加成率和出口二元边际的发展现状、成因及其相互关系进行实证分析，并提出相应对策建议，对我国出口企业摆脱生产率悖论，提升出口学习效应，走出"低加成率陷阱"和推动出口二元边际均衡发展具有重要的意义。

本书的研究内容如下：第一，对异质性企业贸易相关理论进行综述。运用国际经济学模型，归纳与总结古典贸易理论、新古典贸易理论、新贸易理论和异质性企业贸易理论，从基本假设、贸易起因、贸易模式和贸易利得四个角度，对比主流贸易理论与异质性企业贸易理论的异同，并结合中国现实提出理论假说。第二，对出口与生产率的关系进行实证研究。阐述自选择效应和出口学习效应的含义，归纳自选择效应和出口学习效应的作用机制，为出口与生产率关系的研究提供理论支撑；以上市公司制造业企业的数据为样本，详细描述制造业企业出口密度与生产率的变化趋势及出口与生产率之间的相互关系；构建实证模型，检验我国制造业企业的出口中是否存在出口选择悖论和出口学习效应，并进行理论分析与解释。结果表明，由于加工贸易比重过高、国内市场分割严重、出口导向政策推动、企业生产率水平两极分化和国内外市场竞争程度不同，入世的前过渡期我国各类所有制企业、各地区企业及高技术企业和低技术企业的出口中，入世的后过渡期低技术企业、国有企业和东部地区企业的出口中，均出现生产率的自选择悖论现象，进而导致企业在出口中仅获得微弱的出口学习效应。为此，可以采用设立合理的企业进入退出机制、消除国内市场分割、转变对加工贸易企业的扶持方向和推动劳动力密集型产品的创新发展等政策，推动企业出口恢复生产率的自选择效应机制，提升出口学习效应。第三，对出口与成本加成率之间的关系进行实证研究。介绍成本加成的经济学含义，概括与总结成本加成率的理论模型与实证模型；以中国上市公司制造业企业数据为样本，描述企业出口与成本加成率之间的关系；构建成本加成的计量模型，实证检验我国制造业企业的出口是否陷入"低加成率陷阱"。结果表明，由于自选择效应不能有效地发挥、竞争效应过强、创新效应不足、出口学习效应微弱和对外贸易转型升级困难等原因，入世的前过渡期我国低技术企业、外商投资企业和西部地区企业的出口中，入世的后过渡期我国中技术企业和低技术企业、外商投资企业和民营企业、东部地区企业和西部地区企业的出口中，均出现"低加成率陷阱"现象。为此，可以采用健全企业出口的自选择效应机制、全面提升出口产品质量、加强对企业研发创新工作的引导支持、提高企业自身的吸收能力、调整出口产品结构、推动产业结构升级等政策，推动企业出口走出"低加成率陷阱"。第四，对企业出口二元边际进行实证研究。介绍出口集约边际和出口扩展边际的概念，将要素禀赋差异纳入 Melitz 模型，构建适合中国的出口二元边际理论模型；假设产业内每个企业均为自己产品类别的垄断者，用 6 位数量级 HS1996 中国制造业商品的数据替代中国制造业企业整体的数据，描述中国企业出口二元边际发展概况；构建出口二元边际计量模型，实证分析中国出口扩展边际和集约边际的发展现状及其成因。结果表明，由于要素结构失衡、产品结构失衡、贸易方式失衡和内外需比例失衡等原因，我国出口二元边际发展极不平衡，2003~2015 年，我国制造业 9 个中高技术产业中有 2 个产业出口扩展边际为零，19 个中低技术产业中有 11 个产业出口扩展边际为零，4 个产业的年均出口扩展边际不足百万元。但是，这 28 个产业的出口集约边际一直居高不下。为此，可以采用加速人口红利由数量增长转向质量提升、推动企业技能偏向型技术进步、加强和拓展与"一带一路"沿线国家的对外贸易、调整生产要素地区分布、优化地区间出口二元边际布局及推动加工贸易向高端发展等政策，促进企业出口二元边际均衡发展。第五，总结出口企业低效因素的相互作用关系，提出促进企业生产率、成本加成率和出口二元边际协调发展的对策建议。分别分析企业出口选择悖论、出口学习效应微弱、"低加成率陷阱"和出口二元边际不均衡发展之间的相互作用与相互联系，并在此基础上提出促进出口企业生产率、成本加成率和出口二元边际协调发展的对策建议。

  异质性企业贸易理论是国际贸易的前沿和最新进展，相关理论和实证研究均存在很大的难度，本书的写作过程中，除了自己所做的工作外，还参阅了国内外作者的相关文献、资料，在此深表谢意。由于学识水平有限，书中不足之处在所难免，恳请读者与有关专家阅读后能不吝赐教并给予批评指正。

周小琳

2019 年 3 月 5 日

# 目 录

## 第1章 异质性企业贸易相关理论 ............... 1
1.1 古典贸易理论 ............... 1
1.2 新古典贸易理论 ............... 4
1.3 新贸易理论 ............... 6
1.4 异质性企业贸易理论 ............... 14
1.5 国际贸易理论的比较 ............... 20

## 第2章 出口与企业生产率关系的实证分析 ............... 24
2.1 自选择效应和出口学习效应的理论基础 ............... 24
2.2 制造业企业的出口现状 ............... 28
2.3 企业全要素生产率的估算与比较 ............... 33
2.4 自选择效应的实证分析 ............... 44
2.5 出口企业学习效应的实证分析 ............... 56
2.6 出口企业生产率悖论的成因分析 ............... 67
2.7 促进自选择效应和出口学习效应有效发挥的对策建议 ............... 69

## 第3章 出口与企业成本加成关系的实证分析 ............... 71
3.1 出口成本加成的理论基础 ............... 71
3.2 出口成本加成的度量方法 ............... 74
3.3 制造业出口贸易企业成本加成现状分析 ............... 82
3.4 制造业企业出口"低加成率陷阱"的实证分析 ............... 94
3.5 出口企业陷入"低加成率陷阱"的成因分析 ............... 117
3.6 促进企业出口成本加成率溢价的对策建议 ............... 119

## 第4章 出口企业二元边际的实证分析 ............... 121
4.1 出口企业二元边际描述性统计分析 ............... 122
4.2 模型构建与理论分析 ............... 127
4.3 实证模型的估计、检验与分析 ............... 131
4.4 出口企业二元边际不均衡发展的成因分析 ............... 137
4.5 促进我国企业出口二元边际均衡发展的对策建议 ............... 140

# 第5章 出口企业低效因素的相互作用关系及协调发展对策 …………… 142
## 5.1 生产率悖论、"低加成率陷阱"和二元边际失衡的关系 ………… 142
## 5.2 促进出口企业生产率、成本加成率和二元边际协调发展的对策建议 …………………………………………………………… 144

# 参考文献 ………………………………………………………………… 147

# 第1章　异质性企业贸易相关理论

真正意义上的国际贸易理论是从 1776 年亚当·斯密提出绝对优势理论开始的。在国际经济学中，从斯密创立的绝对优势理论开始一直发展到"里昂惕夫之谜"为止的国际贸易理论被称为国际贸易纯理论。这一概念是由经济学家马歇尔提出的，是指这种理论所研究的国与国之间的商品交换行为，不考察如汇率和国际收支等货币价格和货币支付问题。国际贸易纯理论的发展可以分为四个阶段：①古典贸易理论，主要包括绝对优势理论和比较优势理论；②新古典贸易理论，主要包括要素禀赋理论等；③新贸易理论，主要包括需求偏好相似理论、外部规模经济理论和内部规模经济理论等；④异质性企业贸易理论。各贸易理论从不同角度解释了贸易起因和贸易模式，并据以分析不同贸易起因和贸易模式下的贸易利得。

## 1.1　古典贸易理论

### 1.1.1　绝对优势理论

斯密的绝对优势理论指出，如果一国生产某种产品的成本绝对低于其他国家，则该国在该产品上具有绝对优势；反之，则具有绝对劣势。在国际贸易中，如果每个国家都出口本国具有绝对优势的产品，进口本国具有绝对劣势的产品，那么，所有贸易参与国都能够从国际贸易中获得福利水平的提升。

1. 绝对优势与国际贸易

假设两国其他一切情况均相同，但两国在不同产品生产上具有不同的生产技术水平，存在着劳动生产率的绝对差异。假设 $A$、$B$ 两个国家都只有劳动力一种生产要素，两国劳动总量均为 60，每个国家都生产 $X$ 和 $Y$ 两种产品，两种产品的单位劳动投入如表 1-1 所示。

表 1-1　$X$ 和 $Y$ 两种产品的单位劳动投入

| 产品 | 国家 | |
| --- | --- | --- |
| | $A$ | $B$ |
| $X$ | 3 | 12 |
| $Y$ | 6 | 4 |

1）封闭状态下的均衡

如果两个国家在自给自足的情况下，各自以一半的资源生产 $X$ 和 $Y$，则 $A$ 国全部资源能够生产 10 单位的 $X$ 和 5 单位的 $Y$，$B$ 国全部资源能够生产 2.5 单位的 $X$ 和 7.5 单位的 $Y$，整个世界的总产量为 12.5 单位的 $X$ 和 12.5 单位的 $Y$。均衡时，$A$ 国 $X$ 产品的相对价格 $P_{AX}/P_{AY}$ 为 1/2，$B$ 国 $X$ 产品的相对价格 $P_{BX}/P_{BY}$ 为 3。

2）国际分工与贸易

$A$ 国生产 $X$ 产品的单位劳动投入 $C_{AX}$ 为 3，$B$ 国生产 $X$ 产品的单位劳动投入 $C_{BX}$ 为 12，$C_{AX} < C_{BX}$，因此，$A$ 国在 $X$ 产品的生产上具有绝对优势。$A$ 国生产 $Y$ 产品的单位劳动投入 $C_{AY}$ 为 6，$B$ 国生产 $Y$ 产品的单位劳动投入 $C_{BY}$ 为 4，$C_{BY} < C_{AY}$，因此，$B$ 国在 $Y$ 产品的生产上具有绝对优势。开放后，$A$ 国完全专业化生产 $X$，$B$ 国完全专业化生产 $Y$。由于绝对优势的存在，两个国家封闭状态下存在相对价格的差异，开放后只要世界市场价格在两国封闭状态下的价格 1/2 和 3 之间，两国之间便会进行贸易。

2. 福利分析

封闭状态下，整个世界的总产量为 12.5 单位的 $X$ 和 12.5 单位的 $Y$，开放后，$A$ 国完全专业化生产 $X$，$B$ 国完全专业化生产 $Y$，整个世界总产量为 20 单位 $X$ 和 15 单位 $Y$。无论是 $X$ 产品，还是 $Y$ 产品，世界总产量都提高了，说明分工与专业化有助于提高整个世界的效率水平，增加整个世界的财富总量。

贸易自由化之前，每个国家的生产水平与消费水平相同，因此，$A$ 国消费 10 单位的 $X$ 和 5 单位的 $Y$，$B$ 国消费 2.5 单位的 $X$ 和 7.5 单位的 $Y$。贸易自由化以后，$A$ 国（$B$ 国）完全专业化生产并出口 $X$（$Y$）产品，假设两国按照 1∶1 的比率进行交换，$A$ 国用 6 单位的 $X$ 与 $B$ 国交换 6 单位的 $Y$，则 $A$ 国消费 14 单位的 $X$ 和 6 单位的 $Y$，$B$ 国消费 6 单位的 $X$ 和 9 单位的 $Y$。可见，不仅世界的财富总量提高了，通过交换，两个国家的消费总量和居民福利水平也提高了。

### 1.1.2 比较优势理论

绝对优势理论把国际贸易产生的原因归结为各国在不同产品的生产上存在生产技术水平的绝对差异。对于经济发展水平或生产技术水平差不多的国家来说，很有可能出现两国各在一种产品的生产上具有绝对优势的现象，但对于经济发展水平或生产技术水平相差比较大的国家来说，两国之间还能否进行互利互惠的贸易呢？

为回答此问题，李嘉图提出比较优势理论，该理论指出，两个国家即使不存在生产技术水平的绝对差异，而只是一国和其他国家相比存在生产技术水平的相对差异，在开放状态下，每个国家专业化生产与出口其生产成本相对低的产品，进口其生产成本相对高的产品，同样能够产生互利互惠的国际贸易。

1. 比较优势与国际贸易

假设 $A$ 国和 $B$ 国都只生产 $X$ 和 $Y$ 两种产品，每种产品的生产中只使用劳动一种生产要素。$A$ 国和 $B$ 国 $X$ 产品的单位劳动投入分别为 $C_{AX}$ 和 $C_{BX}$，$C_{AX}<C_{BX}$，$A$ 国和 $B$ 国 $Y$ 产品的单位劳动投入分别为 $C_{AY}$ 和 $C_{BY}$，$C_{AY}<C_{BY}$，因此，$A$ 国在 $X$ 产品和 $Y$ 产品的生产上都具有绝对优势，$B$ 国在 $X$ 产品和 $Y$ 产品的生产上都具有绝对劣势。但是，$C_{AX}/C_{AY}<C_{BX}/C_{BY}$。假设市场是完全竞争的，相对价格等于机会成本，$A$ 国和 $B$ 国 $X$ 产品均衡的相对价格水平分别为 $P_{AX}/P_{AY}$ 和 $P_{BX}/P_{BY}$，则 $P_{AX}/P_{AY}<P_{BX}/P_{BY}$，$A$ 国和 $B$ 国分别在 $X$ 产品和 $Y$ 产品的生产上具有比较优势。封闭状态下，$A$ 国和 $B$ 国的均衡点分别为 $E_{A1}$ 和 $E_{B1}$，在此点上两国的生产都等于消费。贸易自由化以后，$A$、$B$ 两国均完全专业化生产并出口其具有比较优势的产品，进口其具有比较劣势的产品。均衡时，$A$ 国的生产点从 $E_{A1}$ 移动到 $X_A$，消费点从 $E_{A1}$ 移动到 $E_{A2}$；$B$ 国的生产点从 $E_{B1}$ 移动到 $Y_B$，消费点从 $E_{B1}$ 移动到 $E_{B2}$。具体如图 1-1 和图 1-2 所示。

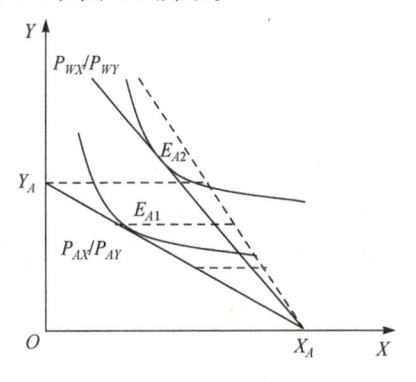

图 1-1　$A$ 国贸易一般均衡模型 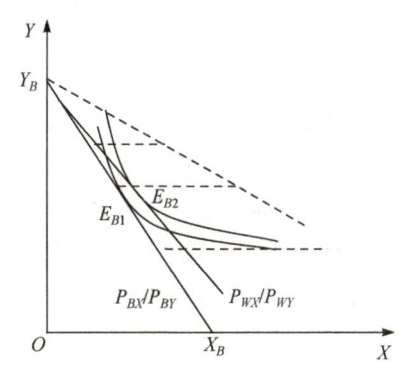　　　　图 1-2　$B$ 国贸易一般均衡模型

2. 福利分析

通过对图 1-1 和图 1-2 的分析可以看出，即使两个国家中有一个国家在所有产品的生产上都具有绝对优势，而另一个国家在所有产品的生产上都具有绝对劣势，但是，只要有比较优势和比较劣势产品的存在，两个国家之间就会产生产品相对价格的差异。只要世界市场相对价格在两国封闭状态下的相对价格水平之间，即 $P_{AX}/P_{AY}<P_{WX}/P_{WY}<P_{BX}/P_{BY}$，各国之间就可以进行互利互惠的国际贸易。开放后，两国仍然用原有的资源进行生产，通过分工与交换，$A$ 国的消费点从 $E_{A1}$ 移动到 $E_{A2}$，$B$ 国的消费点从 $E_{B1}$ 移动到 $E_{B2}$，两国的消费水平都上升到一条更高的

无差异曲线之上。通过国际贸易，最终两国都获得了福利水平的提升。均衡时，世界市场相对价格 $P_{WX}/P_{WY}$ 与哪个国家封闭状态下的相对价格水平差距越大，哪个国家在国际分工与交换的过程中获得的贸易利益就越高。

## 1.2 新古典贸易理论

尽管比较优势理论得到了众多学者的追捧，但在比较优势理论的发展过程中，大量的学者从数理和经验上验证比较优势理论的正确性时，出现了众多的伪证。李嘉图的比较优势模型假设产品生产中只使用一种生产要素，然而，随着资本主义的发展和工业化的推进，任何一种产品的生产中至少使用两种生产要素。为弥补比较优势模型的不足，瑞典经济学家赫克歇尔和俄林改变了李嘉图模型的假设条件，变一种生产要素为两种生产要素，提出了要素禀赋理论（Heckscher-Ohlin theory，H-O 理论）。赫克歇尔和俄林认为，国家之间存在要素禀赋的差异，一个国家应该出口密集使用本国相对丰富的生产要素生产的产品，进口密集使用本国相对稀缺的生产要素生产的产品。

1. 要素禀赋与国际贸易

1）要素禀赋差异与相对供给差异

假设世界上有 $A$、$B$ 两个国家，两国仅在要素禀赋上存在差异，每个国家都生产 $X$ 和 $Y$ 两种产品，$X$ 和 $Y$ 的生产中都使用资本 $K$ 和劳动 $L$ 两种生产要素。在图 1-3 中，$E_A$、$E_B$ 分别代表 $A$ 国、$B$ 国的生产要素禀赋。可见，$A$ 国和 $B$ 国分别是劳动禀赋和资本禀赋相对丰富的国家，$X$ 是劳动力密集型产品，$Y$ 是资本密集型产品。

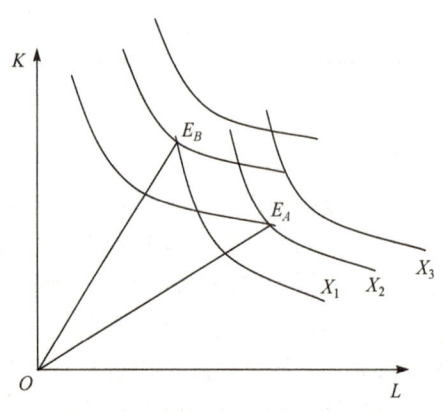

图 1-3 要素禀赋与生产可能性

$A$ 国和 $B$ 国全部资源都用于生产 $X$，$X$ 的产量分别为 $X_2$ 和 $X_1$，$X_2 > X_1$。$A$ 国和 $B$ 国全部资源都用于生产 $Y$，$Y$ 的产量分别为 $Y_1$ 和 $Y_2$，$Y_1 < Y_2$。$A$ 国和 $B$ 国的生产可能性曲线如图 1-4 和图 1-5 所示。可见，每个国家分别在其相对丰富要素密集型产品的生产上具有更强的相对供给能力。

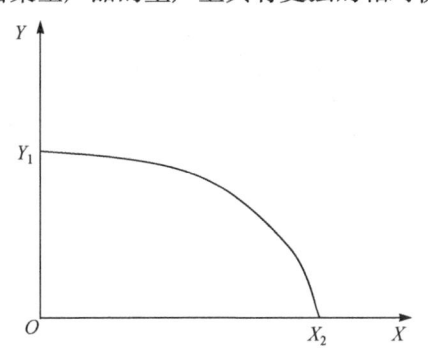

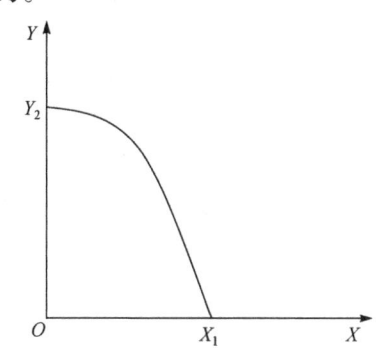

图 1-4 $A$ 国生产可能性曲线

图 1-5 $B$ 国生产可能性曲线

2）封闭条件下的相对价格

图 1-6 体现了供给能力的差异对产品相对价格水平的影响。在两国需求完全相同的情况下，由于 $A$ 国 $X$ 产品的供给能力强，封闭状态下 $A$ 国 $X$ 产品的相对价格 $P_{AX}/P_{AY}$ 比较低；反之，对于 $B$ 国来讲，$X$ 产品的供应能力弱，封闭状态下 $B$ 国 $X$ 产品的相对价格 $P_{BX}/P_{BY}$ 比较高，即 $P_{AX}/P_{AY} < P_{BX}/P_{BY}$。可见，要素禀赋的差异导致两国产品供给能力的差异，在需求偏好相同的假设下，供给能力的差异导致封闭状态下两国相对价格的差异。

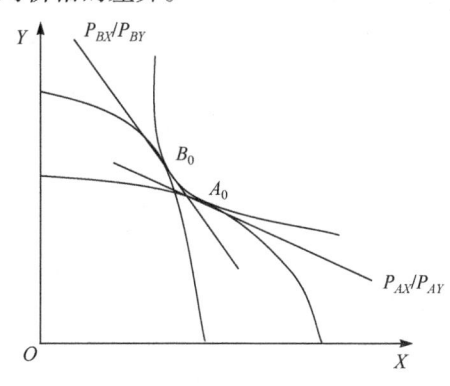

图 1-6 供给能力与相对价格差异

3）要素禀赋理论与国际贸易

两国封闭状态下相对价格的差异将导致国际贸易的产生，具体如图 1-7 所示。$A$ 国和 $B$ 国分别在 $X$ 产品和 $Y$ 产品的生产上具有比较优势。贸易自由化后，$A$ 国

专业化生产 $X$，并按照世界市场价格 $P_{WX}/P_{WY}$ 出口 $X$、进口 $Y$。$B$ 国专业化生产 $Y$，并按照世界市场价格 $P_{WX}/P_{WY}$ 出口 $Y$、进口 $X$。均衡时，$A$ 国 $X$ 产品的生产量、消费量和出口量分别为 $X_{A1}$、$X_{A2}$ 和 $X_{A2}X_{A1}$，$Y$ 产品的生产量、消费量和进口量分别为 $Y_{A1}$、$Y_{A2}$ 和 $Y_{A2}Y_{A1}$；$B$ 国 $X$ 产品的生产量、消费量和进口量分别为 $X_{B1}$、$X_{B2}$ 和 $X_{B1}X_{B2}$，$Y$ 产品的生产量、消费量和出口量分别为 $Y_{B1}$、$Y_{B2}$ 和 $Y_{B1}Y_{B2}$。

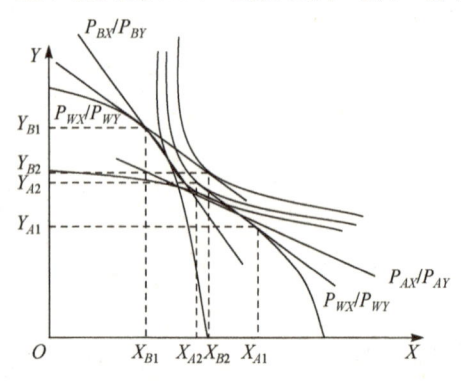

图 1-7 相对价格差异与国际贸易

**要素禀赋理论**：要素禀赋的差异导致封闭状态下两国相对价格水平的差异。一国应出口密集使用本国丰富要素生产的产品，进口密集使用本国稀缺要素生产的产品。

2. 福利分析

如图 1-7 所示，随着 $A$ 国专业化生产并出口 $X$ 产品，$B$ 国专业化生产并出口 $Y$ 产品，价格发生变化，$A$ 国的贸易条件由 $P_{AX}/P_{AY}$ 上升到 $P_{WX}/P_{WY}$，$B$ 国的贸易条件由 $P_{BY}/P_{BX}$ 上升到 $P_{WY}/P_{WX}$，两国通过生产各自具有比较优势的产品，同时以高于国内的价格出口，通过交换两个国家的福利水平都得到提升。

## 1.3 新贸易理论

比较优势理论和要素禀赋理论认为对外贸易建立在各国国家层面差异的基础之上，而国家层面差异产生的原因，则或者是技术水平差异，或者是要素禀赋差异。因此，比较优势理论和要素禀赋理论更加适合解释发达国家与发展中国家之间的产业间贸易。然而，第二次世界大战以后，三分之二以上的世界贸易是发生在要素禀赋结构相似的发达国家之间的产业内贸易。为解释这一贸易现象，众多学者先后提出了一系列新的贸易理论，其中最具代表性的理论包括需求偏好相似理论、外部规模经济理论和内部规模经济理论等，这些新理论突破了传统贸易理论的模式,从第二次世界大战后国际贸易出现的新问题、新特点着手,以全新的角度解释国际贸易产生的原因,推动了国际贸易理论的发展,这些理论统称为新贸易理论。

### 1.3.1 需求偏好相似理论

需求偏好相似理论假设两个国家的供给和需求状态完全相同,两国之间贸易关系的密切程度是由两国的需求结构与收入水平决定的(Linder,1961)。两个国家的需求结构和收入水平越接近,两国之间的贸易越密切。

#### 1. 重叠需求与国际贸易

收入水平和产品需求档次之间呈正比例关系也能够引发国际贸易,如图 1-8 所示。图 1-8 中从原点出发的射线代表了消费者的收入水平和其产品需求档次之间的一一对应关系。假设世界上有三个国家,$A$ 国的收入水平在 $Y_{a1}$ 与 $Y_{a2}$ 之间,根据一一对应的关系,$A$ 国居民的产品需求档次在 $Q_{a1}$ 与 $Q_{a2}$ 之间。$B$ 国的收入水平和产品需求档次如图 1-8 中虚线所示,在 $Y_{a1}$ 与 $Y_{b2}$ 之间,两国居民有相同的收入,因而,两国的产品需求档次在 $Q_{b1}$ 与 $Q_{b2}$ 之间是重合的,两国可以生产并相互出口 $Q_{a1}$ 与 $Q_{b2}$ 质量区间的产品。$C$ 国的收入水平和产品需求档次分别在 $Y_{c1}$ 与 $Y_{c2}$ 和 $Q_{c1}$ 与 $Q_{c2}$ 之间,$C$ 国与 $A$ 国和 $B$ 国居民在收入和产品需求档次上均没有重合之处,因此,$C$ 国与 $A$ 国和 $B$ 国之间均无贸易。

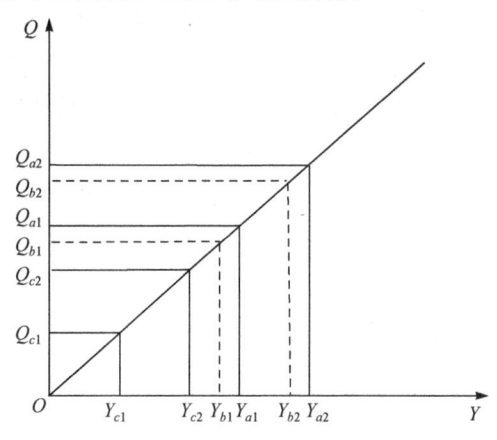

图 1-8 重叠需求与国际贸易

#### 2. 福利分析

按照传统贸易理论,收入水平差异大的国家之间更容易发生国际贸易。Linder 放开产品质量同质的假设,认为消费者的收入水平与其偏好的产品质量之间呈正比例关系，因此，收入水平相近的国家更容易产生贸易，且贸易关系更加密切。贸易自由化以后，每个国家专业化生产两国需求重叠部门的某一类产品，并与贸易伙伴交换部门内其他种类的产品，消费者因能够消费更低价格、更多种类的产品而获得福利水平的提升。

### 1.3.2 外部规模经济理论

规模经济是指在产出的某一范围内，平均成本随着产出的增加而递减（Krugman，1979）。规模经济有两种情形：一种是内部规模经济，即企业的平均成本随着其自身生产规模的扩大而下降；另一种是外部规模经济，即企业的平均成本随着整个产业生产规模的扩大而下降。外部规模经济对单个企业来说是外在的，平均成本与单个企业的规模无关（Krugman，1980），而与整个产业的规模有关，是一种外部经济性表现。

1. **外部规模经济与国际贸易**

假设两国之间不存在任何差异，贸易自由化之前两国均不在任何产品上存在比较优势，然而，只要有外部规模经济的存在，各国分别专业化生产一种产品，并进行国际贸易，两国均可因实现规模经济而获得福利水平的提升。

图 1-9 描述了外部规模经济情况下的生产、消费和贸易。假设两国要素禀赋和生产技术水平完全相同，$X$ 部门的生产中存在外部规模经济，$Y$ 部门的生产中不存在外部规模经济。两国具有相同的生产可能性曲线 PPF。假设两国消费偏好和市场规模完全相同，那么，两国具有相同的需求无差异曲线。封闭状态下，两国的生产点和消费点均为 $E_1$，相对价格水平均为 $RP_1$ 线的斜率。贸易自由化后，假设 $A$ 国首先开始专业化生产 $X$ 产品，随着 $X$ 产品生产规模的扩大，$A$ 国和 $B$ 国分别在 $X$ 产品和 $Y$ 产品的生产上形成比较优势，分工和贸易进一步深化。若两国

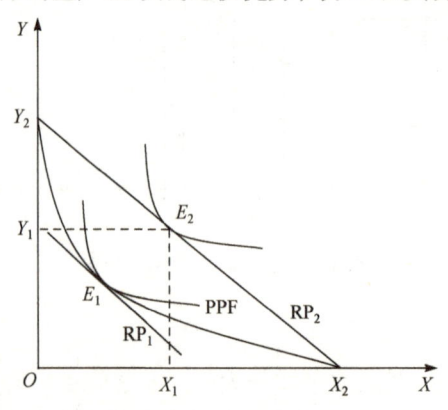

图 1-9　外部规模经济下的生产、消费及贸易

消费者对 $X$ 和 $Y$ 产品具有同等程度的需求偏好,两国之间进行等价交换,均衡时, $A$ 国完全专业生产 $X_2$ 数量的 $X$,按照相对价格 $RP_2$ 与 $B$ 国进行交换,出口 $X_1X_2$ 数量的 $X$,进口 $Y_1$ 数量的 $Y$; $B$ 国专业化生产 $Y_2$ 数量的 $Y$,按照相对价格 $RP_2$ 与 $A$ 国进行交换,出口 $Y_1$ 数量的 $Y$,进口 $X_1X_2$ 数量的 $X$。

即使两个国家的需求偏好完全一样,但如果两国消费者对于 $X$ 和 $Y$ 产品的需求偏好强度不同,两国之间不一定会出现产品等价交换的现象。在图 1-10 中,两国要素禀赋、生产技术水平、需求偏好和市场规模完全相同,因此,封闭状态下两国的生产点和消费点($E_1$)完全相同,由于外部规模经济的存在,贸易自由化后,$A$ 国完全专业化生产 $X$,$B$ 国完全专业化生产 $Y$,尽管两个国家具有相同的需求偏好,但是,图 1-10(a)中两国的消费者都更加喜欢消费 $X$ 产品,图 1-10(b)中两国的消费者都更加喜欢消费 $Y$ 产品。当两国的消费者都更加偏好于消费 $X$ 产品时,$X$ 产品的相对价格线比较陡峭,贸易均衡时,$A$ 国在 $E_3$ 点消费,出口 $X_3X_4$ 数量的 $X$,进口 $Y_3$ 数量的 $Y$,$B$ 国在 $E_2$ 点消费,出口 $Y_2Y_4$ 数量的 $Y$,进口 $X_2$ 数量的 $X$;当两国的消费者都更加偏好于消费 $Y$ 产品时,$X$ 产品的相对价格线比较平缓,贸易均衡时,$A$ 国在 $E'_2$ 点消费,出口 $X'_2X_4$ 数量的 $X$,进口 $Y'_2$ 数量的 $Y$,$B$ 国在 $E'_3$ 点消费,出口 $Y'_3Y_4$ 数量的 $Y$,进口 $X'_3$ 数量的 $X$。

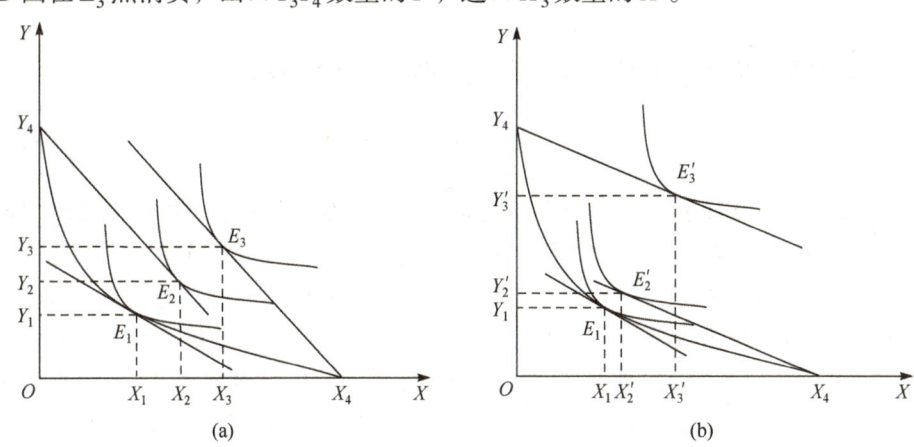

图 1-10 消费具有偏向时外部规模经济下的生产、消费及贸易

**2. 福利分析**

当存在外部规模经济时,国际贸易会给每个贸易参与国都带来贸易利益,其贸易利益来自:对于生产者来说,生产者可以充分利用外部规模经济效应,使生产效率大幅度提升;对于消费者来说,可以更低的价格购买更多种类的产品。虽然,两国都能从国际贸易中获得收益,但两国在贸易中获得的贸易利益是不完全相同的,专业化生产中两国消费者均对其具有高度需求偏好产品的国家获得更多

的贸易利益。在图1-9中，假设两国消费者对 $X$ 和 $Y$ 产品具有同等程度的偏好，贸易自由化后两国的消费点均从 $E_1$ 上升到 $E_2$，两国的福利水平得到同等程度的提升。在图1-10（a）中，两国消费者都更加偏好于消费 $X$ 产品，贸易自由化后，$A$ 国的消费点从 $E_1$ 上升到 $E_3$，$B$ 国的消费点从 $E_1$ 上升到 $E_2$，$A$ 国从贸易中获得了更多的收益。在图1-10（b）中，两国消费者都更加偏好于消费 $Y$ 产品，贸易自由化后，$A$ 国的消费点从 $E_1$ 上升到 $E_2'$，$B$ 国的消费点从 $E_1$ 上升到 $E_3'$，$B$ 国从贸易中获得了更多的收益。

### 1.3.3 内部规模经济理论

内部规模经济是指随着单个企业生产规模的扩大，企业的平均成本降低。在外部规模经济下，产业内部市场结构是完全竞争的，而在内部规模经济下，市场结构是不完全竞争的。因此，内部规模经济与外部规模经济对国际贸易具有不同的影响。

假设两个国家一切情况均相同，差异化产品的生产过程中存在内部规模经济，则垄断竞争下的贸易模型如下所示。

1. 封闭状态下的市场均衡

假设典型垄断企业面对的需求函数 $Q$ 如式（1-1）所示。

$$Q = S\left[\frac{1}{n} - b(P - \overline{P})\right] \quad (1\text{-}1)$$

式中，$S$、$n$、$P$ 和 $\overline{P}$ 分别表示产业规模、产业内企业数目、本企业的市场要价和产业平均价格；$b$ 表示参数，用来衡量各企业的市场份额对其定价的敏感性。可见，单个企业的需求与产业规模和产业平均价格成正比，与产业内企业数目和本企业的市场要价成反比。如果本企业的市场要价与产业平均价格相同，或者如果每个企业的市场要价相同，每个企业将占有相同的市场份额 $S/n$；如果本企业的市场要价高于产业平均价格，本企业的市场份额将小于 $S/n$，反之，本企业的市场份额将大于 $S/n$。

如果产业内所有企业都是对称的，每个企业拥有相同的需求曲线和成本函数。贸易自由化对该产业的影响主要受产业内企业数目 $n$ 和产业平均价格 $\overline{P}$ 的影响。典型企业的平均成本及产业平均价格是产业内企业数目的函数。

1）企业数目和平均成本

典型垄断企业的平均成本 AC 如式（1-2）所示。

$$\text{AC} = F/Q + c = nF/S + c \quad (1\text{-}2)$$

式中，$F$ 表示固定成本；$c$ 表示边际成本。可以看出，平均成本取决于产业规模 $S$

和该产业包含的企业数目。产业内企业数目 n 提高，导致每个企业的市场份额减小，规模经济效应无法有效发挥，平均成本上升。产业规模 S 提高，规模经济效应变得更加显著，企业的平均成本降低。

2）企业数目和价格

假定每个企业均视自己的定价水平为既定的价格，即忽略本企业的定价行为对产业内其他企业定价行为产生的影响。则需求函数式(1-1)可以写成式(1-3)形式。

$$Q = (S/n + S \times b \times \overline{P}) - S \times b \times P \qquad (1-3)$$

为追求利润最大化，企业按照边际收益 MR 等于边际成本 c 的原则确定最优产量，于是

$$\mathrm{MR} = P - Q/(S \times b) = c \qquad (1-4)$$

那么，典型企业的价格函数可以表示成式（1-5）形式。

$$P = c + 1/(b \times n) \qquad (1-5)$$

从式（1-5）中可以看出，产业内的企业数目越多，则各企业的定价就越低。

3）均衡的企业数目

由于假设产业内企业是对称的，就可以不详细列举每个企业的特点，而从整个产业的角度分析问题。根据式（1-2）和式（1-5），可以看出企业的市场定价和成本均是企业数目 n 的函数，企业的需求和供给关系如图 1-11 所示。

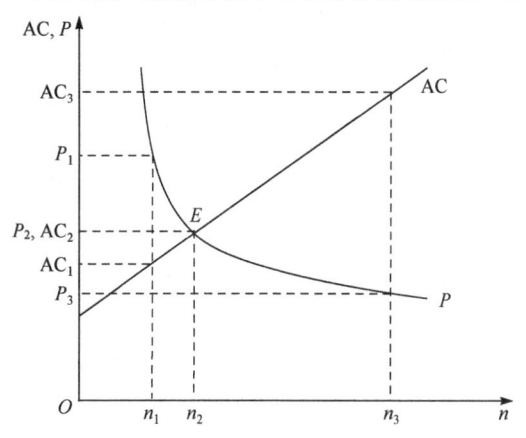

图 1-11 封闭情况下垄断竞争的市场均衡

在图 1-11 中，当市场中竞争性企业的数目为 $n_1$ 时，企业的定价水平 $P_1$ 大于同类企业的平均成本 $AC_1$，更多的企业进入市场，随着进入市场的企业数目增加，市场竞争程度提高，平均价格水平下降，同时，每个企业占有的市场份额下降，规模经济效应减弱，企业的平均成本上升，企业获取的超额利润逐渐下降。当产

业内企业的数目达到 $n_2$ 时，企业的定价水平与其平均成本相同。若企业数目继续增加，如增加到 $n_3$ 时，定价水平低于平均成本，部分企业因亏损而退出市场。因此，封闭状态下，当价格曲线与平均成本曲线相交时，垄断竞争市场达到均衡，此时，市场中均衡的企业数目为 $n_2$，均衡的价格水平为 $P_2$，均衡的平均成本为 $AC_2$。

2. 开放状态下的市场均衡

当本国对外开放时，企业面对的不再只是本国市场，而是整个世界市场，市场中竞争性企业的数目增多，同时，每个企业也会拥有更高的销售规模；对于消费者来说，消费者不仅可以购买本国商品，还可以购买差异性的外国商品，可消费的商品种类增多。

开放状态下垄断竞争的市场均衡如图1-12所示。根据式（1-2），开放后，在给定企业数目不变的情况下，整个产业的市场规模扩张后，每个企业的销售额及生产规模扩大，平均成本降低，平均成本曲线由 $AC_1$ 向右下方移动到 $AC_2$。根据式（1-5），产品定价不受市场规模的影响，价格曲线 $P$ 不发生移动。市场均衡点由1点移动到2点，均衡价格由 $P_1$ 下降到 $P_2$，均衡的企业数目由 $n_1$ 上升到 $n_2$。

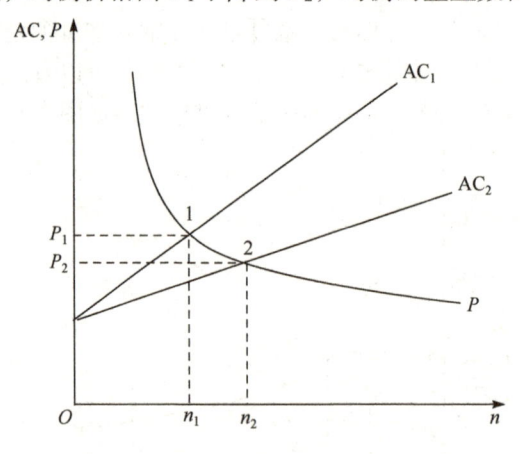

图1-12 开放状态下垄断竞争的市场均衡

3. 福利及企业绩效

1）福利分析

两个国家之间要素禀赋、生产技术水平、市场规模完全一致，仅仅是由于异质性产品的存在，内部规模经济导致的垄断竞争的市场结构，也会引发国际贸易，并使得各贸易参与国都获得福利水平的提升。对于生产者来说，贸易自由化使得生产者能够充分利用规模经济，从而赚取更高的利润。对于消费者来说，由于垄断竞争模型中，产业内每个企业生产的产品是非同质性的，均衡点由 1 点移动到 2 点，均衡价格由 $P_1$ 下降到 $P_2$（图 1-12），意味着贸易自由化不仅可以使消费者享受低价带来的好处，还有更多种类的产品可供选择，使消费者的购买决策更加接近于其需求偏好。

2）企业绩效分析

上述模型中假设企业是对称的，因此，贸易自由化导致产业内哪些企业扩张，哪些企业继续生存并不重要。事实上，企业并非是对称的，放开企业对称性的假设有利于解释市场竞争环境变化对企业的不同影响。

在企业对称性的假设下，每个企业具有相同的边际成本与利润水平，放开企业对称性假设后，假设每个企业具有相同的固定成本和不同的边际成本，边际成本 $C_i$ 与利润 $R$ 之间成反比关系，如图 1-13 所示。假设两个企业的边际成本分别为 $C_1$ 和 $C_2$，且 $C_1 \leqslant C_2$，对应的成本曲线分别为 $MC_1$ 和 $MC_2$。边际成本为 $C_1$ 的企业 1，利润最大化的产量为 $Q_1$，产品市场要价为 $P_1$，赚取的利润为 $(P_1-C_1)Q_1$；边际成本为 $C_2$ 的企业 2，利润最大化的产量为 $Q_2$，$Q_2 \leqslant Q_1$，市场要价为 $P_2$，$P_2 > P_1$，赚取的利润为 $(P_2-C_2)Q_2$。由于两家企业具有相同的需求和边际收益曲线，且边际收益曲线 MR 的斜率大于需求曲线 $D$ 的斜率，两家企业之间市场要价的差异小于边际成本的差异，即企业 1 比企业 2 收取更高的价格成本加成。因此，企业间的绩效差异由边际成本的差异决定。与边际成本高的企业相比，边际成本低的企业将设置更低的价格，但是因收取更高的价格成本加成，销售更多数量的产品，从而能够赚取更高的利润，$(P_1-C_1)Q_1 > (P_2-C_2)Q_2$；边际成本为 0 的企业具有最高的利润水平；$C^*$ 为临界边际成本，边际成本等于 $C^*$ 的企业利润为 0，边际成本大于 $C^*$ 的企业退出市场。

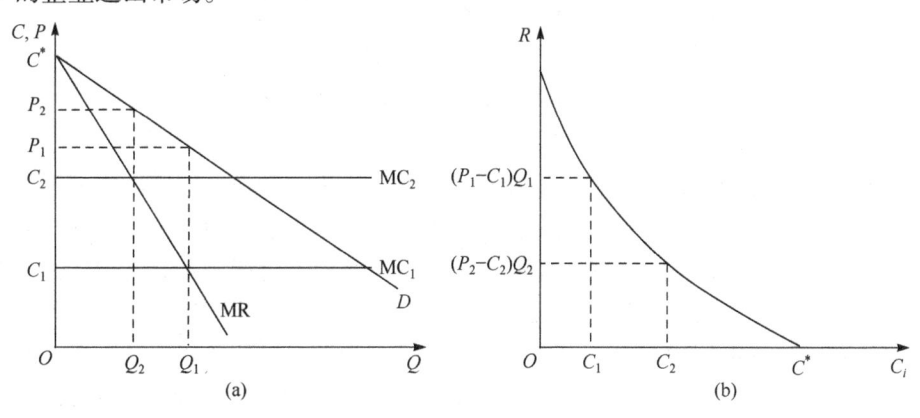

图 1-13 企业间绩效差异

假设企业的市场进入具有随机性，市场进入之前，企业并不知道自己的边际成本水平 $C_i$，当企业支付固定成本 $F$ 进入市场之后，这种随机性消失。利润为负的企业退出市场，继续存活的企业利润与边际成本之间成反比关系。

贸易自由化后，市场规模扩大的同时，也意味着市场上竞争性企业的数目增多，在企业间存在差异的情况下，贸易自由化对企业绩效的影响如图1-14所示。根据式（1-3），市场竞争加剧使得单个企业需求曲线的截距下降，斜率变得更加平缓，需求曲线由$D$移动到$D'$，企业的绩效曲线相应地由$R$移动到$R'$。市场竞争加剧使得市场份额重新分配给高产量、低边际成本的企业。小企业（产量低的企业）需求下降（更低的需求曲线）使得企业进入市场的临界边际成本由$C^*$下降到$C^{*'}$，边际成本高于$C^{*'}$的企业因市场需求下降而被迫退出市场。边际成本低的企业通过降低成本加成来应对更加激烈的市场竞争，并因此获得更多的市场份额，赚取更多的利润，边际成本高的企业赚取的利润随市场份额的下降而降低。由于资源重新配置到生产率更高、生产成本更低的企业，整个产业的生产率水平提高。

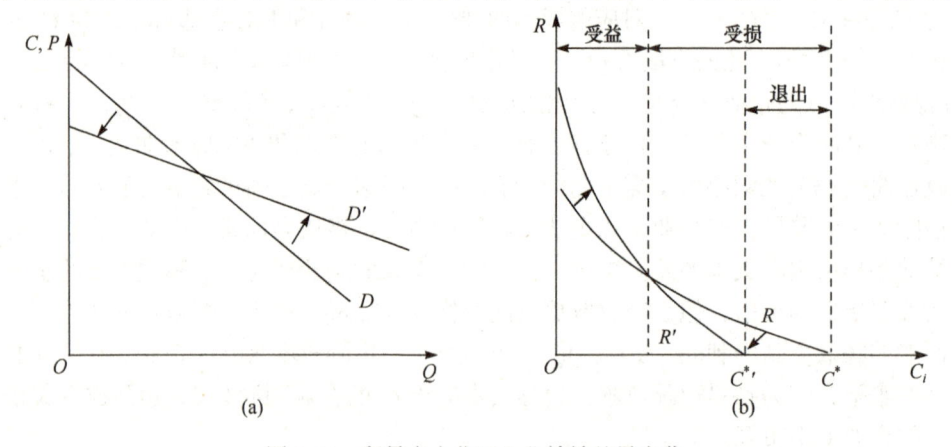

图1-14 贸易自由化下企业绩效差异变化

## 1.4 异质性企业贸易理论

传统贸易理论（古典贸易理论和新古典贸易理论）和新贸易理论通过逐步放松模型的假设条件，从不同的角度解释了国际贸易产生的原因和福利影响。尽管这些模型对贸易起因解释的角度不同，但是，这些模型均假设企业是同质的，即同一产业内的企业要么都出口，要么都不出口，现实的微观数据却显示，即使是具有比较优势的部门也只有部分企业出口，同时即使是具有比较劣势的部门也不是所有的企业都不出口。为了解释这些典型化事实，Melitz（2003）根据企业间生产率存在差异和企业进入出口市场存在固定成本的事实，开创性地构建了异质性企业贸易理论模型——Melitz模型。Melitz（2003）在其框架中结合了贸易理论和产业组织理论的元素。对于贸易部分，Melitz(2003)模型建立在Krugman(1980)

垄断竞争模型的基础之上;而对于产业组织部分,Melitz 模型中结合了 Hopenhayn（1992）提出的动态产业均衡理论。

1. 封闭经济条件下的均衡

1）消费

Melitz 模型与 Krugman 垄断竞争模型采用相同的需求函数,模型中代表性消费者拥有不变替代弹性（constant elasticity of substitution, CES）偏好,假设消费者可消费的商品种类为 $\Omega$,代表性消费者消费一系列商品 $\omega$ 的效用函数 $U$、该系列产品的综合价格水平 $P$ 及消费者的最优消费决策 $q$ 分别如式（1-6）～式（1-8）所示。

$$U = \left[ \int_{\omega \in \Omega} q(\omega)^\rho d\omega \right]^{1/\rho} \quad (1-6)$$

$$P = \left[ \int_{\omega \in \Omega} p(\omega)^{1-\sigma} d\omega \right]^{\frac{1}{1-\sigma}} \quad (1-7)$$

$$q(\omega) = Q \left[ \frac{p(\omega)}{P} \right]^{-\sigma} \quad (1-8)$$

式（1-6）体现了消费者对差异性产品的偏好,产品间可相互替代意味着参数 $\rho$ 的取值范围为 $(0,1)$,产品种类之间的替代弹性由 $\sigma = 1/(1-\rho)$ 给出。消费者可消费的产品种类越多,产品的综合价格水平 $P$ 越低,社会福利水平越高。

2）生产

市场上存在大量的企业,每个企业仅使用劳动力一种生产要素,在规模报酬递增的情况下生产水平差异化的产品。企业存在生产率异质,并且生产率异质与其他异质性来源紧密联系,从而可以用企业间的生产率差异来反映企业异质性对贸易的影响。与垄断竞争模型的生产函数不同,异质性企业贸易理论提出了一个考虑企业生产率水平 $\varphi$ 的总成本函数 TC。企业的生产率越高,产出的边际成本 $1/\varphi$ 越低,假设所有企业的固定生产成本都是 $f$,产量为 $q$,则总成本为:$TC = f + q(\varphi)/\varphi$。不管企业的生产率水平如何,每个企业面对固定弹性 $\sigma$ 的需求曲线,同样按照利润最大化的原则进行市场定价 $p(\varphi) = w/\rho\varphi$,假设企业的收益为 $r$,如果将工资水平 $w$ 标准化为 1,则企业的利润 $\pi$ 为

$$\pi(\varphi) = r(\varphi) - TC(\varphi) = \frac{r(\varphi)}{\sigma} - f \quad (1-9)$$

在这个经济体中,任何时候都有无数的潜在企业愿意进入市场。然而,进入并不是免费的,企业必须支付沉没成本 $f_e$ 才能进入市场。假设企业的生产率水平服从概率密度为 $g(\varphi)$、累积分布为 $G(\varphi)$ 的分布函数,企业在进入市场之前并不

知道自己的生产率，只有在支付了沉没成本之后才能够发现自己的生产率。因此，低生产率和高生产率的企业可以共存于市场中。在这种情况下，任何两家企业的产出和收入的比率直接取决于它们的生产率水平的比率，而企业市场要价的比率则反向取决于它们的生产率水平的比率。因此，与生产率低的企业相比，生产率高的企业出售更多的产出，创造更高的收入，并且获得更多的利润。

Melitz 模型中，产业中现有企业和新进入企业面临不同但相互联系的约束。原有企业的门槛生产率临界值为 $\varphi^*$，即零利润生产率水平，任何一个生产率水平低于这个临界值的企业退出市场。那么，门槛生产率临界值是确保企业获得利润正值的最低生产率水平。只有生产率水平高于临界值的企业，才能获得利润。这样现有企业的零利润门槛( zero cutoff profit, ZCP )条件为：$\pi(\varphi^*) = 0$，$\tilde{\pi} = fk(\varphi^*)$，其中，$k(\varphi^*) = [\tilde{\varphi}(\varphi^*)/\varphi^*]^{\sigma-1} - 1$。自选择过程形成了企业生产率的事后概率分布。既然，只有生产率高于临界值的企业留在市场上，实际（事后）生产率分布是一个概率密度为 $g(\varphi)/[1-G(\varphi^*)]$ 的截断分布。因此，现有生存企业生产率的事后分布是根据进入企业的事前生产率及企业进入和退出机制推导出来的。

对于新进入企业来说，这些企业进入市场后面临同样的零利润门槛条件，即 $\pi(\varphi^*) = 0$，$\tilde{\pi} = fk(\varphi^*)$。但与原有企业不同的是，新进入企业需要承担市场进入的沉没成本，因此，企业从生产率分布中提取生产率后，是否生产或者退出市场的决定，取决于该企业预期的累计利润的贴现额是否足够偿还初始沉没成本 $f_e$。新进入企业未来预期利润的净现值必须至少等于沉没成本，即新进入企业的净价值 $V_e$ 必须至少等于零，才会选择进行生产；原有企业及新进入企业投入生产后，如果受到外部冲击，会有 $\delta$ 的概率退出市场。因此，新进入企业的自由进入( free entry，FE )条件为：$V_e = 0$，$\tilde{\pi} = \delta f_e/[1-G(\varphi^*)]$。当以这种方式被迫退出的现有企业数量等于成功进入市场的企业数量时，经济体达到稳态均衡。

为了便于分析，Melitz 模型中引入了一些汇总变量。如果市场上实际有 $M$ 家企业进行生产，那么，对于给定的这些企业，使用汇总变量很容易确定经济体中总体变量的价值，如总价格水平 $P$、总利润 $\pi$ 和所有差异化产品的总产量 $Q$ 等。Melitz 在模型中引入一个"代表性企业"，这样就不用处理大量的异质性企业，这家具有代表性的企业是一个生产率水平等于所有生存企业加权平均生产率水平 $\tilde{\varphi}$（用生产率的事后分布来计算）的企业。具有加权平均生产率水平 $\tilde{\varphi}$ 的代表性企业获得平均利润 $\tilde{\pi}$，平均利润 $\tilde{\pi}$ 乘以经济体中生存企业的数量就可以得到该经济体获取的总利润。同样，经济体中 $M$ 个异质性企业具有事后生产率分布时，这个具有代表性的企业也会引起（相乘以 $M$）相同的总价格水平、总收入和总生产数量。因为事后生产率分布本身取决于临界生产率水平，所以事后平均生产率的度量可以用临界生产率的函数来获得。那么，由于使用事后生产率分布，平均利润、平均收入和平均价格水平最终也由临界生产率水平决定。在这些变量中，最重要的变量是平均利润率，它可以表示为平均生产率的函数。

零利润门槛条件和自由进入条件的相互作用内生地确定门槛生产率水平及经济体平均利润水平的均衡水平（图 1-15）。零利润门槛条件中，平均利润水平和门槛生产率之间是负相关的关系，而新进入企业的自由进入条件中，平均利润水平和门槛生产率之间是正相关的关系。两条曲线的交点决定了该产业均衡的平均利润和门槛生产率水平。当门槛生产率水平提高时，两个对立的效应发挥作用。从零利润门槛条件来看，门槛生产率水平提高后，每个存活企业都将更具生产力。由于平均利润是门槛生产率水平的函数，平均利润水平有增加的趋势。但是，生产率水平高于提高后的门槛生产率水平的所有其他幸存企业也将更具生产力。因此，企业之间的利润竞争更为激烈，导致平均利润水平下降。在概率分布温和的假设下，第二个效应支配第一个效应。因此，对于产业中的原有企业来说，在其他因素不变的情况下，门槛生产率水平越高，利润水平越低。门槛生产率水平提高，降低了产业的平均利润水平。从自由进入条件来看，在均衡中，企业未来利润流的期望值应等于进入的固定成本，以使进入市场的净值为零。随着门槛生产率的提高，越来越少的企业能够进入市场。进入的企业将是生产率较高的企业，一旦成功进入市场，这些企业将获得较高的利润，从而提高产业的平均利润。零利润门槛条件确定了均衡状态下企业的门槛生产率水平、产业的平均生产率水平和平均利润水平。在 Melitz 模型和 Krugman 垄断竞争模型中，劳动力均是唯一的生产要素，既可用于生产，也可用来支付固定进入成本。因为劳动力是唯一的生产要素，所有收入都是劳动收入，所以收入总额等于差别化商品的总支出。门槛生产率水平的提高会减少产业中的企业数量，一旦门槛生产率一定，产业中的企业数目就不会变化。因此，封闭经济中的市场规模一定，根据平均利润和门槛生产率及劳动力市场出清的条件，一旦加权企业平均生产率确定，企业/产品数量、

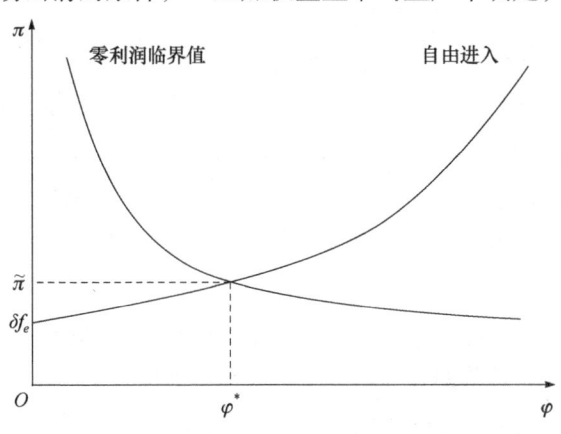

图 1-15 门槛生产率水平和平均利润均衡水平的决定

总价格、总产出和福利水平就都能被确定。当工资水平标准化为 1 时，福利水平与总价格水平成反比。

2. 开放经济条件下的均衡

一旦经济体对外开放，产品成本将发生变化，相对于国内销售，企业将产品销售到国外需要支付额外的贸易成本，如运输成本和关税等。由于存在额外的贸易成本，对外贸易可以影响企业的出口定价、收入和利润，并通过市场份额的重新配置来提高产业的整体生产率。如果不存在贸易成本，贸易均衡时经济体规模成比例地增加，但对企业的收入、利润等没有任何影响。然而，Melitz（2003）引入了 Samuelson（1952）的冰山贸易成本 $\tau$ 来代表企业出口活动面临的额外边际成本，同时，Melitz 模型中增加了出口固定成本 $f_x$，这是开始出口的一次性成本，只有在企业得知生产率后才支付。由于出口成本高于国内销售面临的成本，只有表现良好的企业，才能进入出口市场。此外，由于企业只有在提取生产率后才能决定是否出口，所有出口企业都可以在国内市场销售他们的商品，但并不是所有在国内市场销售产品的企业都可以出口。如果用下角 $d$ 和 $x$ 分别代表国内市场业务和国际市场业务，那么，企业的收益函数发生如式（1-10）所示的变化。

$$r(\varphi) = \begin{cases} r_d(\varphi), & \text{如果企业不出口} \\ r_d(\varphi) + nr_x(\varphi) = (1 + n\tau^{1-\delta})r_d(\varphi), & \text{如果企业出口} \end{cases} \quad (1\text{-}10)$$

式中，$n$ 表示出口目的地国家的数量。假设企业的出口贸易伙伴特征一致，即企业向任何一个国家出口运用同样的收入函数。如果出口企业仅出口，不进行国内销售，则出口企业的收入 $r(\varphi)$ 中国内收入 $r_d(\varphi)$ 为零。通过收入和成本的分解，可得开放经济中内销企业和出口企业的利润函数如式（1-11）所示。

$$\pi_d(\varphi) = \frac{r_d(\varphi)}{\sigma} - f, \quad \pi_x(\varphi) = \frac{r_x(\varphi)}{\sigma} - f_x \quad (1\text{-}11)$$

出口需要承担额外的贸易成本，意味着企业国内销售和出口具有不同的零利润生产率水平。国内市场上，零利润生产率条件是 $\pi_d(\varphi_d^*) = 0$，而在国际市场上，零利润生产率条件是 $\pi_x(\varphi_x^*) = 0$，综合考虑国内外市场，企业零利润生产率条件是 $\pi(\varphi^*) = \pi_d(\varphi^*) + n\pi_x(\varphi^*) = 0$。当生产率水平高于出口门槛生产率水平 $\varphi_x^*$ 时，企业可以通过在国内市场销售赚取利润，也可以通过将货物出口到国外市场获得利润。当企业生产率水平在国内门槛生产率 $\varphi_d^*$ 和出口门槛生产率 $\varphi_x^*$ 之间时，生产的产品专供国内市场消费。由于企业从事出口活动面临的成本 $\tau^{\sigma-1} f_x$ 大于企业国内销售面临的成本 $f$ 是普遍存在的现象，这间接地反映了出口门槛生产率要高于国内生产的门槛生产率。也就是说，只有在出口固定成本 $f_x$ 足够高的情况下，才有可能将企业划分为专门供应国内市场的企业和同时供应国内外市场的企业,并进而计算企业的平均收入、平均利润函数及综合市场的零利润门槛条件和自由进入条件。因为开放经济中存活企业平均上来说获得更高的利润,自由进入条件保持不变,但零利润曲线向上移动。因此,开放经济中门槛生产率水平提高。

从图 1-16 可以看出,对于某一产业,开放经济下包含三个门槛生产率水平:封闭经济门槛生产率 $\varphi^*$、开放经济国内生产门槛生产率 $\varphi_d^*$ 和出口门槛生产率 $\varphi_x^*$。其中,$\varphi^* < \varphi_d^* < \varphi_x^*$。当 $\varphi < \varphi^*$ 时,企业退出市场。当 $\varphi^* < \varphi < \varphi_d^*$ 时,在封闭经济情况下,企业因为生产率高于 $\varphi^*$ 而得以生存,但是开放经济中,由于国内生产门槛生产率提高,这部分企业被迫退出市场。当 $\varphi_d^* < \varphi < \varphi_x^*$ 时,企业只能从事国内生产与销售(这里也可能存在两种情况,一种情况是企业国内销售获得的利润不足以弥补进入国际市场的损失,从而产生亏损,这部分企业不会从事出口;另一种情况是企业国内销售获得的利润能够弥补进入国际市场的损失,尽管进入国际市场会降低他们的总体利润水平,但这部分企业出于其他战略性考虑,也有可能进入国际市场)。当 $\varphi > \varphi_x^*$ 时,企业进入国际市场,收入和利润水平大幅度提高。

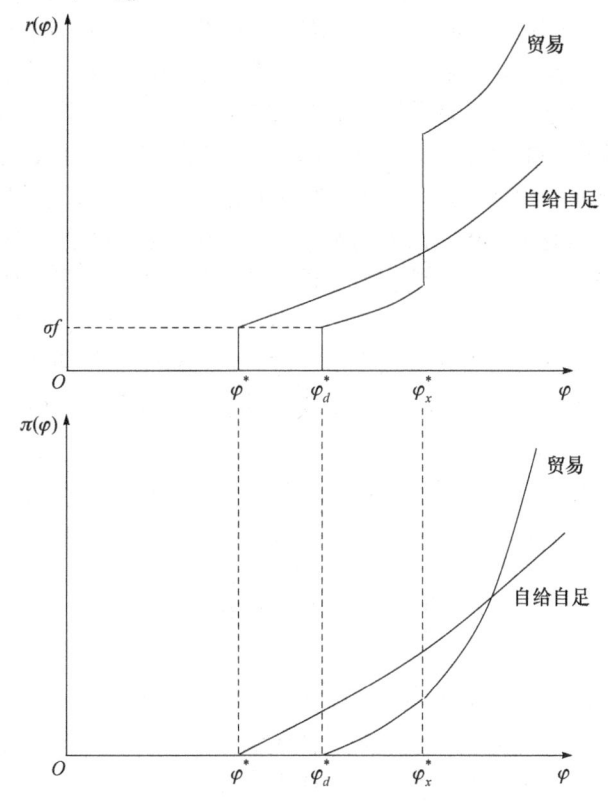

图 1-16  市场份额和利润的重新分配

这解释了贸易自由化对企业市场份额和利润分配及总生产率的影响。比较自给自足和自由贸易，贸易后生产率最低的企业离开国内市场（国内市场自选择效应），高生产率企业进入出口市场（出口市场自选择效应），这两种自选择效应的作用是将市场份额配置给更高生产率的企业。其运作机制如下：在贸易中，所有的企业都遭受国内销售损失，这导致生产率最低的企业退出市场，因为他们无法获得正利润。但出口企业国外销售弥补了国内销售的亏损，这些企业扩大生产，以利用出口获得额外利润的机会增加对劳动力的需求。这些新出口企业对劳动力的需求增加了经济中对劳动力的总体需求，导致实际工资上涨。由于工资上涨，一些刚刚盈亏平衡的低生产率企业出现亏损，被迫退出市场。自选择力量的最终结果是将低生产率企业的市场份额重新分配给高生产率企业，导致该经济体的平均生产率提高，这一机制是产业内部贸易再分配效应的潜在重要渠道。Melitz 模型成功地解释了数据中观察到的新贸易理论无法解释的典型化事实，即贸易自由化后生产率增长的现象。

### 3. 福利分析

Melitz（2003）认为，贸易自由化拓宽了产业生产率提升的途径，贸易自由化所带来的福利收益来自资源重新配置到生产率更高的企业所引起的产业总体生产率水平的提高。通过图 1-16 可以看出，即使单个企业的生产率水平不变，通过自由贸易，低生产率的企业退出市场，高生产率的企业分得更多的市场份额，也可以提高整个产业的生产率水平。从消费者的角度来说，在开放贸易时：一方面，一些国内企业被迫退出市场，国内消费者可消费的产品种类的数量下降；另一方面，通过产品进口，消费者可消费更多种类的产品。由于消费者获得的新种类进口产品的数量通常大于他们被迫放弃的国内产品种类的数量，这将成为贸易收益的另一来源。Bernard 等（2003）在模型中进一步论证了其他的额外的贸易收益来源：首先，Bernard 等将内生的成本加成引入模型，认为贸易自由化能够提高产品市场竞争程度，从而降低企业的成本加成，提升福利水平；其次，贸易自由化下，产品生产过程中使用的中间投入被价格更加低廉的进口中间投入所取代，使总体生产率水平和福利提高。

## 1.5　国际贸易理论的比较

国际贸易理论大致经历了四个发展阶段。第一个阶段是古典贸易理论，主要包括斯密的绝对优势理论和李嘉图的比较优势理论。这些理论假设生产中只使用一种生产要素，以劳动价值论为基础，从国家和产业层面解释了国际贸易产生的原因及其福利影响。该理论假设同一产业内企业的劳动生产率是同质的，而且是外生的，不同产业间存在劳动生产率的绝对差异及相对差异，因此，很好地解释了产业间贸易。第二个阶段是新古典贸易理论，主要理论包括赫克歇尔-俄林的要素禀赋理论。该理论进一步放宽假设条件，认为任何产品的生产中至少投入两种生产要素，以要素禀赋差异为出发点，从国家及产业层面解释了国际贸易产生的原因及其福利影响。该理论假设两国之间及同一产业内部不同企业之间，均不存在生产技术水平的差异，很好地解释了要素禀赋差异较大的发达国家与发展中国家之间的产业间贸易。第三个阶段是新贸易理论，主要包括Linder的需求偏好相似理论、Krugman的规模经济理论等。新贸易理论将研究视角从国家层面发展到产业层面，假设国家之间是对称的，以市场不完全竞争、规模经济和产品差异化为出发点，解释了第二次世界大战后生产技术水平和要素禀赋相似的发达国家之间产业内贸易产生的原因及福利影响。该理论的缺点是不能够内生化国内贸易向国际贸易的转变过程。无法解释既然国际贸易优于国内贸易，为何各经济体需要先从国内贸易开始，该理论将经济体最初拒绝直接进行国际贸易的原因归结于"某种障碍"，但在其模型中却没有代表这些障碍的变量或者参数。第四个阶段是异质性企业贸易理论。该理论在新贸易理论有关国家对称、不完全竞争的市场结构、规模经济和产品差异化假设的基础上，考虑到同一产业内企业间生产率的差异，通过内生化企业生产率水平将国际贸易的研究领域从宏观层面扩展到了微观层面。该理论认为企业生产率的异质性是同一产业内只有部分生产率高的企业出口及贸易进一步起到促进产业内资源优化配置和企业成本加成率下降的原因。国际贸易理论的比较及其发展如表1-2所示。

表1-2 国际贸易理论的比较与发展

| 研究要点 | 古典贸易理论 | 新古典贸易理论 | 新贸易理论 | 异质性企业贸易理论 |
|---|---|---|---|---|
| 基本假设 | 要素禀赋相同<br>需求偏好相同<br>市场完全竞争<br>规模报酬不变<br>产品同质性<br>企业同质性<br>生产技术差异 | 生产技术相同<br>需求偏好相同<br>市场完全竞争<br>规模报酬不变<br>产品同质性<br>企业同质性<br>要素禀赋差异 | 生产技术相同<br>要素禀赋相同<br>需求偏好相同<br>市场不完全竞争<br>规模报酬递增<br>产品差异化<br>企业同质性 | 生产技术相同<br>要素禀赋相同<br>需求偏好相同<br>市场不完全竞争<br>规模报酬递增<br>产品差异化<br>企业异质性 |
| 贸易起因 | 劳动生产率的绝对及相对差异 | 要素禀赋的差异 | 需求偏好的相似<br>规模经济<br>产品的差异化 | 企业的异质性 |
| 贸易模式 | 出口比较优势产品<br>进口比较劣势产品 | 出口（进口）丰富（稀缺）要素密集型产品 | 相互进口、出口同一产业内的异质性产品 | 同一产业内高生产率、高质量产品生产企业出口 |

续表

| 研究要点 | 古典贸易理论 | 新古典贸易理论 | 新贸易理论 | 异质性企业贸易理论 |
| --- | --- | --- | --- | --- |
| 贸易利得 | 产业间资源配置<br>贸易条件改善 | 产业间资源配置<br>贸易条件改善 | 产业内资源配置<br>规模经济<br>消费种类多样化<br>贸易条件改善 | 产业内资源配置<br>消费种类多样化<br>成本加成下降<br>贸易条件改善 |
| 代表文献 | Smith（1776）；<br>Ricardo（1817） | Heckscher（1919）；<br>Ohlin（1933） | Linder（1961）；<br>Krugman（1980） | Melitz（2003）；<br>Bernard 等（2003） |

Melitz 模型在两国完全对称性的假设下分析了贸易起因、贸易模式和贸易利得，但实际上参与贸易的两国在生产率水平、要素禀赋、产品质量和市场结构等方面存在巨大的差异，因此，只有将异质性企业贸易理论与古典贸易理论、新古典贸易理论和新贸易理论有效地结合起来，才能够深入透彻地分析企业的出口绩效。综合考虑各种因素后，可提出以下假设。

假设 1：当一国在任何产业上都具有绝对优势时，出口自选择行为能够带动出口产业整体生产率水平的提升，出口扩展边际和集约边际的均衡发展能够改善贸易条件、提升企业的市场定价水平和获利能力。

和发展中国家相比，发达国家几乎在所有产品的生产上都具有绝对优势。当发达国家按照比较优势出口产品时，不仅能够通过专业化分工与交换实现产业间资源的优化配置，而且可以通过自选择效应和出口学习效应实现产业内资源的优化配置。发达国家的出口企业资金实力雄厚、技术创新能力强，贸易自由化程度提高后，企业出口二元边际将获得同步提升。由于发达国家的出口产品在世界市场上具有垄断地位，出口企业的市场定价能力强，出口集约边际的扩张并不能够降低出口产品的价格，同时，出口扩展边际的扩张能够有效地改善发达国家的贸易条件。因此，发达国家出口企业的成本加成率水平高于非出口企业，短期内贸易自由化通过竞争效应降低了出口企业的成本加成率水平，长期内发达国家出口企业的成本加成率水平仍然具有逐年上升的趋势，发达国家在对外贸易中赚取的利润份额随之提升。

假设 2：当一国在任何产业上都不具有绝对优势，但在某一产业上具有比较优势时，尽管自选择效应机制的有效发挥能够带动出口产业整体生产率水平的提升，但比较优势部门出口集约边际的扩张有可能使一国出口陷入"低加成率陷阱"。

自选择效应机制通过产业内高生产率的企业出口、低生产率的企业退出市场，提高了产业整体的生产率水平和资源配置的效率。中国在中技术产业和低技术产业上具有比较优势，在高技术产业上具有比较劣势。如果企业出口遵循自选择效应机制，并且能够获得出口学习效应，那么，出口能够带动全部产业生产率水平的提升，但中技术产业和低技术产业相对于高技术产业来说，整体生产率水平提升的幅度更大。中技术企业和低技术企业相对来说资金短缺、技术创新能力较差，因此，中技术企业和低技术企业出口扩展边际的扩张能力较弱，其出口更易沿着出口集约边际扩张。出口集约边际沿着比较优势产业方向扩张，又容易导致我国的贸易条件不断恶化，甚至有可能使得我国出现"出口贫困化增长"现象。生产率水平提升和贸易条件恶化对企业出口成本加成率溢价具有相反的作用。中技术产业和低技术产业内，如果自选择效应、出口学习效应和创新效应对企业生产率水平提升的正向影响超过竞争效应和集约边际扩张导致的贸易条件恶化效应对企业市场定价能力的负向影响，那么，出口企业的成本加成率水平将高于非出口企业。反之，企业出口可能会陷入"低加成率陷阱"。

假设3：发达国家与发展中国家之间需求偏好重叠的比重低，发展中国家将自身具有竞争优势的产品出口到发达国家时，出口集约边际的扩张也容易引起发展中国家贸易条件的恶化和出口企业市场定价能力的下降。

根据比较优势理论及要素禀赋理论，发展中国家在高技术产品上不具有竞争优势和比较优势，但是，放开产品同质性假设以后，根据需求偏好相似理论，发达国家在高技术产业中的高质量产品上具有比较优势，主要贸易对象为其他发达国家和发展中国家的高收入消费者；发展中国家在高技术产业中的低质量产品上具有比较优势，主要贸易对象为其他发达国家较低收入的消费者。由于发达国家和发展中国家之间对高技术产业中低质量产品需求偏好重叠的比重低，发达国家对高技术产业中低质量产品的需求强度较弱、需求价格弹性较低，发展中国家高技术产业中低质量产品出口集约边际的扩张同样会恶化其产品的贸易条件，并降低出口企业的市场势力和获利能力。

假设4：发展中国家丰富要素密集型产品出口集约边际的扩张带来的规模经济效应较弱，由此带来的规模经济效应对发展中国家出口成本加成率溢价的促进作用较小。

发展中国家在劳动力密集型产品的生产上具有比较优势，劳动力密集型产品的需求价格弹性比较低，贸易自由化程度提高后，出口企业只有大幅度地降低出口产品的价格才能够扩大出口产品的集约边际，同时，劳动力密集型产品相对于资本密集型产品和技术密集型产品来说，外部规模经济效应和内部规模经济效应均较弱，出口集约边际的扩张只能够小幅度地降低产品的边际成本。因此，劳动力密集型产品价格水平下降的幅度超过了边际成本下降的幅度，贸易自由化起到了降低发展中国家劳动力密集型产品出口成本加成率水平和出口成本加成率溢价程度的作用。

# 第 2 章　出口与企业生产率关系的实证分析

出口与生产率之间的相互关系是异质性企业贸易理论的核心内容，两者之间的相互作用机制可以概括为自选择效应和出口学习效应，它是出口带动企业间资源优化配置和实现企业内生性增长的重要渠道。众多国外实证研究的文献证实了自选择效应和出口学习效应能够有效地发挥作用，然而，基于我国企业数据的实证研究得出的结论并不一致，一部分研究支持这两个假说，另一部分研究认为我国企业的出口中存在出口选择悖论和出口学习悖论的现象。基于此，本书将以我国上市公司制造业企业的数据为样本来检验自选择效应和出口学习效应是否适用于我国的企业，如果适用，适用的范围是什么，如果不适用，不适用的原因为何，希望这一基础性的研究工作能够为进一步从微观视角研究我国企业的出口行为奠定一个事实基础。

## 2.1　自选择效应和出口学习效应的理论基础

### 2.1.1　自选择效应理论基础

Melitz（2003）首次提出企业"自选择效应"的概念，之后虽然众多学者从不同角度拓展了 Melitz 模型，但其拓展模型中仍然贯穿自选择效应的作用机制。Melitz 模型将企业的市场需求划分为国内市场需求和国外市场需求两部分，企业根据利润最大化的原则确定其在国内外市场销售的比重。由于假设企业生产中只投入劳动力一种生产要素，企业的生产成本，包括固定成本 $f$ 和可变成本，均可以用劳动投入或者劳动生产率 $\varphi$ 的函数来衡量，因此，企业生产一单位产品的边际劳动投入数量为 $1/\varphi$，总成本为 $TC = f + q(\varphi)/\varphi$。若将企业的劳动力成本标准化为 1，根据利润最大化原则，当企业仅将产品销售到国内市场时，企业国内销售获得的利润水平为：$\pi_d(\varphi) = r_d(\varphi)/\sigma - f$。其中，$r$ 代表收益，$\sigma$ 代表产品间的替代弹性。当企业将产品销售扩展至国际市场时，不仅需要支付出口固定成本 $f_x$，还将面对额外的贸易成本 $\tau$，如运费成本、关税等。此时，企业国内市场销售的利润保持不变，国外市场销售的利润为 $\pi_x(\varphi) = r_x(\varphi)/\sigma - f_x$。同时，企业市场进入行为还会发生沉没成本，只有预期利润大于零时，企业才会选择市场进入与出口。假设企业国内市场进入和出口市场进入的门槛生产率水平分别为 $\varphi_d^*$ 和 $\varphi_x^*$，则门槛生产率水平应分别满足如下条件：$\pi_d(\varphi_d^*)=0$，$\pi_x(\varphi_x^*)=0$。出口需要承担额外的成本，因此，$\varphi_x^* > \varphi_d^*$。当$\varphi < \varphi_d^*$时，企业退出市场；当$\varphi_d^* < \varphi < \varphi_x^*$时，企业只能将产品销售到国内市场；当$\varphi > \varphi_x^*$时，企业同时将产品销售到国内市场和国外市场。

Bernard等（2003）也构建了一个体现企业异质性的替代模型[以下简称BEJK（Bernard-Eaton-Jensen-Korturn）模型]。该模型假定企业参与Bertrand竞争，而不是像Melitz模型一样参与完全竞争，并分析了没有出口固定成本时企业生产率和出口之间的关系。该模型认为生产率高的企业能够获得成本优势，而且在出口中，具有更高生产率的企业倾向于压低产品价格，并在国内市场中占领更大的市场份额。这是因为具有更高效率的企业在国际市场上更可能打败竞争者而占领国外市场。另外，考虑到冰山贸易成本，出口比在国内销售更困难，意味着任何出口企业都必须同时在国内销售，但并不是所有的国内企业都能成功出口。在同一产业内，生产率最低的企业将退出市场，生产率相对较高的企业进入出口市场。

尽管BEJK模型关于自选择效应的结论与Melitz模型相似，但是由于BEJK模型的假设条件与Melitz模型不同，其从不同的角度解释了自选择效应机制。在BEJK模型中，假设产品是同质的，每个国家都有众多的潜在企业生产产品$j$，这些企业在生产技术水平上存在异质。在国家$i$中，第$k$个最有效率的企业生产1单位的产品$j$需要$1/Z_{ki}(j)$单位的劳动力。该模型假设产品的生产中不存在固定成本，因此，产品生产保持规模报酬不变。产品中间投入在一国之内可以自由流动，但是在国家之间不能够自由流动。因此，不同国家之间产品中间投入的成本$w_i$存在差异。假设有$d_{nj} \geq 1$个产品从国家$i$出口到国家$n$，产品中间投入在国家之间不能够自由流动，导致国家$i$中第$k$个最有效率的企业若将产品运送到国家$n$，面临的成本是：$C_{kni}(j) = w_i d_{ni} / Z_{ki}(j)$。由于BEJK模型仍然采用具有固定弹性的CES需求函数，但由于BEJK模型假设企业间进行Bertrand竞争，生产率最高（价格最低）的企业占领市场，并成为市场中唯一的生产者，该企业（生产率最高的企业）收取的价格等于生产率第二高的企业的单位成本的最小值与生产率最高的企业的成本加成之和。因此，其最优的价格选择为：$P_n(j) = \min\{C_{2n}(j), \overline{m}C_{1n}(j)\}$。由于每个市场上每种商品的价格取决于每个商品的两个最有效率的生产者的单位成本，BEJK模型假定国家$i$中任意商品$j$的前两名生产者的生产率是一对随机变量$Z_{1i}(j)$和$Z_{2i}(j)$，其中联合分布类似于Eaton和Kortum模型（Eaton and Kortum, 2002）中的Frechet分布。BEJK模型的另外一个重要假设是，成本加成的分布在各个目的地之间是相同的。同样，低成本的企业更有可能收取更高的成本加成。因此，企业生产率的差异并没有表现在技术水平上，而是表现在获利能力上。高生产率的企业能够获得更高的利润。

BEJK 模型中，生产成本最低的企业若想产品能够在国内市场上销售，则需要满足：

$$Z_{1i}(j) \geq \varphi^* = \max_{k \neq i}\{Z_{1k}(j)w_i / w_k d_{ik}\} \qquad (2\text{-}1)$$

若国家 $i$ 想将产品出口到其他国家 $n$，需要满足：

$$Z_{1i}(j) \geq \varphi_x^* = \max_{k \neq i}\{Z_{1k}(j)w_i d_{ni} / w_k d_{nk}\} \qquad (2\text{-}2)$$

由于替代弹性大于 1，出口企业的规模一般都大于非出口企业。由于 $\varphi_x^* > \varphi^*$，只有一部分企业能够将产品出口到国外，而出口企业的生产率水平一般均大于仅在国内销售产品的企业，因此，生产率高的企业自选择出口到国际市场。

### 2.1.2 出口学习效应理论基础

1. 用市场进入成本降低体现出口学习效应

Schmeiser（2012）通过构建出口目的地非对称的异质性企业贸易理论模型来分析企业如何根据出口学习效应的变化做出出口目的地和出口数量决策。该模型认为降低未来出口成本的能力及进入出口市场以后的获利性驱使起初规模比较小、生产率比较低的企业更有动力进入出口市场。

在消费者均衡方面，Schmeiser 模型（Schmeiser，2012）假设每个国家的消费者消费一系列的差异性产品，这些产品一部分由本国生产，另一部分来自国外进口。消费者根据终生收入来确定各期最优的消费组合，本国代表性消费者的跨期消费效用函数 $u_H$ 如式（2-3）所示。

$$u_H = \sum_{t=0}^{\infty} \beta^t \lg C_{t,H} \qquad (2\text{-}3)$$

式中，$\beta$ 表示折扣因子；$C_{t,H}$ 表示本国 $t$ 期的消费数量。在生产者均衡方面，Schmeiser 模型假设企业间不仅存在生产率异质，还存在固定出口成本 $F_n(\varphi)$ 和延续成本 $f_n(\varphi)$ 的差异。在时期 $t$，企业在国内市场 $H$ 和国外市场 $i(i=1,2,\cdots,n)$ 销售获得的利润分别如式（2-4）和式（2-5）所示。

$$\pi_{t,H}(s_t,\varphi) = P_{t,H}(s_t,\varphi)X_{t,H}(s_t,\varphi) - q_H\left(\frac{x_{t,H}(s_t,\varphi)}{\varphi} + f_H\right) \qquad (2\text{-}4)$$

$$\pi_{t,i}(s_t,\varphi) = P_{t,i}(s_t,\varphi)X_{t,i}(s_t,\varphi) - q_H\left(\frac{x_{t,i}(s_t,\varphi)}{\varphi} + f_i\right) \qquad (2\text{-}5)$$

式中，$s_t$ 表示企业在时期 $t$ 的状态；$q_H$ 表示国内企业的单位生产成本。则企业在时期 $t$ 的利润是其国内外市场的利润总和与新进入市场的固定进入成本之差，其表达式如式（2-6）所示。

$$\pi_t(s_t,\varphi) = \pi_{t,H}(s_t,\varphi) + \sum_{n=1}^{\hat{I}} \pi_{t,n}(s_t,\varphi) - \sum_{n=1}^{\hat{I}} \overline{I} q_{t,H} F_i(s_t,\varphi) \quad (2\text{-}6)$$

式中，$\overline{I}$ 表示企业市场进入结果，$\overline{I}=1$ 时，企业成功进入新的出口市场，$\overline{I}=0$ 时，企业的出口状态维持不变；$F_i$ 表示企业进入国家 $i$ 的市场进入成本；$\hat{I}$ 表示企业预期进入的目的地市场的个数。

在学习效应度量方面，Schmeiser 模型将学习效应机制嵌入每个企业市场进入成本中。企业出口到特定目的地具有不同的市场进入成本（Das et al., 2007），学习效应通过节省双边市场的固定进入成本进一步决定企业进入国外市场的初始进入成本。假设企业预期进入目的地市场 $n$ 的市场进入成本为

$$F_{t,n}(\cdot) - F_{0,n} e^{-\lambda \hat{I}} \quad (2\text{-}7)$$

当 $\hat{I}=0$ 时，$F_{t,n}(\cdot) = F_{0,n}$。随着企业新进入的目的地市场的数目 $\hat{I}$ 的增加，企业获得出口及在国外设立附属机构的经验，雇用能够讲外语的员工，降低了其进入新市场和类似市场的成本。同时，企业能够更好地了解国外消费者的偏好、目的地市场的文化习俗及将产品运输到特定目的地市场的最佳运输方式等。$\lambda$ 是学习效应的参数，当 $\lambda=1$ 时，企业从出口市场所学到的知识的累计存量与滞后的出口目的地市场的数目相同，能够快速地获得出口学习效应，推动企业进入更多的出口市场。当 $\lambda=0$ 时，没有出口学习效应，企业的出口决策是静态的，没有动力进入新的出口市场。当 $0<\lambda<1$ 时，企业有机会通过缓慢降低出口市场进入成本获得出口学习效应，从而进入更多的出口市场。

**2. 用有效劳动力提高来体现出口学习效应**

张仁骞等（2016）在 Melitz（2003）和 Combes 等（2012）的基础上构建了出口学习效应的理论模型。Melitz 的基础模型中，不考虑企业的出口学习效应，1 单位劳动力提供的有效劳动为 1，假设企业生产 1 单位产品的边际劳动投入为 $h$，则企业的生产率水平为 $1/h$。进入出口市场后，企业在国际市场上面临更加激烈的竞争，更加挑剔的消费需求，接触更加先进的技术，使得企业能够获得知识外溢的好处，平均成本曲线向下移动，此时，1 单位劳动投入相当于 $\alpha$ 单位的有效劳动力，其中 $\alpha>1$。因此，进入出口市场后，企业的劳动生产率由 $1/h$ 提升到 $\alpha/h$，$\alpha$ 即为企业的出口学习效应。

那么，差异化产品的生产企业实际劳动力投入为 $\sum Q_j \cdot h$，其中 $Q_j$ 为 $j$ 产品的产量，而有效劳动力投入为 $L_j = \sum Q_j / \alpha \cdot h$，则出口学习效应可以表示为

$$\alpha = \sum Q_j / L_j \cdot h \quad (2\text{-}8)$$

企业间存在生产率异质，但是式（2-8）无法体现不同生产率水平的企业间出

口学习效应的差距。为此，张仁骞等（2016）进一步在模型中引入参数 $D$，假设一单位劳动力提供的有效劳动为：$\alpha(1/h)^{D-1}$。当 $D=1$ 时，尽管企业的生产率水平存在差异，但是获得相同的出口学习效应；当 $D>1$ 时，生产率高的企业相对于生产率低的企业能够获得更高的出口学习效应。

## 2.2 制造业企业的出口现状

本书第 4 章和第 5 章的数据来源于 RESSET 数据库及上海证券交易所和深圳证券交易所网站提供的制造业各上市企业 2001～2016 年年度财务报告。本章选取中国上市公司制造业企业数据，以此为样本来分析中国制造业企业出口贸易发展现状，其原因包括：首先，上市公司数据覆盖面广，指标分类齐全。本书使用的上市公司数据涵盖全国 30 个省区市（不包括西藏、香港、澳门和台湾）、28 个制造业和 3 类所有制的企业，有利于全面系统地分析企业出口贸易中存在的各类现象。其次，上市公司数据代表性好。上市公司制造业企业均为全国 28 个制造业中的代表性企业。因此，样本数据能够较好地代表中国企业出口的情况，在此基础上进行的实证研究，结论具有较强的说服力。再次，上市公司数据时效性强。当前实证研究中使用的数据主要是 2001～2007 年中国工业企业数据库，尽管该数据库统计范围广泛、分类目录较细，但由于统计指标更新速度太慢，2006 年中国市场全面对外开放以后，对外贸易发生了实质性的变化，利用 2001～2007 年数据分析所得的结论不能代表与解释中国企业当前的发展状况，而上市公司数据实时更新，有利于全面统计与分析入世至今中国企业出口贸易的现状及存在问题。最后，上市公司数据包含企业研发投资等关键指标。现有运用中国工业企业数据库分析中国企业出口与生产率、出口与成本加成率之间关系的文献忽略了生产率和成本加成率的重要影响因素——研发投资，而上市公司制造业企业 2006 年以后的财务报表中详细地统计了研发投资数据，利用包含该指标的上市公司数据实证检验企业出口中能否获得出口学习效应和是否陷入"低加成率陷阱"，能够避免遗漏重要解释变量而引起的内生性问题。

2001～2016 年，我国上市公司制造业出口企业和非出口企业数目及出口企业的比重如表 2-1 所示。样本中企业的数目有逐年递增的趋势，出口企业的比重也呈递增的趋势，这与入世以后我国放宽外贸自主经营权，出口规模不断扩大，越来越多的企业进入出口市场的特征事实相符。本书中主营业务收入、主营业务成本、资本存量、负债总额等财务指标来源于 RESSET 数据库，出口收入、企业人数、研发支出等指标通过对 2001～2016 年各上市公司年度财务报告手工整理而得，部分年份出口收入缺失的数据通过出口退税额间接计算得到，删除连续多年有出口退税额而没有出口收入的企业。对于其他缺失的财务指标，通过简单平均法，以相邻前后两年的平均值来估计缺失值，如果缺失两年以上的数据，则删除缺失年份及缺失年份以前该企业的数据。对于2001～2016年持续经营期间转变产业的企业，视企业转变产业的行为为退出先前产业或者退出市场，删去企业跨产业以后的数据。

表2-1　2001～2016年上市公司制造业出口企业和非出口企业数目

| 企业类别 | 2001年 | 2002年 | 2003年 | 2004年 | 2005年 | 2006年 | 2007年 | 2008年 |
|---|---|---|---|---|---|---|---|---|
| 制造业企业/家 | 416 | 486 | 538 | 610 | 622 | 679 | 759 | 816 |
| 非出口企业/家 | 229 | 228 | 234 | 237 | 226 | 230 | 250 | 237 |
| 出口企业/家 | 187 | 258 | 304 | 373 | 396 | 449 | 509 | 579 |
| 出口企业比重 | 44.95% | 53.09% | 56.51% | 61.15% | 63.67% | 66.13% | 67.06% | 70.96% |
| 企业类别 | 2009年 | 2010年 | 2011年 | 2012年 | 2013年 | 2014年 | 2015年 | 2016年 |
| 制造业企业/家 | 915 | 1172 | 1362 | 1452 | 1482 | 1486 | 1492 | 1508 |
| 非出口企业/家 | 263 | 298 | 318 | 339 | 333 | 335 | 338 | 340 |
| 出口企业/家 | 652 | 874 | 1044 | 1113 | 1149 | 1151 | 1154 | 1168 |
| 出口企业比重 | 71.26% | 74.57% | 76.65% | 76.65% | 77.53% | 77.46% | 77.35% | 77.45% |

资料来源：作者根据RESSET数据库，以及上海证券交易所网站（www.sse.com.cn）和深圳证券交易所网站（www.szse.cn）提供的制造业各上市企业2001～2016年年度财务报告数据整理而得

本书根据《国民经济行业分类》（GB/T 4754—2017）对照表，将中国上市公司制造业企业分为28类，参照Lall（2001），按照技术水平高低，将制造业28个产业重新划分为三大类产业：高技术产业[1]、中技术产业[2]和低技术产业[3]。图2-1描述了2001～2016年上市公司制造业企业总体及各类技术水平企业出口密度的变化趋势。

---

[1] 3个高技术产业包括：交通运输设备制造业，仪器仪表及文化、办公用机械制造业，医药制造业。

[2] 11个中技术产业包括：化学原料及化学制品制造业，化学纤维制造业，通用设备制造业，专用设备制造业，电气机械及器材制造业，通信设备、计算机及其他电子设备制造业，石油加工、炼焦及核燃料加工业，橡胶制品业，塑料制品业，家具制造业，文教体育用品制造业。

[3] 14个低技术产业包括：农副食品加工业，食品制造业，饮料制造业，烟草制品业，纺织业，纺织服装、鞋、帽制造业，皮革、毛皮、羽毛（绒）及其制品业，木材加工及木、竹、藤、棕、草制品业，造纸及纸制品业，印刷业和记录媒介的复制，黑色金属冶炼及压延加工业，有色金属冶炼及压延加工业，非金属矿物制品业，金属制品业。

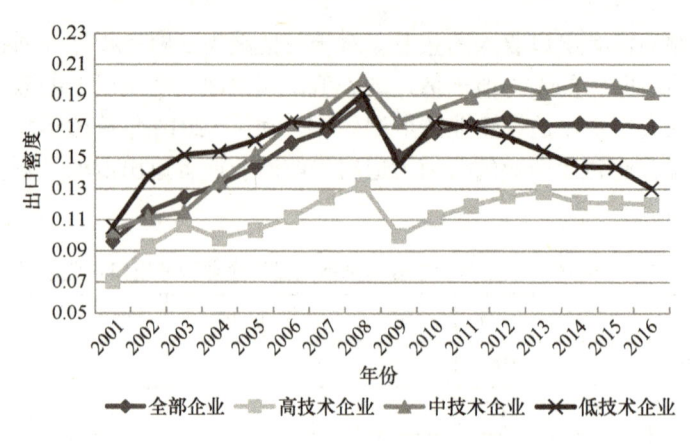

图 2-1　2001～2016 年不同技术水平企业出口密度

从图 2-1 可以看出，2001～2008 年，我国上市公司制造业三大类技术水平的企业中，总体上低技术企业的出口密度最高，中技术企业次之，高技术企业的出口密度最低，低技术企业的平均出口密度分别是高技术企业和中技术企业的 1.48 倍和 1.06 倍。2007～2016 年，中技术企业的出口密度反超低技术企业，高技术企业仍然保持低密度出口，低技术企业的平均出口密度分别是高技术企业和中技术企业的 1.34 倍和 84.90%。

2001～2008 年，我国上市公司制造业企业总体及各类技术水平企业的出口密度均呈上升的变化趋势。2001 年，中国加入 WTO，作为 WTO 的成员国，我国企业对外出口时能够享受 WTO 其他成员国给予我国的多边无条件的最惠国待遇和国民待遇，以及发达国家给予发展中国家的普惠制待遇，同时，我国政府采取政策放松外贸管制、下放外贸企业自主经营权等措施极大地推动了我国对外贸易的发展。2001～2008 年，上市公司制造业企业的出口密度从 9.60% 上升到 18.44%，年均增长速度达到 9.77%。其中，高技术企业和低技术企业出口密度的增长速度低于总体水平，出口密度的年均增长速度分别为 9.41% 和 8.89%；中技术企业出口密度的增长速度高于总体水平，出口密度的年均增长速度为 9.96%。

我国外贸依存度高、加工贸易过度发展等原因，以及美国次贷金融危机引发的外部需求冲击，导致我国制造业企业的出口密度急剧下滑。2009 年，上市公司制造业企业总体、高技术企业、中技术企业和低技术企业的出口密度分别为 15.09%、9.98%、17.34% 和 14.50%，与 2008 年相比分别下降了 18.17%、24.75%、13.48% 和 24.17%。2010 年以后，随着世界经济逐步回暖，上市公司制造业企业的平均出口密度以年均 0.38% 的增长速度逐步上升。其中，高技术企业和中技术企业出口密度的年均增长速度分别为 1.20% 和 1.03%。低技术企业的出口密度在 2010 年适度反弹后以年均 4.63% 的速度快速下降，原因在于，低技术企业大多数为资源或者劳动密集度高的企业,抵御进口竞争的能力较弱,同时随着原材料价格和工资水平的不断上涨,我国在资源及劳动力密集型产品上的比较优势逐渐转移到资源及劳动力成本更低的印度、老挝等国家。中高技术企业和低技术企业出口密度的不同变化趋势说明我国制造业企业整体的出口结构正日趋改善,产业结构升级的步伐日趋加快。2016年,上市公司制造业企业整体的出口密度达到16.99%。其中,高技术企业、中技术企业和低技术企业的出口密度分别为12.00%、19.21%和13.02%。

本书按照企业所有制类型将制造业企业划分成国有企业、外商投资企业和民营企业三大类,图2-2描述了2001~2016年我国上市公司制造业各类所有制企业出口密度的变化趋势。

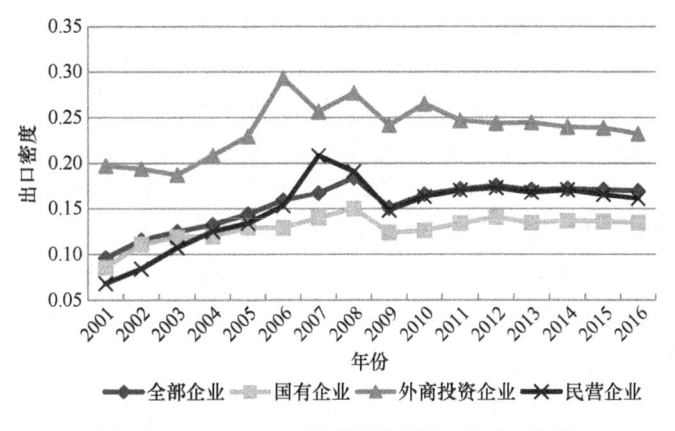

图2-2 2001~2016年不同所有制企业出口密度

从图2-2可以看出,2001~2016年,上市公司制造业三大类所有制企业中,外商投资企业的出口密度最高,总体上民营企业次之、国有企业最低。我国90%以上的贸易顺差都来自加工贸易企业(周小琳和王浩明,2014b),而相当高比例的加工贸易企业是国外跨国公司根据全球利润最大化的原则在我国境内设立的分支机构,其加工组装生产的产品最终还要返销给跨国公司母国企业,因此,外商投资企业对国外市场的依赖性更强、出口密度更高。2001~2016年,外商投资企业、国有企业和民营企业的平均出口密度分别为23.73%、14.95%和12.82%,外商投资企业的平均出口密度分别是国有企业和民营企业的1.59倍和1.85倍。

2001~2008年,我国上市公司制造业企业总体及各类所有制企业的出口密度均呈上升的变化趋势。其中,国有企业、外商投资企业和民营企业出口密度的年均增长速度分别为8.31%、4.98%和15.83%。民营企业出口密度的年均增长速度最快,国有企业次之,外商投资企业出口密度年均增长速度最慢的原因在于:首先,外商投资企业主要从事加工贸易,对外出口不需要承担额外的贸易成本,贸易自由化对外商投资企业的影响最小;其次,入世以后,按照 WTO 国民待遇原则,对外贸易中不仅国外企业与国内企业要享受同等的税收等优惠待遇,而且一国要给予本国国内所有类型的所有制企业同等程度的待遇,这一方面意味着外商投资企业无法再享受超国民待遇,另一方面也预示国有企业的市场垄断程度降低了;最后,民营企业相对于国有企业来说机制更加灵活,创新能力更强,出口密度增长速度较快。

2006 年,中国入世过渡期结束,我们在分享 WTO 带来的"经济红利"的同时,也应该全面履行相应的责任。按照加入 WTO 时的承诺,2005 年中国工业品平均关税降到 9.3%,取消汽车的配额、许可证管理,到 2006 年 7 月 1 日,汽车关税降到 25%,零部件平均关税降到 10%等。国内市场全面开放,对主要从事加工贸易的外商投资企业影响最大。一方面,跨国公司在我国境内设立外商投资企业的目的之一是绕开我国的贸易壁垒,市场全面开放后,贸易壁垒逐渐降低直至取消,国外企业可以直接把产品出口到我国,而不需像加工贸易一样继续承担回购产成品的任务。另一方面,随着我国出口规模的扩大,出口产品中密集使用的劳动要素的报酬提高,降低了加工贸易企业的竞争力,使得部分跨国公司将生产及出口环节转移到成本更低的其他发展中国家。2009~2016 年,外商投资企业的出口密度下降了 3.89%,年均下降 0.57%。国有企业和民营企业从事一般贸易的比重相对较高,关税和非关税壁垒的降低或取消,使得从事一般贸易的国有企业和民营企业能够以更低的价格购买原材料与中间产品,提升了企业的竞争力和出口密度。但由于美国等发达国家不承认中国的市场经济地位,对我国国有企业的出口设置各种贸易障碍,民营企业生产规模小、资金短缺、融资困难、缺乏稳定的外销渠道等问题,国有企业和民营企业出口增长的速度极其缓慢。2009~2016 年,国有企业和民营企业出口密度的年均增长速度分别为 1.23%和 1.21%,其增长速度分别仅为 2001~2008 年的 14.80%和 7.64%。

本书根据企业所处地区的经济发展水平,将全国 30 个省区市(不包括西藏、香港、澳门和台湾)划分为东部地区、中部地区和西部地区[①]。图 2-3 描述了 2001~2016 年我国各地区上市公司制造业企业出口密度的变化趋势。

东部地区经济发达、人才储备丰富、地理位置优越、与国外具有长期的业务往来关系,大量外商投资企业在东部地区投资设厂,使得东部地区企业相对于中部、西部地区企业而言,更具出口优势。从图 2-3 可以看出,2001~2007 年,我国各

---

① 东部地区包括北京、天津、河北、辽宁、上海、江苏、浙江、福建、山东、广东、广西、海南 12 个省区市;中部地区包括山西、内蒙古、吉林、黑龙江、安徽、江西、河南、湖北、湖南 9 个省区;西部地区包括四川、重庆、贵州、云南、陕西、甘肃、宁夏、青海、新疆 9 个省区市。

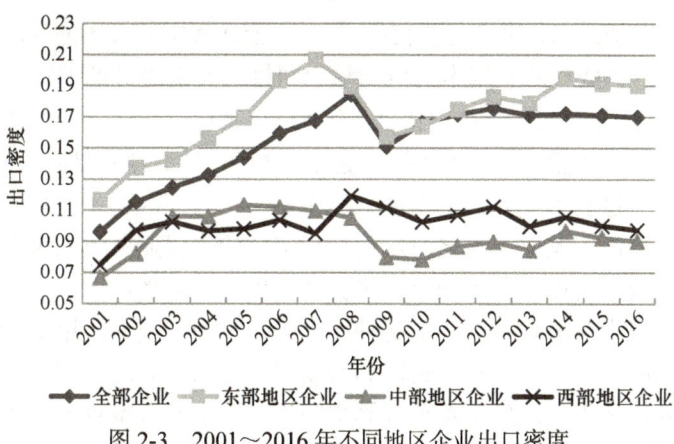

图 2-3　2001~2016 年不同地区企业出口密度

地区上市公司制造业企业中，东部地区企业的出口密度最高，总体上中部地区企业次之，西部地区企业的出口密度最低。东部地区企业的平均出口密度分别是中部地区企业和西部地区企业的 1.61 倍和 1.68 倍。2008~2016 年，西部地区企业的出口密度反超中部地区企业，东部地区企业仍然保持高密度出口，东部地区企业的平均出口密度分别是中部地区企业和西部地区企业的 2.02 倍和 1.70 倍。

2001~2008 年，我国各地区上市公司制造业企业的出口密度都具有快速上升的趋势。东部地区企业出口密度上升的速度最快，西部地区企业次之，中部地区企业相对较慢。东部地区企业、中部地区企业和西部地区企业出口密度的年均增长速度分别为 7.17%、6.71% 和 6.91%。

2009~2016 年，我国东部地区和中部地区上市公司制造业企业的出口密度总体呈上升的趋势，但出口增长速度放缓。东部地区企业和中部地区企业出口密度的年均增长速度分别为 2.74% 和 1.75%，分别仅达到 2001~2008 年的 38.21% 和 26.08%。2009~2016 年，西部地区企业的出口密度呈现下降的趋势，出口密度的年均下降速度为 1.96%。

## 2.3　企业全要素生产率的估算与比较

### 2.3.1　企业全要素生产率的估算

全要素生产率的估计方法包括参数法和非参数法，借鉴鲁晓东和连玉君（2012）、李建萍（2015）对全要素生产率的常规估计方法，本书用柯布–道格拉斯生产函数（Cobb-Douglas production function，CD 生产函数）来估计全要素生产率，即

$$Y_{i,t} = A_{i,t} K_{i,t}^{\beta_k} L_{i,t}^{\beta_l} M_{i,t}^{\beta_m} \tag{2-9}$$

式中，$Y_{i,t}$、$K_{i,t}$、$L_{i,t}$ 和 $M_{i,t}$ 分别表示企业 $i$ 在时期 $t$ 的产出、资本投入、劳动投

入和中间投入；$\beta_k$、$\beta_l$ 和 $\beta_m$ 分别表示资本、劳动和中间投入的平均产出份额；$A_{i,t}$ 表示驱动经济增长的非资本、劳动和中间投入要素之外的因素，即全要素生产率（total factor productivity，TFP）。企业产出采用当年年末主营业务收入额。劳动投入采用职工人数。工业企业中间投入的常用计算方法包括收入法和支出法：收入法是从生产过程形成收入的角度，用企业一定时期内的生产总值减去该时期内创造的附加价值，其中，生产总值用当年年末的主营业务收入来表示，附加价值用该期固定资产折旧、劳动报酬、主营业务税金及附加和主营业务利润之和来计算；支出法以生产过程中产生的各种支出来代表中间投入，用主营业务成本与各种费用之和减去本期固定资产折旧和劳动报酬总额来表示。本书折中了两种方法，采用收入法和支出法的平均值计算中间投入；企业资本投入采用永续盘存法进行计算，具体公式为

$$K_{i,t} = K_{i,t-1} + I_{i,t} - D_{i,t}$$

式中，$K_{i,t}$、$K_{i,t-1}$ 分别表示企业 $i$ 在 $t$ 期和 $t-1$ 期的资本存量净值，对于首次出现在数据库的年份对应的固定资产净值按照固定资产投资价格指数折算成初期的实际值作为该企业的初始资本存量；$I_{i,t}$ 表示企业 $i$ 在 $t$ 期新增的固定资产投资，用相邻两年固定资产原值的差按照固定资产投资价格指数折算成初期的实际值后，作为企业的实际投资额；$D_{i,t}$ 表示企业 $i$ 在 $t$ 期固定资产投资的折旧，用企业经过固定资产投资价格指数折算的当期折旧额表示。

将式（2-9）取对数，可以得到如式（2-10）所示的线性模型：

$$y_{i,t} = \beta_k k_{i,t} + \beta_l l_{i,t} + \beta_m m_{i,t} + \mu_{i,t} \tag{2-10}$$

式中，$y_{i,t}$、$k_{i,t}$、$l_{i,t}$ 和 $m_{i,t}$ 分别表示企业 $i$ 在 $t$ 期的产出、资本投入、劳动投入和中间投入的自然对数；$\mu_{i,t}$ 表示随机误差项。

大量的现有文献认为企业特征等因素会显著地影响全要素生产率（田敏，2014；李建萍，2015），因此本书还考虑了如下控制变量：企业规模（size）、企业所在地区（area）、企业所有制性质（nature）。企业产出的函数转变为

$$\begin{aligned} y_{i,t} = & \alpha + \beta_k k_{i,t} + \beta_l l_{i,t} + \beta_m m_{i,t} + \gamma_1 \text{size}1_{i,t} + \gamma_2 \text{size}2_{i,t} + \gamma_3 \text{area}1_{i,t} \\ & + \gamma_4 \text{area}2_{i,t} + \gamma_5 \text{nature}1_{i,t} + \gamma_6 \text{nature}2_{i,t} + \mu_{i,t} \end{aligned} \tag{2-11}$$

式中，企业规模参照工业和信息化部、国家统计局、国家发展和改革委员会、财政部 2011 年制定的《关于印发中小企业划型标准规定的通知》，划分为大型企业、中型企业和小型企业[①]。如果 size1 = 1，且 size2 = 0，则为大型企业；如果 size1 = 0，

---

① 主营业务收入大于 40 000 万元，且职工人员大于 1000 人的企业为大型企业；主营业务收入在 2000 万元与 40 000 万元之间、职工人数在 300 人与 1000 人之间的企业为中型企业；主营业务收入小于 2000 万元，且职工人数小于 300 人的企业为小型企业。

且 size2 = 1，则为中型企业；如果 size1 = 0，且 size2 = 0，则为小型企业。本书根据企业所处地区的经济发展水平，将所研究的 30 个省区市划分为东部地区、中部地区和西部地区。如果 area1 = 1，且 area2 = 0，则为东部地区；如果 area1 = 0，且 area2 = 1，则为中部地区；如果 area1 = 0，且 area2 = 0，则为西部地区。按照所有制类型，根据企业的绝对控股情况，将上市公司制造业企业划分为国有企业、外商投资企业和民营企业。如果 nature1 = 1，且 nature2 = 0，则为国有企业；如果 nature1 = 0，且 nature2 = 1，则为外商投资企业；如果 nature1 = 0，且 nature2 = 0，则为民营企业。

根据式（2-11），可以得到企业全要素生产率的估计式如式（2-12）所示。

$$\text{TFP}_{i,t} = y_{i,t} - \hat{\beta}_k k_{i,t} - \hat{\beta}_l l_{i,t} - \hat{\beta}_m m_{i,t} - \hat{\gamma}_1 \text{size1}_{i,t} - \hat{\gamma}_2 \text{size2}_{i,t} - \hat{\gamma}_3 \text{area1}_{i,t} \\ - \hat{\gamma}_4 \text{area2}_{i,t} - \hat{\gamma}_5 \text{nature1}_{i,t} - \hat{\gamma}_6 \text{nature2}_{i,t} \quad (2\text{-}12)$$

### 2.3.2 出口企业与非出口企业全要素生产率比较分析

根据式（2-12），按照《国民经济行业分类》（GB/T 4754—2017）对照表，将中国上市公司制造业企业分为 28 类，分别计算 2001~2016 年、2002~2016 年、2003~2016 年、2004~2016 年、2005~2016 年及 2006~2016 年上市公司制造业企业的全要素生产率水平，结果证实 28 个产业中企业的全要素生产率水平均具有稳定性。假设企业在 2001~2016 年只要有一年出口即为出口企业，2001~2016 年，一年也没有出口的企业为非出口企业。逐年计算上市公司制造业出口企业和非出口企业的全要素生产率，则 2001~2016 年上市公司制造业企业全要素生产率的变化趋势如图 2-4 所示。

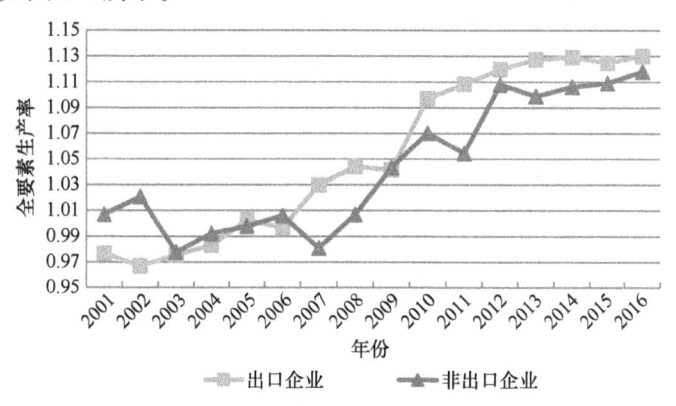

图 2-4 2001~2016 年制造业企业全要素生产率

根据异质性企业贸易理论，出口企业比非出口企业具有更高的生产率水平。从图 2-4 中可以看出，在 2001~2005 年，我国上市公司制造业企业的出口中存在生产率悖论，但在 2006~2016 年，自选择效应机制得到了有效发挥。2001~2005

年，出口企业的平均全要素生产率水平比非出口企业低 1.78%，企业出口生产率悖论的状况在 2002 年最为严重，出口企业的全要素生产率水平比非出口企业低 5.27%。2006~2016年，出口企业的平均全要素生产率水平比非出口企业高 2.13%，企业开始按照自选择效应机制做出口市场选择的决策。

根据异质性企业贸易理论，随着贸易自由化程度的提高，产业内低效率的企业退出市场，高效率的企业跨越出口门槛生产率进入国际市场，贸易自由化通过产业内资源的重新配置提高了产业总体的生产率水平。从图 2-4 中可以看出，2001~2005 年，我国上市公司制造业企业全要素生产率水平的变化相对平稳，非出口企业的全要素生产率水平具有微弱的下降趋势，年均下降 0.23%，出口企业的全要素生产率水平具有微弱的上升趋势，年均上升 0.66%。2006~2016 年，随着我国上市公司制造业企业的出口规模不断攀升，企业的全要素生产率水平快速提升。非出口企业的全要素生产率水平从 2006 年的 1.01[①]上升到 2016 年的 1.12，年均上升 1.04%，出口企业的全要素生产率水平从 2006 年的 1.00 上升到 2016 年的 1.13，年均上升 1.23%。2006~2016 年，自选择效应机制的有效发挥，促进了制造业企业整体全要素生产率水平的快速提升。

### 2.3.3 不同技术水平企业全要素生产率比较分析

本书按照技术水平高低，将制造业 28 个产业重新划分为高技术产业、中技术产业和低技术产业三大类产业（技术分类标准与 2.2 节相同），并分别计算了上市公司三大类产业制造业企业的全要素生产率水平。其中，2001~2016 年上市公司制造业高技术企业中，出口企业和非出口企业的全要素生产率水平如图 2-5 所示。

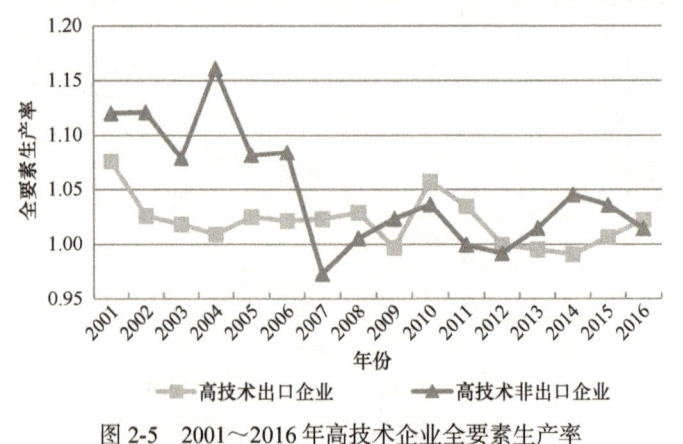

图 2-5　2001~2016 年高技术企业全要素生产率

---

[①] 本章和第 3 章类似数据小数位较多，正文分析中均保留两位小数，因此，和相应的图可能存在偏差。

从图 2-5 可以看出，在 2001～2005 年，我国上市公司制造业高技术企业的出口中存在显著的生产率悖论现象，在 2006～2016 年，高技术企业自选择效应机制扭曲的程度逐渐减弱，直至消失。我国在高技术产品的生产上不具有比较优势，即使是高技术产品的出口也主要集中在加工贸易产品上，这类产品的生产企业研发创新能力弱，不具备独立的市场营销渠道，面对外部需求冲击时只能依靠降低生产率水平、压缩要素投入报酬和利润的方式来维持产品的市场需求，而高技术非出口企业更加关注于通过提升自主研发创新能力来提升产品质量，满足消费者的个性、多样化需求。2001～2005 年，高技术出口企业的平均全要素生产率水平比非出口企业低 7.33%，并在 2004 年出口生产率悖论的程度达到极值，出口企业的全要素生产率水平比非出口企业低 13.07%。2006～2016 年，高技术企业的出口中，尽管有五年存在生产率悖论，但总体上来说，出口企业的全要素生产率水平比非出口企业高 0.42%，高技术企业的出口逐步恢复自选择效应机制。

2001～2016 年，我国上市公司制造业高技术企业的全要素生产率水平呈现下降的趋势。由于 2001～2005 年，高技术企业出口生产率悖论的现象较为严重，出口反而起到了资源配置劣化的作用，降低了高技术企业整体的全要素生产率水平。其中，高技术出口企业的全要素生产率水平从 2001 年的 1.08 下降到 2005 年的 1.02，年均下降 1.42%。高技术非出口企业的全要素生产率水平从 2001 年的 1.12 下降到 2005 年的 1.08，年均下降 0.91%。2006～2016 年，高技术企业的出口生产率悖论逐渐减弱，高技术企业全要素生产率水平下降的速度随之降低。其中，高技术出口企业的全要素生产率水平总体上保持稳定，高技术非出口企业的全要素生产率水平从 2006 年的 1.08 下降到 2016 年的 1.02，年均下降 0.57%。

从全要素生产率水平的波动性来看，高技术非出口企业全要素生产率水平的波动性大于高技术出口企业。我国在高技术产品的生产上既不具备竞争优势，也不具备比较优势，因此，入世以后，相对于中技术企业、低技术企业，高技术企业的出口规模仍然较低，高技术非出口企业受到国外进口冲击的影响最为严重、市场进入和退出行为相对更加频繁、全要素生产率的波动幅度更为剧烈。按照我国加入 WTO 时签订的协定，2001～2005 年是中国入世的过渡期，在此期间内，产品出口享受 WTO 其他成员国给予我国最惠国待遇及发达国家给予发展中国家的普惠制待遇的同时，国内市场并没有完全对外开放。高技术产业，如汽车、铁路、航空制造业等可继续维持较高的关税保护，到 2006 年 7 月 1 日，汽车关税降到 25%，零部件平均关税降到 10%。因此，受外部需求冲击的影响，2007 年高技术非出口企业的全要素生产率水平与 2006 年相比下降了 10.25%，并且 2008 年以后，高技术企业的全要素生产率水平一直维持在 1.02 左右。

图 2-6 描述了 2001～2016 年中国上市公司制造业中技术企业中出口企业和非

出口企业的全要素生产率水平。

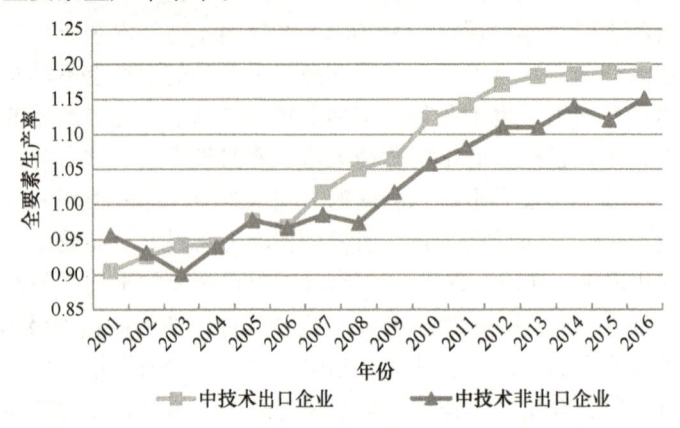

图 2-6  2001~2016 年中技术企业全要素生产率

从图 2-6 可以看出，2001~2016 年，中技术出口企业的平均全要素生产率水平比非出口企业高 3.26%，中技术企业的出口能够遵循自选择效应机制。

2001~2016 年，中技术出口企业和非出口企业的全要素生产率水平都呈上升的趋势。中技术出口企业的全要素生产率水平从 2001 年的 0.91 上升到 2016 年的 1.19，共上升 30.77%，年均上升 1.80%。中技术非出口企业的全要素生产率水平从 2001 年的 0.96 上升到 2016 年的 1.15，共上升 19.79%，年均上升 1.21%。

图 2-7 描述了 2001~2016 年中国上市公司制造业低技术企业中出口企业和非出口企业的全要素生产率水平。

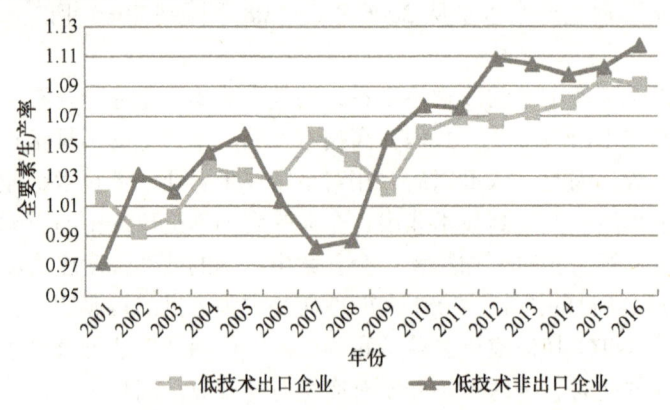

图 2-7  2001~2016 年低技术企业全要素生产率

在图 2-7 中，除了 2001 年、2006~2008 年以外，低技术出口企业的全要素生产率水平均低于非出口企业，低技术企业的出口中始终存在生产率悖论。2001~2005 年及 2006~2016 年，低技术出口企业的平均全要素生产率水平分别比低技术非出口企业低 0.90%和 0.20%。

从整体上来看，尽管低技术企业出口生产率悖论的长期存在降低了产业内资源配置的效率和低技术企业整体的全要素生产率水平，但是，随着我国外贸体制改革的深化发展，低技术企业的全要素生产率水平仍然具有逐年上升的趋势。低技术出口企业的全要素生产率水平从 2001 年的 1.02 上升到 2016 年的 1.09，共上升 6.86%，年均上升 0.44%。低技术非出口企业的全要素生产率水平从 2001 年的 0.97 上升到 2016 年的 1.12，共上升 15.46%，年均上升 0.96%。

从图 2-1、图 2-5～图 2-7 可以看出：首先，2001～2005 年，上市公司制造业各类技术水平企业中，高技术企业和低技术企业的出口中存在生产率悖论，且高技术出口企业全要素生产率扭曲的程度最为严重，中技术企业能够遵循自选择效应机制做出出口市场选择的决策。2006～2016 年，高技术企业的出口生产率悖论逐渐消失，中技术企业的出口市场选择行为始终遵循自选择效应机制，低技术企业出口生产率悖论的程度进一步恶化。其次，总体上上市公司制造业中技术企业的出口密度最高，高技术企业的出口密度最低。同时，中技术企业的全要素生产率水平具有逐年上升的趋势，高技术企业的全要素生产率水平具有逐年下降的趋势。这在一定程度上说明，自选择效应机制的有效发挥促进了中技术产业内资源的优化配置，而出口生产率悖论的存在致使高技术产业整体全要素生产率水平下降。尽管，除个别年份外，低技术企业的出口中始终存在生产率悖论，但由于我国外贸体制改革的稳步进行，低技术企业的全要素生产率水平仍然具有逐年上升的趋势。最后，上市公司制造业高技术企业和低技术企业的全要素生产率水平最易受入世、金融危机等外部需求冲击的影响，而中技术企业的全要素生产率水平受入世、金融危机等外部需求冲击的影响相对较小。

### 2.3.4 不同所有制企业全要素生产率比较分析

将上市公司全部制造业企业按照所有制类型进行分类，逐年统计国有企业、外商投资企业和民营企业的全要素生产率水平，则 2001～2016 年，我国上市公司制造业国有企业、外商投资企业和民营企业全要素生产率水平的变化趋势分别如图 2-8～图 2-10 所示。

图 2-8 中，2001～2016 年，上市公司制造业国有出口企业的平均全要素生产率水平为 1.01，国有非出口企业的平均全要素生产率水平为 1.02，国有企业中出口企业的全要素生产率水平低于国有非出口企业，企业出口中存在生产率悖论。

从总体上来看，2001～2016 年，国有出口企业和国有非出口企业的全要素生产率水平都呈上升的趋势。国有出口企业的全要素生产率水平从 2001 年的 0.97

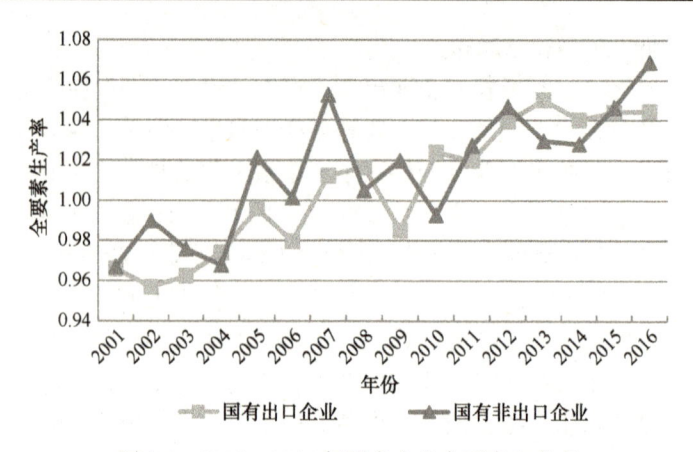

图 2-8　2001~2016 年国有企业全要素生产率

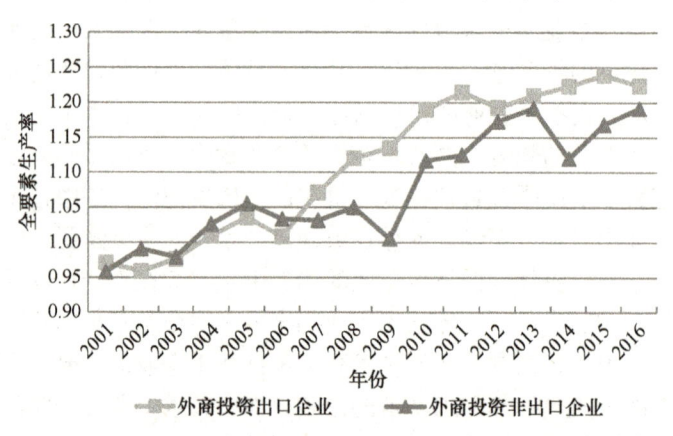

图 2-9　2001~2016 年外商投资企业全要素生产率

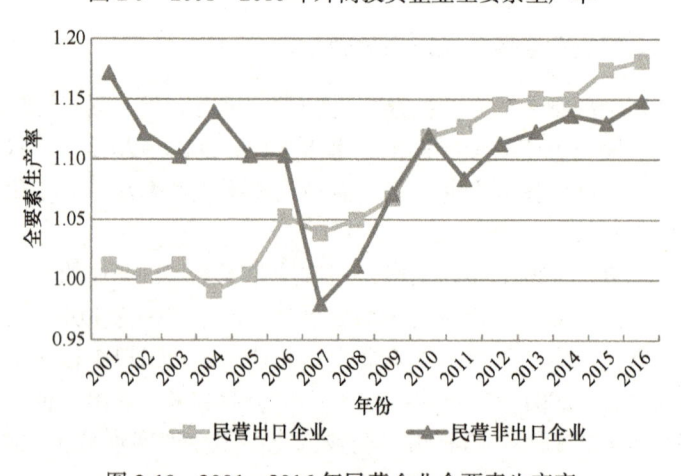

图 2-10　2001~2016 年民营企业全要素生产率

上升到2016年的1.04，共上升7.22%，年均上升0.47%。国有非出口企业的全要素生产率水平从2001年的0.97上升到2016年的1.07，共上升10.31%，年均上升0.66%。

图2-9中，2001~2005年，上市公司制造业外商投资企业的出口中存在生产率悖论，出口企业的平均全要素生产率水平比非出口企业低1.13%。2007~2016年，外商投资企业的出口决策开始遵循自选择效应机制，出口企业的平均全要素生产率水平比非出口企业高5.17%。

从长期来看，外商投资企业的全要素生产率水平具有逐年上升的趋势。外商投资出口企业的全要素生产率水平从2001年的0.97上升到2016年的1.22，共上升25.77%，年均上升1.54%。外商投资非出口企业的全要素生产率水平从2001年的0.96上升到2016年的1.19，共上升23.96%，年均上升1.44%。

图2-10中，总体上来说，2001~2005年，上市公司制造业民营出口企业的平均全要素生产率水平比民营非出口企业低10.87%，企业出口中存在生产率悖论。2006~2016年，民营出口企业的平均全要素生产率水平比民营非出口企业高2.02%，企业出口恢复自选择效应机制。

从长期来看，民营出口企业的全要素生产率水平呈上升的趋势，2001~2016年，民营出口企业的全要素生产率水平从1.01上升到1.18，共上升16.83%，年均上升1.04%。民营非出口企业的全要素生产率水平先降后升，总体上具有波动性下降的趋势。2001~2007年，民营非出口企业的全要素生产率水平急剧下滑，从1.17下降到0.98，共下降16.24%。2007~2016年，民营非出口企业的全要素生产率水平快速回升，从0.98上升到1.15，共上升17.35%。但总体上来说，2016年，民营非出口企业的全要素生产率水平与2001年相比下降了1.71%。

结合图2-2、图2-8~图2-10可以看出：首先，2001~2005年，我国上市公司制造业各类所有制企业中都存在出口生产率悖论。2006~2016年，国有企业的出口中仍然存在生产率悖论，外商投资企业和民营企业的出口能够按照异质性企业贸易理论的原则，生产率高的企业自选择进入出口市场。其次，上市公司制造业三大类所有制企业的出口密度和全要素生产率水平都呈上升的趋势，说明三大类所有制企业均按照异质性企业贸易理论的原则实现了资源的有效配置。最后，民营企业的全要素生产率水平最易受入世、金融危机等外部需求冲击的影响，国有企业次之，外商投资企业的全要素生产率水平受外部需求冲击的影响相对较小。

### 2.3.5 不同地区企业全要素生产率比较分析

将上市公司全部制造业企业按照所在地区进行分类，逐年统计东部地区企业、中部地区企业和西部地区企业的全要素生产率水平，则2001~2016年，我国上市公司东部地区企业、中部地区企业和西部地区企业全要素生产率水平的变化趋势分别如图2-11～图2-13所示。

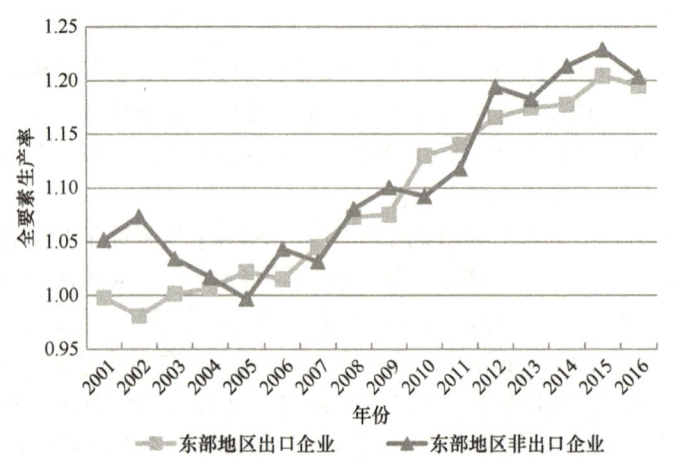

图2-11 2001～2016年东部地区企业全要素生产率

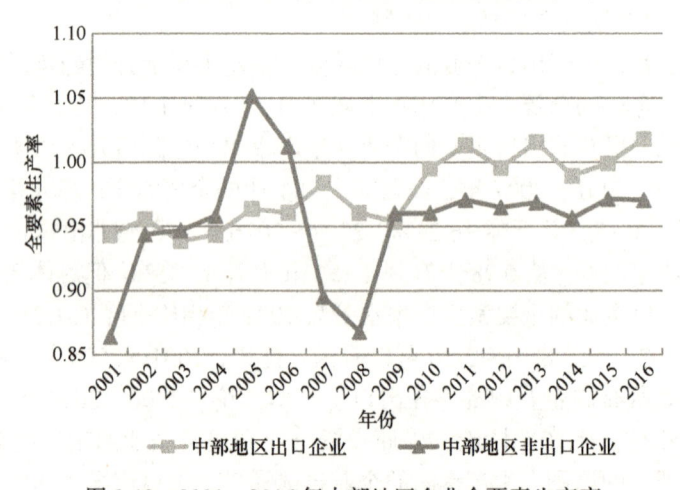

图2-12 2001～2016年中部地区企业全要素生产率

东部地区涉及我国12个省区市，既包括以北京、天津为中心的京津冀都市经济圈，又包括以上海、浙江为中心的长江三角洲都市经济圈和以广东、深圳为中心的珠江三角洲都市经济圈。东部地区是中国的经济和对外贸易中心，改革开放以来，仅三大都市经济圈的对外贸易就占据中国对外贸易的80%以上。从图2-11可以看出，从总体上来看，2001～2016年，我国上市公司制造业东部地区企业中，出口企业的平均全要素生产率水平比非出口企业低1.44%，企业出口中存在生产率悖论。

2001～2016年，上市公司制造业东部地区出口企业的全要素生产率水平呈上

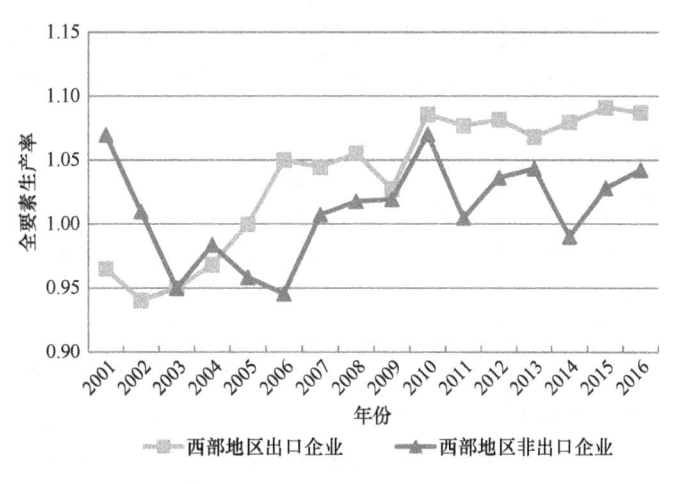

图 2-13　2001~2016 年西部地区企业全要素生产率

升的趋势，非出口企业受中国入世冲击的影响，全要素生产率水平具有先降后升的变化趋势。2001~2005 年，东部地区出口企业的全要素生产率水平从 1.00 上升到 1.02，共上升 2.00%，年均上升 0.50%；东部地区非出口企业的全要素生产率水平从 1.05 下降到 1.00，共下降 4.76%，年均下降 1.21%。2006~2016 年，东部地区出口企业的全要素生产率水平从 1.01 上升到 1.20，共上升 18.81%，年均上升 1.74%；东部地区非出口企业的全要素生产率水平从 1.04 上升到 1.20，共上升 15.38%，年均上升 1.44%。

中部地区包括山西、内蒙古、吉林、黑龙江、安徽、江西、河南、湖北、湖南 9 个省区，其经济和外贸发展均落后于东部地区。从图 2-12 可以看出，2001~2005 年，我国上市公司制造业中部地区企业中，出口企业的平均全要素生产率水平比非出口企业低 0.07%，企业出口中存在生产率悖论。2006~2016 年，中部地区出口企业的平均全要素生产率水平比非出口企业高 3.84%，企业开始遵循自选择效应机制做出出口市场的进入决策。

2001~2016 年，上市公司制造业中部地区企业的全要素生产率水平具有逐年上升的趋势，其中，出口企业全要素生产率水平上升的速度较为平缓，非出口企业全要素生产率水平的变化易受外部需求冲击的影响。2001~2016 年，中部地区出口企业的全要素生产率水平从 0.94 上升到 1.02，共上升 8.51%，年均上升 0.55%。中部地区非出口企业的全要素生产率水平分别在 2005 年和 2008 年达到波峰和波谷，但总体上来说，中部地区非出口企业的全要素生产率水平从 2001 年的 0.86 上升到 2016 年的 0.97，共上升 12.79%，年均上升 0.81%。

西部地区包括四川、重庆、贵州、云南、陕西、甘肃、宁夏、青海、新疆 9 个省区市。西部地区的对外贸易发展位列全国最低水平。从图 2-13 可以看出，

2001~2005年，上市公司制造业西部地区企业中，出口企业的平均全要素生产率水平比非出口企业低2.77%，企业出口中存在生产率悖论。2006~2016年，西部地区出口企业的平均全要素生产率水平比非出口企业高4.91%，企业能够按照异质性企业贸易理论的原则，自选择进入出口市场。

2001~2016年，上市公司制造业西部地区企业中，出口企业的全要素生产率水平呈上升的趋势，非出口企业的全要素生产率水平易受外部经济环境变化的影响，但总体上来说，西部地区非出口企业的全要素生产率水平呈下降的趋势。2001~2016年，西部地区出口企业的全要素生产率水平从0.97上升到1.09，共上升12.37%，年均上升0.78%。西部地区非出口企业的全要素生产率水平从1.07下降到1.04，共下降2.80%，年均下降0.19%。

结合图2-3、图2-11~图2-13可以看出：首先，2001~2005年，我国上市公司制造业各地区企业的出口中均存在生产率悖论。2006~2016年，东部地区企业出口生产率悖论的程度有所减轻，中部地区企业和西部地区企业开始按照异质性企业贸易理论的原则自选择进入出口市场。其次，上市公司制造业各地区企业中均存在随着出口密度增长，企业的全要素生产率水平逐年上升的现象，贸易自由化推动了各地区产业内资源的优化配置。最后，中部地区企业和西部地区企业的全要素生产率水平易受入世、金融危机等外部环境冲击的影响，东部地区企业的全要素生产率水平受外部环境冲击的影响相对较小。

## 2.4 自选择效应的实证分析

通过以上的描述性统计分析可以看出，我国上市公司制造业企业的出口中存在生产率悖论，即出口企业的生产率水平低于非出口企业。那么，出口企业为何存在生产率悖论？出口企业是在开始出口之前生产率水平就低于非出口企业？还是在出口以后生产率水平没有得到持续性提升？如果出口企业在出口之前生产率水平就低于非出口企业，则称之为出口选择悖论。如果企业在出口之后生产率水平提升的速度低于非出口企业，即出口导致生产率下降，则称之为出口学习悖论。为此，本书通过构建自选择效应和出口学习效应的实证模型，利用我国上市公司制造业的分类数据，进一步检验企业出口与生产率之间的相互作用关系。

为了检验中国上市公司制造业企业是否存在出口选择悖论，需要考察出口企业在进入国际市场之前是否比非出口企业具有更高的生产率水平。为此，本书将企业出口前状态引入Bernard和Wagner（1997）的出口溢价模型，利用式（2-13）来检验生产率对企业出口的决定作用：

$$\ln \text{TFP}_{i,t-3} = \alpha + \beta \text{export}_{i,t} + \gamma_1 \ln y_{i,t-3} + \gamma_2 (\ln y_{i,t-3})^2 + \gamma_3 \text{prfrt}_{i,t-3} \\ + \eta \text{control}_{i,t-3} + \varepsilon_{i,t} \quad (2\text{-}13)$$

式中，$i$ 表示企业。$t$ 表示时期。$\text{TFP}_{i,t-3}$ 表示企业 $i$ 在第 $t-3$ 期的生产率水平。$\text{export}_{i,t}$ 表示与基期年份相比企业 $i$ 在第 $t$ 期的出口状态，当企业 $i$ 在 $t=0$ 时不出口，在第 $t$ 期仍然不出口时，export $= 0$；当企业 $i$ 在 $t=0$ 时不出口，在第 $t$ 期开始出口时，export $= 1$。$y_{i,t-3}$ 表示企业 $i$ 在第 $t-3$ 期的产出水平，用主营业务收入来表示。$\text{prfrt}_{i,t-3}$ 表示企业 $i$ 在第 $t-3$ 期的利润率，用主营业务利润/主营业务收入来表示。control 表示控制变量，包括两个企业规模（size）、两个企业所有制（nature）和两个地区（area）虚拟变量。所有控制变量的分类标准与式（2-11）一致。

根据理论预期：①$\beta$ 的估计值显示了同一产业内出口企业在从事出口活动三年前与同期非出口企业平均生产率水平的差异。按照异质性企业贸易理论，生产率高的企业自选择进入国际市场，因此，$\beta > 0$。如果 $\beta < 0$，代表企业出口中存在出口选择悖论，生产率低的企业反而成为出口企业。②随着产出 $y$ 的增加，企业的生产规模不断扩大，通过规模经济效应，企业的生产率水平提高，因此，$\gamma_1 > 0$。③当企业生产规模扩大到一定程度，即产出超过最优规模时，企业对各方面业务协调的难度也随之增大，出现规模收益递减现象，因此，$\gamma_2 < 0$。④利润率 prfrt 越高，企业越有能力扩大生产规模及从事研发创新活动，生产率水平越高，因此，$\gamma_3 > 0$。

### 2.4.1 企业总体自选择效应分析

为体现市场开放程度变化对企业出口行为的影响，本书根据图 2-3～图 2-6，按照企业出口密度的变化趋势将企业出口活动划分为两个阶段，第一个阶段称为中国入世的前过渡期（2001～2005 年），第二个阶段称为中国入世的后过渡期（2006～2016 年），与前过渡期相比，后过渡期贸易管制逐步取消，关税税率不断降低，商业、金融等敏感性领域的贸易保护逐步取消。本节将利用式（2-13），分别检验 2001～2005 年和 2006～2016 年我国上市公司制造业企业的出口中是否存在自选择效应。

在面板模型参数估计方法的选择上，2001～2005 年和 2006～2016 年制造业企业总体的自选择效应方程中，$F$ 检验的 $p$ 值均为 0.00，拒绝联合回归模型的假设，Hausman 检验的 $p$ 值均为 0.00，拒绝随机效应模型的假设，因此，本节采用固定效应模型进行估计，2001～2005 年和 2006～2016 年制造业企业总体自选择效应的检验结果分别如式（2-14）和式（2-15）所示。

$$\ln \text{TFP}_{i,t-3} = -9.85 - 0.17 \text{export}_{i,t} + 0.02 \ln y_{i,t-3} + 0.0007 (\ln y_{i,t-3})^2$$
$$(-1.91) \quad (-76.87) \quad (37.91) \quad (14.16)$$

$$+ 0.002\,\text{prfrt}_{i,t-3} - 0.56\,\text{size}1_{i,t-3} - 0.36\,\text{size}2_{i,t-3} - 0.09\,\text{area}1_{i,t-3}$$
$$\quad\ (21.37)\qquad\quad (-6.19)\qquad\quad (-5.38)\qquad\quad (-21.83) \qquad (2\text{-}14)$$
$$- 0.19\,\text{area}2_{i,t-3} - 0.17\,\text{nature}1_{i,t-3} - 0.27\,\text{nature}2_{i,t-3}$$
$$\quad (-72.14)\qquad\quad (-32.66)\qquad\quad (-36.27)$$

$$\ln \text{TFP}_{i,t-3} = -16.79 + 0.25\,\text{export}_{i,t} + 0.35\ln y_{i,t-3} - 0.005(\ln y_{i,t-3})^2$$
$$\quad\ (-9.43)\qquad (2.39)\qquad\quad (3.88)\qquad\quad (-2.51)$$
$$+ 0.006\,\text{prfrt}_{i,t-3} - 0.48\,\text{size}1_{i,t-3} - 0.37\,\text{size}2_{i,t-3} + 0.22\,\text{area}1_{i,t-3}$$
$$\quad\ (40.00)\qquad\quad (-27.17)\qquad\quad (-21.14)\qquad\quad (3.21) \qquad (2\text{-}15)$$
$$+ 0.12\,\text{area}2_{i,t-3} + 0.06\,\text{nature}1_{i,t-3} + 0.08\,\text{nature}2_{i,t-3}$$
$$\quad\ (2.30)\qquad\quad (2.30)\qquad\quad (3.48)$$

式（2-14）和式（2-15）的拟合优度分别为 0.9789 和 0.8030，式（2-14）和式（2-15）中所有变量 $t$ 值的绝对值均显著大于 2，模型总体拟合效果良好。

从出口变量的结果来看，2001~2005 年及 2006~2016 年，我国上市公司制造业企业总体的出口生产率溢价系数 $\beta$ 分别显著为负和显著为正，说明 2001~2005 年我国上市公司制造业企业中存在出口选择悖论，2006~2016 年，随着我国市场机制日益完善和外贸体制改革逐步深化，企业渐进遵循自选择效应机制做出出口市场选择的决策。从总体上来说，2001~2005 年，在其他变量保持不变的情况下，上市公司制造业出口企业在出口前三年与同期的非出口企业相比，生产率水平低 17.00%。2006~2016 年，上市公司制造业出口企业在出口前三年与同期的非出口企业相比，生产率水平高 25.00%。

从产出变量的结果来看，2001~2005 年我国上市公司制造业企业的产出一次项和产出二次项均对生产率具有微弱的正向影响，说明 2001~2005 年上市公司制造业企业的生产中规模经济效应很弱。2006~2016 年，上市公司制造业企业产出一次项的系数扩大为原来的 17.50 倍，产出二次项的系数转正为负，说明 2006~2016 年，上市公司制造业企业的规模经济得到了充分发挥，但仍未实现最优生产规模。

从利润率变量的结果来看，2001~2005 年及 2006~2016 年，我国上市公司制造业企业的利润率对生产率的影响均为正，说明利润率提高有助于提升企业的生产率水平。但是，利润率的高低对企业生产率水平提升的影响非常有限。2001~2005 年，上市公司制造业企业利润率每提升 1%，使得企业生产率水平提升 0.20%。这与我国在世界市场上的国际分工格局密切相关，我国制成品生产基本都停留在产品的加工组装环节，产品的利润率低，对企业生产率提升的带动作用有限。2006~2016 年，我国上市公司制造业企业利润率每提升 1%，生产率水平提升 0.60%，其影响程度扩大为 2001~2005 年的 3 倍，这与近些年我国越来越多的企业将利润转变为研发投入的特征事实相一致。

### 2.4.2 技术水平与自选择效应分析

本书按照《国民经济行业分类》（GB/T 4754—2017）对照表，将中国上市公司制造业企业分为28类，再按照技术水平高低，将制造业28个产业重新划分为高技术产业、中技术产业和低技术产业三大类产业（技术分类标准与2.2节相同）。利用式（2-13），分别检验2001～2005年和2006～2016年我国上市公司制造业不同技术水平企业的出口中是否存在自选择效应。

按技术水平分类后，在面板模型参数估计方法的选择上，2001～2005年，各类技术水平企业自选择效应方程$F$检验的$p$值均为0.00，拒绝联合回归的假设。高技术企业、中技术企业和低技术企业自选择效应方程Hausman检验的$p$值均为0.00，拒绝随机效应模型的假设，采用固定效应模型进行估计。2001～2005年，高技术企业、中技术企业和低技术企业自选择效应的检验结果分别如式（2-16）～式（2-18）所示。

$$\begin{aligned}\ln \text{TFP}_{i,t-3} = &-21.88 - 0.64\text{export}_{i,t} + 0.35\ln y_{i,t-3} - 0.02(\ln y_{i,t-3})^2\\ &(-2.49)\quad(-21.23)\qquad(19.12)\qquad(-22.39)\\ &+ 0.003\text{prfrt}_{i,t-3} - 0.22\text{size}2_{i,t-3} - 0.35\text{area}1_{i,t-3}\\ &\quad(14.58)\qquad\qquad(-2.92)\qquad\qquad(-5.87)\\ &+ 0.57\text{area}2_{i,t-3} + 0.02\text{nature}1_{i,t-3} + 0.30\text{nature}2_{i,t-3}\\ &\quad(17.49)\qquad\qquad(4.91)\qquad\qquad(4.58)\end{aligned}\quad(2\text{-}16)$$

$$\begin{aligned}\ln \text{TFP}_{i,t-3} = &-6.99 + 0.60\text{export}_{i,t} + 0.67\ln y_{i,t-3} - 0.01(\ln y_{i,t-3})^2\\ &(-3.24)\quad(3.25)\qquad(2.57)\qquad(-2.12)\\ &+ 0.007\text{prfrt}_{i,t-3} - 0.28\text{size}1_{i,t-3} - 0.19\text{size}2_{i,t-3} + 0.46\text{area}1_{i,t-3}\\ &\quad(19.66)\qquad\quad(-9.89)\qquad\quad(-7.18)\qquad\quad(5.59)\\ &- 0.29\text{area}2_{i,t-3} - 0.06\text{nature}1_{i,t-3} - 0.30\text{nature}2_{i,t-3}\\ &\quad(-3.46)\qquad\qquad(-22.53)\qquad\qquad(-3.28)\end{aligned}\quad(2\text{-}17)$$

$$\begin{aligned}\ln \text{TFP}_{i,t-3} = &-21.82 - 0.14\text{export}_{i,t} + 0.11\ln y_{i,t-3} - 0.004(\ln y_{i,t-3})^2\\ &(-3.54)\quad(-5.36)\qquad(17.69)\qquad(-13.68)\\ &+ 0.002\text{prfrt}_{i,t-3} - 0.59\text{size}1_{i,t-3} - 0.78\text{size}2_{i,t-3} - 0.17\text{area}1_{i,t-3}\\ &\quad(9.57)\qquad\quad(-22.93)\qquad\quad(-40.63)\qquad\quad(-6.16)\\ &+ 0.04\text{area}2_{i,t-3} - 0.25\text{nature}1_{i,t-3} + 0.02\text{nature}2_{i,t-3}\\ &\quad(15.18)\qquad\qquad(-15.27)\qquad\qquad(5.91)\end{aligned}\quad(2\text{-}18)$$

式(2-16)~式(2-18)的拟合优度分别为0.9866、0.9999和0.9621,式(2-16)~式(2-18)中所有变量t值的绝对值均显著大于2,模型总体拟合效果良好。

从出口变量的结果来看,2001~2005年,我国上市公司制造业高技术企业和低技术企业的出口生产率溢价系数$\beta$显著为负,中技术企业的出口生产率溢价系数$\beta$显著为正,说明我国上市公司制造业高技术企业和低技术企业中存在出口选择悖论,中技术企业能够按照异质性企业贸易理论的原则自选择进入出口市场。在其他变量保持不变的情况下,高技术企业和低技术企业在出口前三年与同期、同技术水平的非出口企业相比,生产率水平分别低64%和14%,高技术企业出口选择悖论的程度是低技术企业的4.57倍。中技术企业在出口前三年与同期、同技术水平的非出口企业相比,生产率水平高60%。

从产出变量的结果来看,2001~2005年,我国上市公司制造业所有技术水平的企业产出一次项对生产率的影响均为正,产出二次项对生产率的影响均为负,说明产出与生产率之间的关系与经济理论的预测一样,呈现倒"U"形关系。同时也说明,2001~2005年,上市公司制造业所有技术水平的企业均未实现最优生产规模。

从利润率变量的结果来看,2001~2005年,上市公司制造业所有技术水平的企业利润率对生产率的影响均为正,说明利润率提高有助于提升企业的生产率水平。2001~2005年,高技术企业、中技术企业和低技术企业利润率每提升1%,分别使得其生产率水平提升0.30%、0.70%和0.20%。中技术企业利润率提高对企业生产率水平提升的带动作用最大。

按技术水平分类后,在面板模型参数估计方法的选择上,2006~2016年,各类技术水平企业自选择效应方程$F$检验的$p$值均为0.00,拒绝联合回归的假设,Hausman检验的$p$值均为0.00,拒绝随机效应模型的假设,各类技术水平企业的自选择效应方程均采用固定效应模型进行估计。2006~2016年,高技术企业、中技术企业和低技术企业自选择效应的检验结果分别如式(2-19)~式(2-21)所示。

$$\begin{aligned}
\ln \text{TFP}_{i,t-3} = &-1.06 + 0.19\text{export}_{i,t} + 4.82\ln y_{i,t-3} - 0.11(\ln y_{i,t-3})^2 \\
& (-3.26) \quad (2.63) \quad\quad (9.07) \quad\quad (-8.94) \\
& + 0.0007\,\text{prfrt}_{i,t-3} - 0.53\,\text{size1}_{i,t-3} - 0.45\,\text{size2}_{i,t-3} + 0.78\,\text{area1}_{i,t-3} \\
& \quad (1.75) \quad\quad (-7.14) \quad\quad (-9.02) \quad\quad (5.36) \\
& + 0.17\,\text{area2}_{i,t-3} + 0.05\,\text{nature1}_{i,t-3} + 0.24\,\text{nature2}_{i,t-3} \\
& \quad (1.66) \quad\quad (0.97) \quad\quad (3.66)
\end{aligned} \quad (2\text{-}19)$$

$$\ln \text{TFP}_{i,t-3} = -8.55 + 0.26\text{export}_{i,t} + 0.54\ln y_{i,t-3} - 0.01(\ln y_{i,t-3})^2$$
$$(-4.22) \quad (2.68) \quad (1.89) \quad (-1.48)$$
$$+ 0.006\text{prfrt}_{i,t-3} - 0.40\text{size}1_{i,t-3} - 0.23\text{size}2_{i,t-3} - 0.07\text{area}1_{i,t-3} \quad (2\text{-}20)$$
$$(10.42) \quad (-7.54) \quad (-4.56) \quad (-0.79)$$
$$- 0.24\text{area}2_{i,t-3} + 0.04\text{nature}1_{i,t-3} + 0.06\text{nature}2_{i,t-3}$$
$$(-2.36) \quad (0.69) \quad (1.47)$$

$$\ln \text{TFP}_{i,t-3} = -4.83 - 0.34\text{export}_{i,t} + 0.41\ln y_{i,t-3} - 0.008(\ln y_{i,t-3})^2$$
$$(-2.18) \quad (-3.27) \quad (1.97) \quad (-1.59)$$
$$+ 0.004\text{prfrt}_{i,t-3} - 0.49\text{size}1_{i,t-3} - 0.41\text{size}2_{i,t-3} - 4.87\text{area}1_{i,t-3} \quad (2\text{-}21)$$
$$(15.18) \quad (-9.77) \quad (-8.14) \quad (-2.18)$$
$$- 4.50\text{area}2_{i,t-3} + 0.14\text{nature}1_{i,t-3} + 0.12\text{nature}2_{i,t-3}$$
$$(-2.03) \quad (2.06) \quad (1.54)$$

式（2-19）~式（2-21）的拟合优度分别为 0.9203、0.9207 和 0.9270，绝大多数变量 t 值的绝对值均显著大于 2，模型总体拟合效果良好。

从出口变量的结果来看，2006~2016 年，我国上市公司制造业低技术企业的出口生产率溢价系数 $\beta$ 显著为负，高技术企业和中技术企业的出口生产率溢价系数 $\beta$ 显著为正，说明 2006~2016 年我国上市公司制造业低技术企业出口中仍然存在出口选择悖论，高技术企业和中技术企业总体上来说能够按照异质性企业贸易理论的原则自选择进入出口市场。2006~2016 年，在其他变量保持不变的情况下，高技术企业在出口前三年与同期、同技术水平的非出口企业相比，生产率水平高 19%，与 2001~2005 年相比，高技术企业的出口选择悖论逐步消失。2006~2016 年，中技术企业在出口前三年与同期、同技术水平的非出口企业相比，生产率水平高 26%，中技术出口企业与中技术非出口企业之间生产率的差距缩小为 2001~2005 年的 43.33%。2006~2016 年，低技术企业在出口前三年与同期、同技术水平的非出口企业相比，生产率水平低 34%，低技术企业出口选择悖论的程度是 2001~2005 年的 2.43 倍。

从产出变量的结果来看，与 2001~2005 年相比，2006~2016 年我国上市公司制造业高技术企业和低技术企业产出一次项的系数增加、中技术企业产出一次项的系数降低，意味着 2006~2016 年，我国上市公司制造业高技术企业和低技术企业的规模经济效应增强，而中技术产业的规模经济效应减弱了。

从利润率变量的结果来看，2006~2016 年，上市公司制造业高技术企业和中技术企业利润率水平每提高 1%，生产率水平分别提高 0.07% 和 0.60%，其影响程度分别降低为 2001~2005 年的 23.33%和 85.71%；低技术企业利润率水平每提高 1%，生产率水平提高 0.40%，其影响程度扩大为 2001~2005 年的 2 倍。

### 2.4.3 所有制与自选择效应分析

本书按照所有制类型，将所有制造业企业划分为国有企业、外商投资企业和民营企业，利用式（2-13）分别检验 2001~2005 年和 2006~2016 年我国上市公司制造业不同所有制企业的出口中是否存在自选择效应。

按所有制类型分类后，在面板模型参数估计方法的选择上，2001~2005 年，各类所有制企业自选择效应方程 $F$ 检验中的 $p$ 值均为 0.00，拒绝联合回归模型的假设。2001~2005 年，国有企业自选择效应方程 Hausman 检验的 $p$ 值为 0.00，拒绝随机效应模型的假设，采用固定效应模型进行估计。外商投资企业和民营企业自选择效应方程 Hausman 检验的 $p$ 值分别为 0.34 和 0.16，接受原假设，采用随机效应模型进行估计。国有企业、外商投资企业和民营企业自选择效应的检验结果分别如式（2-22）~式（2-24）所示。

$$\begin{aligned}
\ln \text{TFP}_{i,t-3} = &-32.59 - 0.13\text{export}_{i,t} + 0.04\ln y_{i,t-3} - 0.001(\ln y_{i,t-3})^2 \\
& (-4.92) \quad (-30.41) \quad\quad (16.75) \quad\quad (-7.86) \\
& + 0.003\,\text{prfrt}_{i,t-3} - 0.35\,\text{size1}_{i,t-3} - 0.43\,\text{size2}_{i,t-3} \\
& \quad (60.36) \quad\quad\quad (-38.77) \quad\quad\quad (-53.62) \\
& + 0.13\,\text{area1}_{i,t-3} + 0.24\,\text{area2}_{i,t-3} \\
& \quad (8.73) \quad\quad\quad (52.16)
\end{aligned} \quad (2\text{-}22)$$

$$\begin{aligned}
\ln \text{TFP}_{i,t-3} = &-9.59 - 0.24\text{export}_{i,t} + 0.14\ln y_{i,t-3} - 0.007(\ln y_{i,t-3})^2 \\
& (-1.67) \quad (18.51) \quad\quad (29.59) \quad\quad (-31.82) \\
& + 0.006\,\text{prfrt}_{i,t-3} - 0.03\,\text{size1}_{i,t-3} - 0.97\,\text{size2}_{i,t-3} \\
& \quad (25.37) \quad\quad\quad (-1.79) \quad\quad\quad (-5.87) \\
& + 0.49\,\text{area1}_{i,t-3} + 0.004\,\text{area2}_{i,t-3} \\
& \quad (5.93) \quad\quad\quad (41.76)
\end{aligned} \quad (2\text{-}23)$$

$$\begin{aligned}
\ln \text{TFP}_{i,t-3} = &-7.58 - 0.08\text{export}_{i,t} + 1.34\ln y_{i,t-3} - 0.03(\ln y_{i,t-3})^2 \\
& (-1.69) \quad (-1.08) \quad\quad (34.08) \quad\quad (-30.00) \\
& + 0.001\,\text{prfrt}_{i,t-3} - 14.47\,\text{size1}_{i,t-3} - 14.41\,\text{size2}_{i,t-3} \\
& \quad (18.03) \quad\quad\quad (-37.67) \quad\quad\quad (-37.56) \\
& - 0.13\,\text{area1}_{i,t-3} + 0.08\,\text{area2}_{i,t-3} \\
& \quad (-1.36) \quad\quad\quad (2.35)
\end{aligned} \quad (2\text{-}24)$$

式（2-22）~式（2-24）的拟合优度分别为 0.9623、0.9258 和 0.9798，除式（2-23）的 size1 变量和式（2-24）中的 export 与 area1 变量外，其他所有变量 $t$ 值的绝对值均显著大于 2，模型总体拟合效果良好。

从出口变量的结果来看，2001~2005 年，我国上市公司制造业各类所有制企业的出口生产率溢价系数 $\beta$ 均显著为负，说明 2001~2005 年，我国上市公司制造业各类所有制企业的出口中均存在出口选择悖论。其中，外商投资企业出口选择率悖论的程度最高，国有企业次之，民营企业相对最低。在其他变量保持不变的情况下，2001~2005 年，国有企业、外商投资企业和民营企业中，出口企业在出口前三年与同期、同所有制性质的非出口企业相比，生产率水平分别低 13%、24% 和 8%。

从产出变量的结果来看，2001~2005 年，上市公司制造业国有企业、外商投资企业和民营企业的产出每增加 1%，生产率水平分别提升 0.04%、0.14% 和 1.34%，说明我国上市公司制造业各类所有制企业的生产中规模经济效应均较弱，其中，国有企业的规模经济效应最弱，外商投资企业次之，民营企业的规模经济效应相对较高。

从利润率变量的结果来看，2001~2005 年，上市公司制造业国有企业、外商投资企业和民营企业的利润率每增加 1%，生产率水平分别提升 0.30%、0.60% 和 0.10%。从总体上来看，国有企业和外商投资企业利润率水平提高对生产率增长的影响大于民营企业。

按所有制类型分类后，在面板模型参数估计方法的选择上，2006~2016 年，国有企业、外商投资企业和民营企业自选择效应方程 $F$ 检验中的 $p$ 值分别为 0.00、0.01 和 0.00，拒绝联合回归模型的假设。国有企业和民营企业自选择效应方程 Hausman 检验的 $p$ 值分别为 0.00 和 0.01，拒绝随机效应模型的假设，采用固定效应模型进行估计。外商投资企业自选择效应方程 Hausman 检验的 $p$ 值为 0.23，接受原假设，采用随机效应模型进行估计。2006~2016 年，国有企业、外商投资企业和民营企业自选择效应的检验结果分别如式（2-25）~式（2-27）所示。

$$\begin{aligned}
\ln \text{TFP}_{i,t-3} = &\ 3.01 - 0.50\,\text{Export}_{i,t} - 0.84 \ln y_{i,t-3} + 0.02(\ln y_{i,t-3})^2 \\
&\ (4.36)\quad\ \ (-5.09)\qquad\quad (-1.77)\qquad\quad (2.03) \\
&\ + 0.005\,\text{prfrt}_{i,t-3} - 0.47\,\text{size1}_{i,t-3} - 0.36\,\text{size2}_{i,t-3} \\
&\ \ \ (5.26)\qquad\quad\ \ (-7.45)\qquad\quad (-6.01) \\
&\ + 0.45\,\text{area1}_{i,t-3} - 0.09\,\text{area2}_{i,t-3} \\
&\ \ \ (5.42)\qquad\qquad (-1.91)
\end{aligned} \quad (2\text{-}25)$$

$$\ln \text{TFP}_{i,t-3} = -6.90 + 0.20 \text{Export}_{i,t} + 0.82 \ln y_{i,t-3} - 0.02(\ln y_{i,t-3})^2 + 0.004 \text{prfrt}_{i,t-3}$$
$$(-3.03) \quad (4.32) \quad (1.27) \quad (-1.06) \quad (6.03)$$
$$-0.16 \text{size} 1_{i,t-3} + 0.11 \text{area} 1_{i,t-3} - 0.07 \text{area} 2_{i,t-3}$$
$$(-3.54) \quad (0.64) \quad (-0.41)$$

（2-26）

$$\ln \text{TFP}_{i,t-3} = -36.15 + 0.11 \text{export}_{i,t} + 3.35 \ln y_{i,t-3} - 0.08(\ln y_{i,t-3})^2$$
$$(-11.65) \quad (0.79) \quad (8.02) \quad (-7.74)$$
$$+0.001 \text{prfrt}_{i,t-3} - 0.54 \text{size} 1_{i,t-3} - 0.42 \text{size} 2_{i,t-3}$$
$$(2.85) \quad (-9.54) \quad (-7.75)$$
$$+0.87 \text{area} 1_{i,t-3} + 0.71 \text{area} 2_{i,t-3}$$
$$(5.44) \quad (5.05)$$

（2-27）

式（2-25）~式（2-27）的拟合优度分别为 0.8808、0.9070 和 0.7966，除式（2-25）中的 ln y 和 area 2 变量，式（2-26）中的 lny、lny²、area 1、area 2 变量及式（2-27）中的 export 变量外，其他所有变量 t 值的绝对值均显著大于 2，模型总体拟合效果良好。

从出口变量的结果来看，2006~2016 年，我国上市公司制造业国有企业的出口生产率溢价系数 β 仍然显著为负，外商投资企业和民营企业的出口生产率溢价系数 β 由负转正，说明 2006~2016 年我国上市公司制造业国有企业中仍然存在出口选择悖论，外商投资企业和民营企业能够遵循自选择效应机制做出出口市场选择的决策。在其他变量保持不变的情况下，2006~2016 年，国有出口企业在出口前三年与同期、同所有制性质的非出口企业相比，生产率水平低 50%，国有企业出口选择悖论的程度扩大为 2001~2005 年的 3.85 倍。外商投资企业和民营企业在出口前三年与同期、同所有制性质的非出口企业相比，生产率水平分别高 20%和 11%。

从产出变量的结果来看，2006~2016 年，我国上市公司制造业外商投资企业和民营企业产出一次项的系数分别扩大为 2001~2005 年的 5.86 倍和 2.50 倍，意味着 2006~2016 年，外商投资企业和民营企业的生产中规模经济效应能够更有效地发挥作用，推动企业生产率水平稳步上升。国有企业产出与生产率之间的关系由正"U"形向倒"U"形关系的转变，体现了 2006~2016 年国有企业改革后，在市场竞争机制的作用下，过去大而全、小而全的经营模式难以为继，落后产能逐渐淘汰，过剩产能逐渐化解，国有企业逐步实现最优生产规模的特征事实。

从利润率变量的结果来看，与 2001~2005 年相比，2006~2016 年，我国各类所有制企业利润率水平提高均对生产率水平提升具有正向影响。2006~2016年，国有企业利润率水平每提高 1%，生产率水平提高 0.50%，其影响程度扩大为 2001~2005 年的 1.67 倍。2006~2016 年，外商投资企业利润率水平每提高 1%，生产率水平提高 0.40%，其影响程度缩小为 2001~2005 年的 66.67%。2006~2016 年，民营企业利润率水平对生产率的影响最小，利润率水平每提高 1%，仍然仅能使企业生产率水平提高 0.10%。

### 2.4.4 所在地区与自选择效应分析

本书按照企业所在地区，将所有制造业企业划分为东部地区企业、中部地区企业和西部地区企业，利用式（2-13）分别检验 2001~2005 年和 2006~2016 年我国不同地区上市公司制造业企业的出口中是否存在自选择效应。

按企业所在地区分类后，在面板模型参数估计方法的选择上，2001~2005 年，各地区企业自选择效应方程 $F$ 检验中的 $p$ 值均为 0.00，拒绝联合回归模型的假设，东部地区企业、中部地区企业和西部地区企业自选择效应方程 Hausman 检验的 $p$ 值分别为 0.14、0.19 和 0.78，接受原假设，各地区企业的自选择效应方程均采用随机效应模型进行估计。2001~2005 年，东部地区企业、中部地区企业和西部地区企业自选择效应的检验结果分别如式（2-28）~式（2-30）所示。

$$\begin{aligned}\ln \text{TFP}_{i,t-3} = &-7.90 - 0.41\text{export}_{i,t} + 3.77\ln y_{i,t-3} - 0.09(\ln y_{i,t-3})^2 \\ &(-2.00)\quad(-1.65)\qquad(33.15)\qquad(-32.74) \\ &+ 0.001\text{prfrt}_{i,t-3} - 0.41\text{size}1_{i,t-3} - 0.36\text{size}2_{i,t-3} \\ &\quad(4.17)\qquad\quad(-4.53)\qquad\quad(-3.92) \\ &+ 0.44\text{nature}1_{i,t-3} - 0.11\text{nature}2_{i,t-3} \\ &\quad(2.88)\qquad\qquad(-1.72)\end{aligned} \quad (2\text{-}28)$$

$$\begin{aligned}\ln \text{TFP}_{i,t-3} = &-4.53 - 0.30\text{export}_{i,t} + 0.24\ln y_{i,t-3} - 0.002(\ln y_{i,t-3})^2 \\ &(-2.47)\quad(-5.73)\qquad(7.63)\qquad(-2.55) \\ &+ 0.004\text{prfrt}_{i,t-3} - 3.73\text{size}1_{i,t-3} - 3.61\text{size}2_{i,t-3} \\ &\quad(33.15)\qquad\quad(-12.66)\qquad\quad(-12.19) \\ &+ 0.13\text{nature}1_{i,t-3} - 0.11\text{nature}2_{i,t-3} \\ &\quad(6.30)\qquad\qquad(-7.21)\end{aligned} \quad (2\text{-}29)$$

$$\begin{aligned}\ln \text{TFP}_{i,t-3} = &-4.54 - 0.12\text{export}_{i,t} + 0.90\ln y_{i,t-3} - 0.02(\ln y_{i,t-3})^2 + 0.006\text{prfrt}_{i,t-3} \\ &(-14.64)\quad(-1.66)\qquad(2.07)\qquad(-1.76)\qquad(106.84) \\ &- 0.07\text{size}1_{i,t-3} + 0.07\text{nature}1_{i,t-3} - 0.07\text{nature}2_{i,t-3} \\ &\quad(-1.87)\qquad\quad(0.95)\qquad\qquad(-0.81)\end{aligned} \quad (2\text{-}30)$$

式（2-28）~式（2-30）的拟合优度分别为 0.9999、0.9996 和 0.8888，式（2-28）~式（2-29）中几乎所有变量 $t$ 值的绝对值均显著大于 2，式（2-30）中大部分变量 $t$ 值的绝对值均显著大于 1.65，模型总体拟合效果良好。

从出口变量的结果来看，2001~2005年，我国各地区上市公司制造业企业的出口生产率溢价系数 $\beta$ 均显著为负，说明2001~2005年，上市公司制造业各地区企业的出口中均存在出口选择悖论。其中，东部地区企业出口选择悖论的程度最高，中部地区企业次之，西部地区企业最低。在其他变量保持不变的情况下，2001~2005年，东部地区企业、中部地区企业和西部地区企业中，出口企业在出口前三年与同期、同地区的非出口企业相比，生产率水平分别低41%、30%和12%。

从产出变量的结果来看，2001~2005年，上市公司制造业东部地区企业、中部地区企业和西部地区企业产出每增加1%，生产率水平分别提升3.77%、0.24%和0.90%，说明2001~2005年，东部地区企业的规模经济效应最强，西部地区企业次之，中部地区企业的规模经济效应最弱。

从利润率变量的结果来看，2001~2005年，我国上市公司制造业东部地区企业、中部地区企业和西部地区企业的利润率每增加1%，生产率水平分别提升0.10%、0.40%和0.60%，说明2001~2005年，我国各地区企业利润率水平提高均能促进生产率增长，且西部地区企业利润率水平提高对生产率增长的影响大于东部地区企业和中部地区企业。

按企业所在地区分类后，在面板模型参数估计方法的选择上，2006~2016年，各地区企业自选择效应方程 F 检验中的 p 值均为0.00，拒绝联合回归模型的假设。西部地区企业自选择效应方程 Hausman 检验的 p 值为0.11，接受原假设，采用随机效应模型进行估计。东部地区企业、中部地区企业自选择效应方程 Hausman 检验的 p 值均为0.00，拒绝随机效应模型的假设，采用固定效应模型进行估计。2006~2016年，东部地区企业、中部地区企业和西部地区企业自选择效应的检验结果分别如式（2-31）~式（2-33）所示。

$$\ln \text{TFP}_{i,t-3} = -0.69 - 0.13 \text{export}_{i,t} + 0.25 \ln y_{i,t-3} - 0.002(\ln y_{i,t-3})^2$$
$$(-2.27) \quad (-1.24) \quad (1.73) \quad (-0.53)$$
$$+ 0.006 \text{prfrt}_{i,t-3} - 0.56 \text{size1}_{i,t-3} - 0.45 \text{size2}_{i,t-3} \quad (2\text{-}31)$$
$$(24.94) \quad (-14.93) \quad (-12.09)$$
$$+ 0.11 \text{nature1}_{i,t-3} + 0.03 \text{nature2}_{i,t-3}$$
$$(2.73) \quad (0.76)$$

$$\ln \text{TFP}_{i,t-3} = -31.65 + 0.45 \text{export}_{i,t} + 3.21 \ln y_{i,t-3} - 0.07(\ln y_{i,t-3})^2$$
$$(-7.92) \quad (7.99) \quad (6.37) \quad (-6.27)$$
$$+ 0.001 \text{prfrt}_{i,t-3} - 0.23 \text{size1}_{i,t-3} - 0.21 \text{size2}_{i,t-3} \quad (2\text{-}32)$$
$$(1.73) \quad (-2.31) \quad (-2.48)$$
$$- 0.11 \text{nature1}_{i,t-3} - 0.17 \text{nature2}_{i,t-3}$$
$$(-0.69) \quad (-0.79)$$

$$\ln \text{TFP}_{i,t-3} = -4.87 + 0.49\,\text{Export}_{i,t} + 0.70\ln y_{i,t-3} - 0.01(\ln y_{i,t-3})^2$$
$$(-1.36) \qquad (4.35) \qquad\quad (1.36) \qquad\quad (-1.12)$$
$$+ 0.004\,\text{prfrt}_{i,t-3} - 0.53\,\text{size}1_{i,t-3} - 0.43\,\text{size}2_{i,t-3} \qquad (2\text{-}33)$$
$$(10.70) \qquad\qquad (-5.89) \qquad\qquad (-5.65)$$
$$+ 0.04\,\text{nature}1_{i,t-3} + 0.23\,\text{nature}2_{i,t-3}$$
$$(0.55) \qquad\qquad\quad (14.03)$$

式（2-31）~式（2-33）的拟合优度分别为 0.8482、0.7878 和 0.8880，式（2-31）~式（2-33）中大部分变量 $t$ 值的绝对值均显著大于 2，模型总体拟合效果良好。

从出口变量的结果来看，2006~2016 年，我国上市公司制造业东部地区企业的出口生产率溢价系数 $\beta$ 显著为负，中部地区企业和西部地区企业的出口生产率溢价系数 $\beta$ 由显著为负转变为显著为正，说明 2006~2016 年，上市公司制造业东部地区企业的出口中仍然存在出口选择悖论，而中部地区企业和西部地区企业的出口市场选择行为开始遵循自选择效应机制。在其他变量保持不变的情况下，2006~2016 年，东部地区企业在出口前三年与同期、同地区的非出口企业相比，生产率水平低 13%，东部地区企业出口选择悖论的程度缩小为 2001~2005 年的 31.71%。2006~2016 年，中部地区企业和西部地区企业在出口前三年与同期、同地区的非出口企业相比，生产率水平分别高 45%和 49%，中部地区企业和西部地区企业自选择效应机制的逐步健全，带动制造业企业整体的出口生产率溢价系数由负转正，有效地发挥了出口对产业内资源优化配置的作用。

从产出变量的结果来看，与 2001~2005 年相比，2006~2016 年，我国上市公司制造业东部地区企业和西部地区企业产出一次项的系数降低、中部地区企业产出一次项的系数提高，意味着 2006~2016 年，我国上市公司制造业东部地区企业和西部地区企业的规模经济效应减弱了，而中部地区企业的规模经济效应增强了，这与近年来我国东部地区和西部地区盲目建设、过度投资的特征事实是一致的。

从利润率变量的结果来看，与 2001~2005 年相比，2006~2016 年，我国上市公司制造业中部地区企业和西部地区企业利润率水平增加对生产率增长的影响减弱，东部地区利润率水平增加对生产率增长的影响增强。2006~2016 年，东部地区企业利润率水平每提升 1%，生产率水平提升 0.60%，其影响程度扩大为 2001~2005 年的 6 倍。中部地区企业和西部地区企业利润率水平每提升 1%，生产率水平分别提升 0.10%和 0.40%，其影响程度分别缩小为 2001~2005 年的 25%和 67%。

从总体上来说，2001~2005 年，我国上市公司制造业企业的出口中存在出口选择悖论，2006 年中国市场全面对外开放以后，企业开始按照异质性企业贸易理论，遵循自选择效应机制确定出口市场的选择行为。在上市公司制造业三大类技术水平的企业中，低技术企业的出口中始终存在出口选择悖论，中技术企业的出口始终遵循自选择效应机制，高技术企业的出口生产率溢价系数由负转正，逐步开始按照自选择效应机制确定国际市场的进入行为。在上市公司制造业三大类所有制的企业中，国有企业的出口中始终存在出口选择悖论，且这种扭曲的出口选择机制在2006年以后变得更加严重。外商投资企业和民营企业的出口生产率溢价系数由负转正，伴随着出口规模的扩大和外贸体制改革的逐步进行，外商投资企业和民营企业的出口市场选择机制逐步健全。在各地区上市公司制造业企业中，东部地区企业的出口中始终存在出口选择悖论，随着我国市场开放程度的提高，东部地区企业出口选择悖论的程度有所减弱。中部地区企业和西部地区企业的出口生产率溢价系数由负转正，企业开始按照自选择效应机制确定国际市场的进入行为。

## 2.5 出口企业学习效应的实证分析

为了检验中国上市公司制造业企业是否存在出口学习悖论，需要考察出口企业在进入国际市场之后是否比非出口企业具有更高的生产率水平。为此，本书将利用式（2-34）和式（2-35）分别检验企业出口决策和出口密度对生产率的决定作用。

$$\Delta \ln \text{TFP}_{i,t} = \alpha + \beta \text{export}_{i,t} + \gamma_1 \ln \text{costr}_{i,t} + \gamma_2 \ln \text{rd}_{i,t-1} + \gamma_3 \ln \text{klr}_{i,t-1} \\ + \eta \text{control}_{i,t} + \varepsilon_{i,t} \quad (2\text{-}34)$$

$$\Delta \ln \text{TFP}_{i,t} = \alpha + \beta \ln \text{exden}_{i,t} + \gamma_1 \ln \text{costr}_{i,t} + \gamma_2 \ln \text{rd}_{i,t-1} + \gamma_3 \ln \text{klr}_{i,t-1} \\ + \eta \text{control}_{i,t} + \varepsilon_{i,t} \quad (2\text{-}35)$$

式中，$\Delta \ln \text{TFP}_{i,t} = (\ln \text{TFP}_{i,t} - \ln \text{TFP}_{i,0})/T$，表示企业 $i$ 在时期 $t$ 与基期相比对数全要素生产率的年均增加值。$\text{export}_{i,t}$ 表示出口虚拟变量，当企业 $i$ 在基期不出口，在 $t$ 期仍然不出口时，$\text{export}_{i,t}=0$；当企业 $i$ 在基期不出口，在 $t$ 期开始出口时，$\text{export}_{i,t}=1$。$\ln \text{exden}_{i,t}$ 表示企业 $i$ 在时期 $t$ 的出口密度的对数值。costr=总成本/总营业收入，$\ln \text{costr}_{i,t}$ 表示企业 $i$ 在时期 $t$ 成本率的对数值。rd=研发支入/总营业收入，$\ln \text{rd}_{i,t-1}$ 表示企业 $i$ 在时期 $t-1$ 研发投入比率的对数值。klr=固定资产净值/员工总数，$\ln \text{klr}_{i,t-1}$ 表示企业 $i$ 在时期 $t-1$ 人均资本投入比率的对数值。control表示控制标量，包括两个企业规模（size）、两个企业所有制（nature）和两个地区（area）虚拟变量。所有控制变量的分类标准与式（2-11）一致。

根据理论预期：①$\beta$ 为出口生产率增长率溢价系数。当 $\beta>0$ 时，出口能够提升企业的生产率增长率，存在出口学习效应；当 $\beta<0$ 时，出口不能够改善企

业的生产率增长率,存在出口学习悖论。②成本率增加会降低生产率的增长率,因此,$\gamma_1 < 0$。③研发投入增加有利于提高企业的创新能力,是企业生产率增长速度提升的主要渠道,因此,$\gamma_2 > 0$。④人均资本投入比率体现一国的资源配置情况,人均资本投入比率越高,人均拥有的资本量越多,生产率的增长率越大,因此,$\gamma_3 > 0$。

### 2.5.1 企业总体出口学习效应分析

由于许多上市公司的财务报表中没有统计 2001 年的出口额,无法计算相应的出口密度值,本书使用 2002~2016 年上市公司制造业企业的数据来检验我国上市公司制造业企业的出口中是否存在出口学习效应。以 2002 年为基期,如果 2002 年不出口,以后各年份仍然不出口,则为非出口企业。如果 2002 年不出口,从第 $t$ 期开始出口则为新出口企业。在其他条件都相同的情况下,如果新出口企业对企业生产率增长率的影响大于非出口企业,则企业出口中存在出口学习效应。

检验上市公司制造业企业总体的出口是否存在出口学习效应时,在面板模型参数估计方法的选择上,式(2-34)和式(2-35)出口学习效应方程 $F$ 检验的 $p$ 值均为 0.00,拒绝联合回归模型的假设。式(2-34)和式(2-35)出口学习效应方程 Hausman 检验的 $p$ 值均为 0.97,因此,接受原假设,对式(2-34)和式(2-35)采用随机效应模型进行估计,制造业企业总体出口学习效应方程的检验结果分别如式(2-36)和式(2-37)所示。

$$\Delta \ln \text{TFP}_{i,t} = -1.64 + 0.007 \text{export}_{i,t} - 0.09 \ln \text{costr}_{i,t} + 0.002 \ln \text{rd}_{i,t-1}$$
$$(-2.63) \quad (2.61) \quad (-10.03) \quad (2.99)$$
$$+ 0.004 \ln \text{klr}_{i,t-1} - 0.02 \text{size1}_{i,t} - 0.01 \text{size2}_{i,t} - 0.10 \text{area1}_{i,t} \quad (2\text{-}36)$$
$$(1.85) \quad (-1.80) \quad (-1.15) \quad (-5.22)$$
$$- 0.06 \text{area2}_{i,t} + 0.0006 \text{nature1}_{i,t} + 0.008 \text{nature2}_{i,t}$$
$$(-4.79) \quad (0.16) \quad (0.90)$$

$$\Delta \ln \text{TFP}_{i,t} = -1.50 + 0.0006 \ln \text{exden}_{i,t} - 0.09 \ln \text{costr}_{i,t} + 0.002 \ln \text{rd}_{i,t-1}$$
$$(-2.63) \quad (2.08) \quad (-10.06) \quad (2.04)$$
$$+ 0.004 \ln \text{klr}_{i,t-1} - 0.02 \text{size1}_{i,t} - 0.01 \text{size2}_{i,t} - 0.11 \text{area1}_{i,t} \quad (2\text{-}37)$$
$$(1.74) \quad (-1.79) \quad (-1.14) \quad (-5.04)$$
$$- 0.06 \text{area2}_{i,t} + 0.0006 \text{nature1}_{i,t} + 0.008 \text{nature2}_{i,t}$$
$$(-5.60) \quad (0.17) \quad (0.83)$$

式(2-36)和式(2-37)的拟合优度分别为 0.9469 和 0.9462,式(2-36)和式(2-37)中多数变量 $t$ 值的绝对值均显著大于 2,模型总体拟合效果良好。

从式(2-36)和式(2-37)中可以看出,出口生产率增长率溢价系数显著为正,说明 2002~2016 年,我国上市公司制造业企业的出口中获得了出口学习效应。式(2-36)中,在其他条件不变的情况下,出口企业相对于非出口企业生产率增长率高 0.70%。式(2-37)中,在其他条件不变的情况下,制造业企业出口密度每增加 1%,生产率的增长率提升 0.0006%。

式(2-36)和式(2-37)中,其他变量的系数维持稳定,成本是制约企业生产率提升的主要因素,研发投入和人均资本投入是出口之外促进企业生产率水平提升的主要因素。成本率每提升 1%,生产率的增长率下降 0.09%。前期研发投入每提升 1%,当期生产率增长率提升 0.002%。前期人均资本投入每提升 1%,当期生产率增长率提升 0.004%。

### 2.5.2 技术水平与出口学习效应分析

为检验不同技术水平的企业是否具有相同的出口学习效应。本书按照《国民经济行业分类》(GB/T 4754—2017)对照表,将上市公司制造业企业划分为 28 类,再按照技术水平高低,将制造业 28 个产业重新划分为高技术产业、中技术产业和低技术产业三大类产业(技术分类标准与 2.2 节相同),重新代入式(2-34)和式(2-35)中,进行分类检验。

检验高技术企业出口中是否存在出口学习效应时,在面板模型参数估计方法的选择上,式(2-34)和式(2-35)F 检验的 p 值均为 0.00,拒绝联合回归模型的假设,式(2-34)和式(2-35)Hausman 检验的 p 值均为 0.01,因此,拒绝随机效应模型的假设,对式(2-34)和式(2-35)采用固定效应模型进行估计,高技术企业出口学习效应方程的检验结果分别如式(2-38)和式(2-39)所示。

$$\Delta \ln \mathrm{TFP}_{i,t} = 3.10 + 0.003 \mathrm{export}_{i,t} - 0.10 \ln \mathrm{costr}_{i,t} + 0.009 \ln \mathrm{rd}_{i,t-1}$$
$$(11.68) \quad (1.34) \quad (-11.01) \quad (4.01)$$
$$+ 0.003 \ln \mathrm{klr}_{i,t-1} - 0.11 \mathrm{size1}_{i,t} - 0.08 \mathrm{size2}_{i,t} - 0.28 \mathrm{area1}_{i,t}$$
$$(0.78) \quad (-5.79) \quad (-4.26) \quad (-15.23)$$
$$- 0.19 \mathrm{area2}_{i,t} + 0.002 \mathrm{nature1}_{i,t} + 0.11 \mathrm{nature2}_{i,t}$$
$$(-20.53) \quad (0.53) \quad (6.47)$$

(2-38)

$$\Delta \ln \mathrm{TFP}_{i,t} = 3.14 + 0.0002 \ln \mathrm{exden}_{i,t} - 0.10 \ln \mathrm{costr}_{i,t} + 0.01 \ln \mathrm{rd}_{i,t-1}$$
$$(11.81) \quad (0.74) \quad (-11.13) \quad (3.97)$$
$$+ 0.003 \ln \mathrm{klr}_{i,t-1} - 0.11 \mathrm{size1}_{i,t} - 0.08 \mathrm{size2}_{i,t} - 0.10 \mathrm{area1}_{i,t}$$
$$(0.77) \quad (-5.75) \quad (-4.21) \quad (-5.61)$$
$$- 0.13 \mathrm{area2}_{i,t} + 0.002 \mathrm{nature1}_{i,t} + 0.12 \mathrm{nature2}_{i,t}$$
$$(-12.48) \quad (0.64) \quad (6.46)$$

(2-39)

式(2-38)和式(2-39)的拟合优度分别为 0.9406 和 0.9426,除式(2-38)

和式（2-39）中的 export、ln exden、ln klr 和 nature1 外，其他所有变量 $t$ 值的绝对值均显著大于 2，模型总体拟合效果良好。

检验中技术企业出口中是否存在出口学习效应时，在面板模型参数估计方法的选择上，式（2-34）和式（2-35）$F$ 检验的 $p$ 值均为 0.00，拒绝联合回归模型的假设。式（2-34）和式（2-35）Hausman 检验的 $p$ 值均为 0.01，因此，拒绝随机效应模型的假设，对式（2-34）和式（2-35）采用固定效应模型进行估计，中技术企业出口学习效应方程的检验结果分别如式（2-40）和式（2-41）所示。

$$\Delta \ln \text{TFP}_{i,t} = 0.50 + 0.02 \text{export}_{i,t} - 0.09 \ln \text{costr}_{i,t} + 0.001 \ln \text{rd}_{i,t-1}$$
$$(5.12) \quad (3.95) \qquad (-9.10) \qquad (1.02)$$
$$+ 0.007 \ln \text{klr}_{i,t-1} + 0.0001 \text{size1}_{i,t} - 0.002 \text{size2}_{i,t} + 0.03 \text{area1}_{i,t}$$
$$(2.77) \qquad (0.01) \qquad (-0.15) \qquad (2.37)$$
$$- 0.10 \text{area2}_{i,t} + 0.03 \text{nature1}_{i,t} - 0.03 \text{nature2}_{i,t}$$
$$(-15.10) \qquad (2.53) \qquad (-4.04)$$
（2-40）

$$\Delta \ln \text{TFP}_{i,t} = 0.48 + 0.002 \ln \text{exden}_{i,t} - 0.09 \ln \text{costr}_{i,t} + 0.001 \ln \text{rd}_{i,t-1}$$
$$(5.36) \qquad (3.29) \qquad (-8.82) \qquad (1.07)$$
$$+ 0.007 \ln \text{klr}_{i,t-1} + 0.002 \text{size1}_{i,t} - 0.0006 \text{size2}_{i,t} + 0.03 \text{area1}_{i,t}$$
$$(2.48) \qquad (0.13) \qquad (-0.06) \qquad (2.18)$$
$$- 0.10 \text{area2}_{i,t} + 0.03 \text{nature1}_{i,t} - 0.02 \text{nature2}_{i,t}$$
$$(-14.44) \qquad (2.42) \qquad (-3.73)$$
（2-41）

式（2-40）和式（2-41）的拟合优度分别为 0.9785 和 0.9777，除式（2-40）和式（2-41）中的 ln rd、size 1、size 2 变量外，其他所有变量 $t$ 值的绝对值均显著大于 2，模型总体拟合效果良好。

检验低技术企业出口中是否存在出口学习效应时，在面板模型参数估计方法的选择上，式（2-34）和式（2-35）$F$ 检验的 $p$ 值均为 0.00，拒绝联合回归模型的假设，Hausman 检验的 $p$ 值均为 0.98，因此，接受原假设，对式（2-34）和式（2-35）采用随机效应模型进行估计，低技术企业出口学习效应方程的检验结果分别如式（2-42）和式（2-43）所示。

$$\Delta \ln \text{TFP}_{i,t} = 4.10 + 0.004 \text{export}_{i,t} - 0.11 \ln \text{costr}_{i,t} + 0.001 \ln \text{rd}_{i,t-1}$$
$$(1.67) \quad (1.31) \qquad (-7.28) \qquad (0.57)$$
$$- 0.01 \ln \text{klr}_{i,t-1} + 0.72 \text{size1}_{i,t} + 0.73 \text{size2}_{i,t} - 0.02 \text{area1}_{i,t}$$
$$(-2.55) \qquad (5.99) \qquad (6.15) \qquad (-2.54)$$
$$- 0.03 \text{area2}_{i,t} - 0.005 \text{nature1}_{i,t} + 0.01 \text{nature2}_{i,t}$$
$$(-3.38) \qquad (-1.82) \qquad (1.99)$$
（2-42）

$$\Delta \ln \text{TFP}_{i,t} = 3.74 + 0.003 \ln \text{exden}_{i,t} - 0.10 \ln \text{costr}_{i,t} + 0.004 \ln \text{rd}_{i,t-1}$$
$$(1.55) \quad (1.16) \quad\quad (-5.43) \quad\quad (2.14)$$
$$-0.006 \ln \text{klr}_{i,t-1} + 0.53 \text{size}1_{i,t} + 0.67 \text{size}2_{i,t} - 0.06 \text{area}1_{i,t} \quad (2\text{-}43)$$
$$(-1.03) \quad\quad (4.57) \quad\quad (4.82) \quad\quad (-5.81)$$
$$-0.07 \text{area}2_{i,t} - 0.01 \text{nature}1_{i,t} + 0.04 \text{nature}2_{i,t}$$
$$(-6.54) \quad\quad (-2.47) \quad\quad (1.24)$$

式（2-42）和式（2-43）的拟合优度分别为 0.9637 和 0.9747，大部分变量 $t$ 值的绝对值均显著大于 2，模型总体拟合效果良好。

从式（2-38）～式（2-43）可以看出，2002～2016 年，我国上市公司制造业各类技术水平企业的出口生产率增长率溢价系数均显著为正，说明各类技术水平企业的出口中均存在出口学习效应。其中，中技术企业获得的出口学习效应最强且最显著，低技术企业次之，高技术企业获得的出口学习效应最低。式（2-38）、式（2-40）和式（2-42）中，在其他条件不变的情况下，上市公司制造业中技术企业中，出口企业与非出口企业相比，生产率增长率高 2%，而高技术企业和低技术企业中，出口企业与非出口企业相比，生产率增长率分别高 0.30%和 0.40%。中技术企业获得的出口学习效应分别是高技术企业和低技术企业的 6.67 倍和 5.00 倍。在式（2-39）、式（2-41）和式（2-43）中，在其他条件不变的情况下，上市公司制造业中技术企业出口密度每增加 1%，生产率的增长率提高 0.002%，而高技术企业和低技术企业出口密度每增加 1%，生产率的增长率分别提高 0.0002%和 0.003%。中技术企业获得的出口学习效应分别是高技术企业和低技术企业的 10 倍和 67%。

从成本变量的结果可以看出，生产成本对上市公司制造业低技术企业生产率增长的负向阻碍最大，高技术企业次之，中技术企业最小。在式（2-38）、式（2-40）和式（2-42）中，上市公司制造业低技术企业成本率每增加 1%，生产率的增长率下降 0.11%，成本率对生产率增长的阻碍作用分别是高技术企业和中技术企业的 1.10 倍和 1.22 倍。在式（2-39）、式（2-41）和式（2-43）中，上市公司制造业低技术企业成本率每增加 1%，生产率的增长率下降 0.10%，生产成本对生产率增长的阻碍作用分别是高技术企业和中技术企业的 1.00 倍和 1.11 倍。

从研发投入变量的结果可以看出，研发投入对上市公司制造业高技术企业生产率增长的正向促进作用最大，中技术企业和低技术企业次之。在式（2-38）、式（2-40）和式（2-42）中，上市公司制造业高技术企业研发投入每增加 1%，生产率的增长率提高 0.009%，研发投入对生产率增长的促进作用是中技术企业和低技术企业的 9.00 倍。在式（2-39）、式（2-41）和式（2-43）中，上市公司制造业高技术企业研发投入每增加 1%，生产率的增长率提高 0.01%，研发投入对生产率增长的促进作用分别是中技术企业和低技术企业的 10.00 倍和 2.50 倍。

从人均资本投入变量的结果可以看出，人均资本投入对上市公司制造业中技术企业生产率增长的正向促进作用最大，高技术企业次之，而对低技术企业的生产率增长具有负向影响。在式（2-38）、式（2-40）和式（2-42）中，上市公司制造业低技术企业人均资本投入每增加 1%，生产率的增长率降低 0.01%，高技术企业和中技术企业人均资本投入每增加 1%，生产率的增长率分别提高 0.003%和 0.007%。在式（2-39）、式（2-41）和式（2-43）中，上市公司制造业低技术企业人均资本投入每增加 1%，生产率的增长率降低 0.006%，高技术企业和中技术企业人均资本投入每增加 1%，生产率的增长率分别提高 0.003%和 0.007%。

### 2.5.3 所有制类型与出口学习效应分析

为研究所有制类型对企业出口学习效应的影响，本书将上市公司制造业企业划分为国有企业、外商投资企业和民营企业，分别将各类所有制企业的数据代入式（2-34）和式（2-35）中，进行分类检验。

检验国有企业的出口中是否存在出口学习效应时，在面板模型参数估计方法的选择上，式（2-34）和式（2-35）$F$ 检验的 $p$ 值均为 0.00，拒绝联合回归模型的假设。式（2-34）和式（2-35）Hausman 检验的 $p$ 值分别为 0.64 和 0.57，因此，接受原假设，对式（2-34）和式（2-35）采用随机效应模型进行估计，国有企业出口学习效应方程的检验结果分别如式（2-44）和式（2-45）所示。

$$\Delta \ln \text{TFP}_{i,t} = -1.64 + 0.007 \text{export}_{i,t} - 0.09 \ln \text{costr}_{i,t} - 0.0008 \ln \text{rd}_{i,t-1}$$
$$(-7.46) \quad (3.28) \quad (-30.87) \quad (-2.44)$$
$$+ 0.002 \ln \text{klr}_{i,t-1} - 0.006 \text{size1}_{i,t} - 0.02 \text{area1}_{i,t} + 0.02 \text{area2}_{i,t}$$
$$(3.09) \quad (-6.33) \quad (-4.27) \quad (5.78)$$
$$(2-44)$$

$$\Delta \ln \text{TFP}_{i,t} = -1.45 + 0.0006 \ln \text{exden}_{i,t} - 0.09 \ln \text{costr}_{i,t} - 0.0008 \ln \text{rd}_{i,t-1}$$
$$(-2.45) \quad (4.56) \quad (-30.67) \quad (-2.62)$$
$$+ 0.002 \ln \text{klr}_{i,t-1} - 0.006 \text{size1}_{i,t} - 0.03 \text{area1}_{i,t} + 0.02 \text{area2}_{i,t}$$
$$(2.93) \quad (-6.34) \quad (-4.70) \quad (5.64)$$
$$(2-45)$$

式（2-44）和式（2-45）的拟合优度分别为 0.9774 和 0.9763，所有变量 $t$ 值的绝对值均显著大于 2，模型总体拟合效果良好。

检验外商投资企业的出口中是否存在出口学习效应时，在面板模型参数估计方法的选择上，式（2-34）和式（2-35）$F$ 检验的 $p$ 值均为 0.00，拒绝联合回归模型的假设。式（2-34）和式（2-35）Hausman 检验的 $p$ 值均为 0.00，因此，拒绝随机效应模型的假设，对式（2-34）和式（2-35）采用固定效应模型进行估计，外商投资企业出口学习效应方程的检验结果分别如式（2-46）和式（2-47）所示。

$$\Delta\ln\text{TFP}_{i,t} = 6.02 + 0.005\text{export}_{i,t} - 0.09\ln\text{costr}_{i,t} + 0.007\ln\text{rd}_{i,t-1}$$
$$(1.33)\quad (1.81) \quad\quad (-7.76) \quad\quad (3.93)$$
$$+ 0.008\ln\text{klr}_{i,t-1} + 0.007\text{size}2_{i,t} - 0.03\text{area}1_{i,t} - 0.04\text{area}2_{i,t}$$
$$(2.54) \quad\quad (1.14) \quad\quad (-3.27) \quad\quad (-9.65)$$
（2-46）

$$\Delta\ln\text{TFP}_{i,t} = 5.01 + 0.001\ln\text{exden}_{i,t} - 0.14\ln\text{costr}_{i,t} + 0.01\ln\text{rd}_{i,t-1}$$
$$(2.65)\quad (2.22) \quad\quad (-7.91) \quad\quad (5.53)$$
$$+ 0.006\ln\text{klr}_{i,t-1} + 0.01\text{size}1_{i,t} - 0.09\text{area}1_{i,t} - 0.04\text{area}2_{i,t}$$
$$(1.53) \quad\quad (1.41) \quad\quad (-19.04) \quad\quad (-8.84)$$
（2-47）

式（2-46）和式（2-47）的拟合优度分别为 0.9955 和 0.9914，除式（2-46）中的 export、size2 变量和式（2-47）中的 ln klr、size1 变量外，式（2-46）和式（2-47）其他所有变量 t 值的绝对值均显著大于 2，模型总体拟合效果良好。

检验民营企业的出口中是否存在出口学习效应时，在面板模型参数估计方法的选择上，式（2-34）和式（2-35）F 检验的 p 值均为 0.00，拒绝联合回归模型的假设。式（2-34）和式（2-35）固定效应模型与随机效应模型选择的 Hausman 检验中，p 值分别为 0.60 和 0.58，因此，接受原假设，对式（2-34）和式（2-35）采用随机效应模型进行估计，民营企业出口学习效应方程的检验结果分别如式（2-48）和式（2-49）所示。

$$\Delta\ln\text{TFP}_{i,t} = -4.84 + 0.004\text{export}_{i,t} - 0.12\ln\text{costr}_{i,t} + 0.005\ln\text{rd}_{i,t-1}$$
$$(-2.61)\quad (1.34) \quad\quad (-7.30) \quad\quad (2.94)$$
$$+ 0.007\ln\text{klr}_{i,t-1} - 0.05\text{size}1_{i,t} - 0.04\text{size}2_{i,t} - 0.09\text{area}1_{i,t}$$
$$(1.70) \quad\quad (-3.44) \quad\quad (-3.01) \quad\quad (-5.48)$$
$$- 0.09\text{area}2_{i,t}$$
$$(-14.05)$$
（2-48）

$$\Delta\ln\text{TFP}_{i,t} = -4.70 + 0.0005\ln\text{exden}_{i,t} - 0.12\ln\text{costr}_{i,t} + 0.005\ln\text{rd}_{i,t-1}$$
$$(-2.59)\quad (1.59) \quad\quad (-7.40) \quad\quad (2.97)$$
$$+ 0.006\ln\text{klr}_{i,t-1} - 0.05\text{size}1_{i,t} - 0.04\text{size}2_{i,t} - 0.09\text{area}1_{i,t}$$
$$(1.66) \quad\quad (-3.44) \quad\quad (-3.00) \quad\quad (-5.46)$$
$$- 0.10\text{area}2_{i,t}$$
$$(-13.83)$$
（2-49）

式（2-48）和式（2-49）的拟合优度分别为 0.9294 和 0.9260，除 export、ln exden 和 ln klr 变量外，其他所有变量 t 值的绝对值均显著大于 2，模型总体拟合效果良好。

从式（2-44）～式（2-49）中可以看出，2002～2016 年，我国上市公司制造业各类所有制企业的出口生产率增长率溢价系数均显著为正，说明我国上市公司制造业各类所有制企业的出口中均存在出口学习效应，其中，国有企业获得的出口学习效应最强,外商投资企业次之,民营企业获得的出口学习效应最弱。在其他条件不变的情况下,上市公司制造业国有企业中,出口企业与非出口企业相比,生产率的增长率高 0.70%,国有企业出口密度每增加 1%,生产率增长率提高 0.0006%。在其他条件不变的情况下,外商投资企业中,出口企业与非出口企业相比,生产率增长率高 0.50%,外商投资企业出口密度每增加 1%,生产率增长率提高 0.001%。尽管外商投资企业的生产技术水平和出口密度最高,但是,外商投资企业获得的出口学习效应仅为国有企业的 71.43%。外商投资企业获得的出口学习效应低于国有企业的原因主要包括:一方面,外商投资企业在我国境内主要从事加工贸易,产品研发、主要零部件生产等技术含量高的环节主要由东道国国内企业控制,跨国公司为维持其在国际市场上的垄断地位,对核心技术往往采取了严格的保密措施,使得我国企业难以从跨国公司学到先进的技术。另一方面,在加工贸易活动中,我国只负责产品的加工、装配环节,原材料采购和产品销售一律由跨国公司本部负责,使得外商投资企业失去了创新的动力,产品更新换代慢,出口学习效应较低。在其他条件不变的情况下,民营企业中,出口企业与非出口企业相比,生产率增长率高 0.40%,民营企业出口密度每增加 1%,企业生产率增长率提高 0.0005%。由于民营企业存在研发资金短缺、出口营销渠道少、外贸依存度低等问题,民营企业获得的出口学习效应低于国有企业和外商投资企业。

从成本变量的结果可以看出,生产成本对上市公司制造业民营企业生产率增长的负向阻碍最大,外商投资企业和国有企业次之。在式(2-44)、式(2-46)和式(2-48)中,上市公司制造业民营企业成本率每增加 1%,生产率的增长率下降 0.12%,生产成本对生产率增长的阻碍作用是国有企业和外商投资企业的 1.33 倍。在式(2-45)、式(2-47)和式(2-49)中,上市公司制造业民营企业成本率每增加 1%,生产率的增长率下降 0.12%,生产成本对生产率增长的阻碍作用分别是国有企业和外商投资企业的 1.33 倍和 85.71%。

从研发投入变量的结果可以看出,研发投入对上市公司制造业国有企业的生产率增长具有负向阻碍作用,对外商投资企业和民营企业的生产率增长具有促进作用。国有企业多集中在支柱性产业和战略性新兴产业,关税和非关税保护短期内难以取消,企业的创新动力不足,即使研发投入逐年上升,但是,多数研发投入并未能转化成创新产出,因此,研发投入比率增加反而阻碍了生产率增长。外商投资企业和民营企业的运行机制相对健全,研发投入是企业生产率增长的主要原因。由于外商投资企业资金更加雄厚,研发投入对外商投资企业生产率增长的促进作用大于民营企业。2002~2016 年,上市公司制造业外商投资企业研发投入每增加 1%,生产率的增长率提高 0.007%,研发投入对生产率增长的促进作用是民营企业的 1.40 倍。

从人均资本投入变量的结果可以看出,人均资本投入对上市公司制造业外商投资企业生产率增长的正向促进作用最大，民营企业次之，国有企业最小。在式（2-44）、式（2-46）和式（2-48）中，上市公司制造业外商投资企业人均资本投入每增加 1%，生产率的增长率提高 0.008%，人均资本投入对生产率增长的促进作用分别是国有企业和民营企业的 4.00 倍和 1.14 倍。在式（2-45）、式（2-47）和式（2-49）中，上市公司制造业外商投资企业人均资本投入每增加 1%，生产率的增长率提高 0.006%，人均资本投入对生产率增长的促进作用分别是国有企业和民营企业的 3.00 倍和 1.00 倍。

### 2.5.4 所在地区与出口学习效应分析

为研究所在地区对企业出口学习效应的影响，本书将上市公司制造业企业划分为东部地区企业、中部地区企业和西部地区企业，分别将各地区企业的数据代入式（2-34）和式（2-35）中，进行分类检验。

检验东部地区企业的出口中是否存在出口学习效应时，在面板模型参数估计方法的选择上，式（2-34）和式（2-35）$F$ 检验的 $p$ 值均为 0.00，拒绝联合回归模型的假设。式（2-34）和式（2-35）Hausman 检验的 $p$ 值均为 0.00，因此，拒绝随机效应模型的假设，对式（2-34）和式（2-35）采用固定效应模型进行估计，东部地区企业出口学习效应方程的检验结果分别如式（2-50）和式（2-51）所示。

$$\Delta \ln \text{TFP}_{i,t} = -1.26 + 0.01 \text{export}_{i,t} - 0.10 \ln \text{costr}_{i,t} + 0.005 \ln \text{rd}_{i,t-1}$$
$$(-12.62) \quad (2.45) \quad (-7.22) \quad (2.38)$$
$$+ 0.001 \ln \text{klr}_{i,t-1} - 0.08 \text{size1}_{i,t} - 0.07 \text{size2}_{i,t} + 0.11 \text{nature1}_{i,t}$$
$$(0.39) \quad (-4.10) \quad (-3.85) \quad (5.39)$$
$$+ 0.08 \text{nature2}_{i,t}$$
$$(4.30)$$
（2-50）

$$\Delta \ln \text{TFP}_{i,t} = -1.30 + 0.0005 \ln \text{exden}_{i,t} - 0.09 \ln \text{costr}_{i,t} + 0.004 \ln \text{rd}_{i,t-1}$$
$$(-13.81) \quad (2.52) \quad (-6.30) \quad (2.35)$$
$$+ 0.008 \ln \text{klr}_{i,t-1} - 0.04 \text{size1}_{i,t} - 0.03 \text{size2}_{i,t} + 0.02 \text{nature1}_{i,t}$$
$$(1.74) \quad (-1.71) \quad (-1.32) \quad (1.20)$$
$$+ 0.32 \text{nature2}_{i,t}$$
$$(3.76)$$
（2-51）

式（2-50）和式（2-51）的拟合优度分别为 0.9439 和 0.9407，大部分变量 $t$ 值的绝对值均显著大于 2，模型总体拟合效果良好。

检验中部地区企业出口中是否存在出口学习效应时，在面板模型参数估计方法的选择上，式（2-34）和式（2-35）$F$ 检验中的 $p$ 值均为 0.00，拒绝联合回归模型的假设。式（2-34）和式（2-35）Hausman 检验的 $p$ 值分别为 0.18 和 0.16，因此，接受原假设，对式（2-34）和式（2-35）采用随机效应模型进行估计，中部地区企业出口学习效应方程的检验结果分别如式（2-52）和式（2-53）所示。

$$\Delta \ln \text{TFP}_{i,t} = 0.51 + 0.005 \text{export}_{i,t} - 0.11 \ln \text{costr}_{i,t} + 0.002 \ln \text{rd}_{i,t-1}$$
$$(6.16) \quad (2.11) \quad (-15.66) \quad (3.11)$$
$$+ 0.003 \ln \text{klr}_{i,t-1} - 0.05 \text{size1}_{i,t} - 0.03 \text{size2}_{i,t} - 0.005 \text{nature1}_{i,t}$$
$$(0.72) \quad (-5.47) \quad (-3.12) \quad (-1.76)$$
$$+ 0.02 \text{nature2}_{i,t}$$
$$(2.10)$$
（2-52）

$$\Delta \ln \text{TFP}_{i,t} = 0.49 + 0.0001 \ln \text{exden}_{i,t} - 0.11 \ln \text{costr}_{i,t} + 0.001 \ln \text{rd}_{i,t-1}$$
$$(8.63) \quad (1.87) \quad (-32.58) \quad (2.55)$$
$$+ 0.005 \ln \text{klr}_{i,t-1} - 0.05 \text{size1}_{i,t} - 0.03 \text{size2}_{i,t} - 0.006 \text{nature1}_{i,t}$$
$$(3.17) \quad (-5.43) \quad (-3.46) \quad (-1.65)$$
$$+ 0.02 \text{nature2}_{i,t}$$
$$(2.32)$$
（2-53）

式（2-52）和式（2-53）的拟合优度分别为 0.9424 和 0.9422，除式（2-52）中的 ln klr 和 nature1 变量及式（2-53）中的 ln exden 和 nature1 变量外，其他所有变量 $t$ 值的绝对值均显著大于 2，模型总体拟合效果良好。

检验西部地区企业出口中是否存在出口学习效应时，在面板模型参数估计方法的选择上，式（2-34）和式（2-35） $F$ 检验的 $p$ 值均为 0.00，拒绝联合回归模型的假设。式（2-34）和式（2-35）Hausman 检验的 $p$ 值分别为 0.45 和 0.21，因此，接受原假设，对式（2-34）和式（2-35）采用随机效应模型进行估计，西部地区企业出口学习效应方程的检验结果分别如式（2-54）和式（2-55）所示。

$$\Delta \ln \text{TFP}_{i,t} = 4.88 + 0.006 \text{export}_{i,t} - 0.08 \ln \text{costr}_{i,t} + 0.001 \ln \text{rd}_{i,t-1}$$
$$(7.28) \quad (2.15) \quad (-12.92) \quad (1.83)$$
$$+ 0.003 \ln \text{klr}_{i,t-1} - 0.03 \text{size1}_{i,t} - 0.01 \text{size2}_{i,t} - 0.003 \text{nature1}_{i,t}$$
$$(2.63) \quad (-1.76) \quad (-0.72) \quad (-0.86)$$
$$- 0.04 \text{nature2}_{i,t}$$
$$(-4.69)$$
（2-54）

$$\Delta \ln \text{TFP}_{i,t} = 5.16 + 0.0006 \ln \text{exden}_{i,t} - 0.08 \ln \text{costr}_{i,t} + 0.001 \ln \text{rd}_{i,t-1}$$
$$(6.69) \quad (2.00) \quad (-12.74) \quad (2.02)$$
$$+ 0.003 \ln \text{klr}_{i,t-1} - 0.03 \text{size1}_{i,t} - 0.01 \text{size2}_{i,t} - 0.003 \text{nature1}_{i,t}$$
$$(3.10) \quad (-1.83) \quad (-0.76) \quad (-0.83)$$
$$- 0.04 \text{nature2}_{i,t}$$
$$(-4.68)$$
（2-55）

式（2-54）和式（2-55）的拟合优度分别为 0.9745 和 0.9694，式（2-54）和式（2-51）中大部分变量 $t$ 值的绝对值均显著大于 2，模型总体拟合效果良好。

从式（2-50）~式（2-55）中可以看出，2002~2016 年，我国各地区上市公司制造业企业的出口生产率增长率溢价系数均为正，说明各地区企业的出口中均获得了出口学习效应。其中，东部地区企业获得的出口学习效应最强，西部地区企业次之，中部地区企业获得的出口学习效应最低。在式（2-50）、式（2-52）和式（2-54）中，在其他条件不变的情况下，上市公司制造业东部地区企业中，出口企业与非出口企业相比，生产率增长率高 1.00%，而中部地区企业和西部地区企业中，出口企业与非出口企业相比，生产率增长率分别高 0.50%和 0.60%，东部地区企业获得的出口学习效应分别是中部地区企业和西部地区企业的 2.00 倍和 1.67 倍。式（2-51）、式（2-53）和式（2-55）中，在其他条件不变的情况下，上市公司制造业东部地区企业出口密度每增加 1%，生产率的增长率提高 0.0005%，而中部地区企业和西部地区企业出口密度每增加 1%，生产率的增长率分别提高 0.0001%和 0.0006%，东部地区企业获得的出口学习效应分别是中部地区企业和西部地区企业的 5.00 倍和 83.33%。

从成本变量的结果可以看出，生产成本对上市公司制造业中部地区企业生产率增长率的负向阻碍最大，东部地区企业次之，西部地区企业最小。在式（2-50）、式（2-52）和式（2-54）中，上市公司制造业中部地区企业成本率每增加 1%，生产率的增长率下降 0.11%，生产成本对生产率增长的阻碍作用分别是东部地区企业和西部地区企业的 1.10 倍和 1.38 倍。式（2-51）、式（2-53）和式（2-55）中，上市公司制造业中部地区企业成本率每增加 1%，生产率的增长率下降 0.11%，生产成本对生产率增长的阻碍作用分别是东部地区企业和西部地区企业的 1.22 倍和 1.38 倍。

从研发投入变量的结果可以看出，研发投入对上市公司制造业东部地区企业生产率增长的正向促进作用最大，中部地区企业次之，西部地区企业最小。在式（2-50）、式（2-52）和式（2-54）中，上市公司制造业东部地区企业研发投入每增加 1%，生产率的增长率提高 0.005%，研发投入对生产率增长的促进作用分别是中部地区企业和西部地区企业的 2.50 倍和 5.00 倍。式（2-51）、式（2-53）和式（2-55）中，上市公司制造业东部地区企业研发投入每增加 1%，生产率的增长率提高 0.004%，研发投入对生产率增长的促进作用是中部地区企业和西部地区企业的 4.00 倍。

从人均资本投入变量的结果可以看出，人均资本投入对上市公司制造业各地区企业的生产率增长均具有正向促进作用。在式（2-50）、式（2-52）和式（2-54）中，上市公司制造业中部地区企业人均资本投入每增加 1%，生产率的增长率提高 0.003%，人均资本投入对生产率增长率的促进作用分别是东部地区企业和西部地区企业的 3.00 倍和 1.00 倍。在式（2-51）、式（2-53）和式（2-55）中，上市公司制造业中部地区企业人均资本投入每增加 1%，生产率增长率提高 0.005%，人均资本投入对生产率增长的促进作用分别是东部地区企业和西部地区企业的 62.50%和 1.67 倍。

综上所述，2001～2005 年，我国上市公司制造业企业的出口中存在出口选择悖论，由于丰富的劳动力禀赋优势及政府的政策性导向，入世后我国加工贸易的规模迅速扩张，产品两头在外的特征有效地避免了额外的出口贸易成本，从而出现出口企业的生产率水平低于非出口企业的怪象，这种资源错配方式降低了制造业企业的平均生产率水平。2006～2016 年，随着市场竞争程度的加剧和外贸体制改革的逐步深化，一般贸易在我国对外贸易中的比重和地位日益上升，我国企业出口选择悖论的程度不断减弱，并逐渐消失，企业开始遵循自选择效应机制确定出口市场的进入行为。进入出口市场后，上市公司制造业企业获得了微弱的出口学习效应。在上市公司制造业三大类技术水平的企业中，企业进入出口市场时自选择效应机制的健全程度与进入出口市场后获得的出口学习效应成正比。上市公司制造业中技术企业的自选择效应机制最为健全，同时，进入出口市场后获得的出口学习效应最强且最显著。2001～2005 年，高技术企业进入出口市场时出口选择悖论的程度最为严重，2006 年以后逐步开始按照自选择效应机制决定其国际市场的进入行为，同时，高技术企业获得的出口学习效应最弱。低技术企业的出口中始终存在出口选择悖论，进入出口市场后获得的出口学习效应介于高技术企业和中技术企业。在上市公司制造业三大类所有制的企业中，国有企业进入出口市场时始终存在出口选择悖论，2001～2005 年，外商投资企业和民营企业的出口中存在出口选择悖论，2006～2016 年，外商投资企业和民营企业能够按照自选择效应机制决定其国际市场的进入行为。进入出口市场后，三大类所有制的企业都获得了微弱的出口学习效应，其中，国有企业获得的出口学习效应最强，外商投资企业次之，民营企业获得的出口学习效应最弱。在上市公司制造业所有地区的企业中，东部地区企业出口市场进入选择时始终存在出口选择悖论，2001～2005 年，中部地区企业和西部地区企业的出口中存在出口选择悖论，2006～2016 年，中部地区企业和西部地区企业能够遵循自选择效应机制确定其市场的进入行为。进入出口市场后，各地区企业都获得了出口学习效应，其中，东部地区企业获得的出口学习效应最强，西部地区企业次之，中部地区企业获得的出口学习效应最弱。

## 2.6 出口企业生产率悖论的成因分析

以 Melitz 模型为代表的异质性企业贸易理论模型有两个基本的假设：首先，

出口产品生产过程中涉及的产品价值链的每一个环节都在本国内部完成；其次，与国内销售相比对外出口要承担额外的贸易成本。基于这两个基本假设，Melitz模型认为，与非出口企业相比出口企业具有更高的生产率水平。然而，由于以下原因，中国企业的出口并不满足 Melitz 模型的基本假设，从而使得 2001~2005 年我国各类所有制企业、各地区企业及高技术企业和低技术企业的出口中，2006~2016 年低技术企业、国有企业和东部地区企业的出口中，均出现出口选择悖论现象，并进而导致企业出口中仅获得微弱的出口学习效应。

### 2.6.1 加工贸易比重过高

我国大多数出口企业从事加工贸易，产品价值链的设计、原材料采购、零部件生产、市场营销等环节全部由国外企业负责，我国企业只承担生产率水平最低的产品加工装配环节，进而降低了出口企业的总体生产率水平。同时，加工贸易具有两头在外的特点，企业不需要承担额外的出口成本，因此，出现了低生产率的企业反而出口的现象。李春顶和唐丁祥（2010）、戴觅等（2014）的实证研究发现，剔除加工贸易企业以后，中国企业的出口中不再存在生产率悖论。

### 2.6.2 国内市场分割严重

异质性企业贸易理论模型假设产品和生产要素可以在一国之内自由流动，由于国家之间存在各种贸易壁垒，产品和生产要素不能够在两国之间自由流动，因此，企业从事出口活动相对于国内销售需要承担额外的成本。然而，由于我国存在市场分割现象，产品在国内跨地区销售的固定成本甚至超过了出口固定成本，从而导致出口企业的门槛生产率及平均生产率水平低于内销企业。

### 2.6.3 出口导向政策推动

出口是解决我国长期存在的内需不足问题、扩大就业规模和积累外汇储备的重要举措，自改革开放以来，我国一直实施出口导向政策，通过出口退税、出口补贴等政策扶持企业出口，造成劳动力密集型企业的过度投资与发展。尽管出口企业的生产率水平比较低，但由于政府出口导向政策，企业将产品出口到国外市场与国内销售相比反而承担更低的成本，因此，出现低效率企业出口的现象。

### 2.6.4 企业生产率水平两极分化

中国制造业企业生产率水平两极分化现象比较显著，出口企业中同时存在高生产率的企业和低生产率的企业。高生产率的企业能够遵循自选择效应机制，承担额外的出口成本，进入出口市场，并能够在对外销售的过程中获得较高的出口学习效应，进一步提升生产率水平。低生产率的出口企业多数集中在珠江三角洲等"三来一补"（即来料加工、来料装配、来样加工和补偿贸易）贸易比较集中的地区，出口企业通过获得劳动力市场共享、上下游产业配套服务和知识溢出等产业集聚效应，降低了总体出口沉没成本，使得出口企业的生产率水平即使低于非出口企业，也能从事出口活动。

### 2.6.5 国内外市场竞争程度不同

中国具有丰富的劳动力禀赋资源，因此，即使是高技术出口产品，与发达国家同类产品相比，也属于劳动力密集型产品。劳动力密集型产品在劳动禀赋丰富的国家，市场竞争程度更加激烈，使得劳动力密集型产品进入国内市场的门槛生产率高于其进入国际市场的门槛生产率，因此，我国劳动力密集型出口企业反而比劳动力密集型内销企业的生产率水平低。

## 2.7 促进自选择效应和出口学习效应有效发挥的对策建议

企业出口中生产率自选择悖论的存在将生产资源配置到了低效率的生产企业，降低了产业总体的生产率水平，低效率的企业从事出口使得企业在出口中仅获得微弱的出口学习效应。自选择效应机制不能有效发挥、出口学习效应过低加剧了我国企业与发达国家同类企业之间竞争能力的差距，降低了我国企业在国际分工格局中的地位。为此，可以采取以下措施推动企业摆脱生产率悖论、提高出口学习效应。

### 2.7.1 设立合理的企业进入退出政策

政府扶持低效率的企业进入出口市场有利于短期内维持就业稳定和解决内需不足问题，但这种机制降低了产业整体的生产率水平，抑制了企业的创新能力，使得出口企业陷入低生产率、低出口学习效应、低竞争能力的恶性循环。政府应该取消对低生产率企业的各种保护，让企业根据市场竞争机制自由决定其进入、退出国际市场的活动。

### 2.7.2 消除国内市场分割

由于国内市场分割的程度高于国际市场，国内交换的成本甚至高于国际贸易，使得国际贸易中出现了严重的资源错配现象，低技术企业、国有企业和东部地区企业的出口中，生产率自选择悖论的程度尤为严重，各类企业的出口中仅获得微弱的出口学习效应。党的十九大报告所强调的"全面实施市场准入负面清单制度，清理废除妨碍统一市场和公平竞争的各种规定和做法"[①]或将为突破这一困境提供解决之道。

### 2.7.3 转变对加工贸易企业的扶持方向

出口导向政策在推动我国企业出口规模持续扩大的同时，促使低生产率的加工贸易过度发展，降低了总体资源配置的效率，但加工贸易符合我国的国情，是扩大就业规模、维持经济稳定发展的重要力量，为此，转变对加工贸易企业的扶持方向、推动加工贸易的发展至关重要。在新常态下，推行"三去一降一补"的政策，即去产能、去库存、去杠杆、降成本、补短板五大任务，降低对低生产率的加工贸易企业出口退税的额度，鼓励加工贸易企业申报高企，及时兑现研发投入、技术改造、高层次人才等各项扶持措施，以进一步降低加工贸易企业生产成本，推动高生产率的加工贸易企业进入国际市场，恢复出口生产率的自选择效应机制，发挥加工贸易对出口的带动作用。

### 2.7.4 推动劳动力密集型产品的创新发展

由于我国的劳动力禀赋优势，我国的出口产品以同质化强的劳动力密集型产品为主，积极推动劳动力密集型产品的创新发展，不仅有利于提升企业的生产率水平，而且可以通过增强产品的异质性，降低劳动力密集型产品在国内外市场竞争程度的差距，推动劳动力密集型产品凭借质量优势，而不是低价优势打入国际市场，倒逼企业健全出口的自选择效应机制，生产率水平和创新能力的提高能进一步增强企业的吸收能力，推动企业获得更高的出口学习效应。

---

① 引自 2017 年 10 月 28 日《人民日报》中的文章：《决胜全面建成小康社会 夺取新时代中国特色社会主义伟大胜利》。

# 第3章 出口与企业成本加成关系的实证分析

企业的成本加成率，即价格与边际成本之比（$p/c$）。在完全竞争的市场上，企业是价格的接受者，企业市场定价等于边际成本，即成本加成率为1。在不完全竞争的市场上，企业能够在边际成本之上收取更高的价格，成本加成率通常大于1，且成本加成率越大，表明企业可以获得的垄断利润越高（Konings et al., 2005）。尽管我国是世界第一贸易大国，入世以来，对外贸易额持续扩张，但由于我国在国际分工格局中一直处于产品价值链底端的加工装配环节，成本加成率水平远远低于发达国家，出口企业在全球价值链的利益分配格局中处于不利地位。此外，我国企业出口中存在许多异质性企业贸易理论无法解释的现象。根据异质性企业贸易理论，由于对外出口需要承担额外的贸易成本，生产率高的企业具有成本优势，自选择进入出口市场（Melitz，2003），因此，出口企业比非出口企业具有更高的成本加成率（Melitz and Ottaviano，2008）。Bernard 等（2006）使用美国企业数据，Altomonte 和 Barattieri（2015）使用意大利企业数据，de Loecker 和 Warzynski（2012）使用苏联企业数据，Martin（2012）和 Bellone 等（2014）使用法国企业数据，Bastos 和 Silva（2010）使用西班牙企业数据，Fryges 和 Wagner（2010）使用德国企业的数据均证实与非出口企业相比出口企业具有更高的成本加成率。然而，关于中国的实证研究发现，中国出口企业的成本加成率反而低于非出口企业（黄先海等，2016；盛丹和王永进，2012；盛丹，2013；刘啟仁和黄建忠，2015；祝树金和张鹏辉，2015；钱学锋等，2015），这不但增加了国外对我国出口产品反倾销的风险，也是导致我国出口增收不增利、国内消费不足和资源环境冲突等一系列问题的重要原因。因此，分析我国企业出口是否陷入"低加成率陷阱"及探究"低加成率陷阱"形成的原因是当前亟待研究的重大现实问题（刘啟仁和黄建忠，2015）。

## 3.1 出口成本加成的理论基础

异质性企业贸易理论模型（Melitz，2003；Bernard et al., 2003）非常成功地解释了出口行为对生产率影响的模式。然而，由于依赖对竞争性质的极端假设（没有成本加成异质的 Dixit-Stiglitz 垄断竞争，或者对企业成本加成决策只有限洞察力的纯 Bertrand 竞争），这些模型不能够对成本加成提供满意的解释。Melitz 和 Ottaviano（2008）放松这些假设条件，将 Melitz 模型的供给特征和与传统 CES 需求函数不同的需求系统结合起来，因此，将异质性成本加成加入不完全竞争的贸易模型，用以分析从封闭经济向开放经济发展过程中，市场扩大的"促进竞争效应"。

### 1. 消费

Melitz 和 Ottaviano 模型假定世界市场上存在本国 $h$ 和外国 $f$ 两个国家，两国在市场规模 $L$ 和贸易成本 $\tau$ 上存在差异。本国和外国消费者的数量分别为 $L^h$ 和 $L^f$，两国消费者具有相同的消费偏好，每个国家生产和消费两种产品，即同质化产品（计价产品）和差异化产品，两国代表性消费者的效用函数如式（3-1）所示：

$$U = q_0 + \alpha \int_{i \in \Omega} q_i \mathrm{d}_i - \frac{1}{2}\gamma \int_{i \in \Omega} (q_i)^2 \mathrm{d}_i - \frac{1}{2}\eta \left( \int_{i \in \Omega} q_i \mathrm{d}_i \right)^2 \quad (3\text{-}1)$$

式中，$q_0$ 和 $q_i$ 分别表示计价产品和差异化产品的消费需求；$\alpha$ 和 $\eta$ 表示差异化产品与计价产品之间替代弹性；$\gamma$ 表示差异化产品之间的产品差异化程度；$\Omega$ 表示差异化产品所属的种类范围。两国代表性消费者第 $i$ 种商品的定价上限 $p_{max}$ 为

$$p_i \leqslant \frac{1}{\eta N + \gamma}(\gamma \alpha + \eta N \overline{p}) \equiv p_{max} \quad (3\text{-}2)$$

式中，$p_{max}$ 表示需求为 0 时的价格上限；$\overline{p}$ 表示本国生产和销售 $i$ 产品及外国出口 $i$ 产品的平均价格水平；$N$ 表示本国销售 $i$ 产品的企业数目。给定参数 $\alpha$、$\gamma$ 和 $\eta$ 时，$i$ 产品的价格上限 $p_{max}$ 与平均价格水平 $\overline{p}$ 成正比，与竞争性产品数目 $N$ 成反比。

由式（3-2）可知，第 $i$ 种产品的需求弹性为

$$\varepsilon_i = [(p_{max}/p_i) - 1]^{-1} \quad (3\text{-}3)$$

由式（3-3）可知，平均价格水平 $\overline{p}$ 降低和竞争性产品数目 $N$ 增加，降低了产品 $i$ 的价格上限，并进而通过提高产品的需求价格弹性，降低了成本加成率。

### 2. 生产

在国家 $l$（$l = h, f$）的产品生产中，劳动是唯一的生产要素，并且可以无限供给。计价产品市场完全竞争，产品生产规模报酬不变，计价产品的边际生产成本为 1。差异化产品具有垄断竞争的市场结构，产品生产规模报酬不变，企业在支付沉没成本 $f_e$ 以后从边际成本分布 $G(c)$ 中提取自身的边际生产成本 $c$。企业只有在国内外市场上赚取非负利润才会继续生产，假设 $c_D^l$ 为企业在国内市场销售的成

本临界值，$c_X^l$ 为企业在国外市场销售的成本临界值。成本临界值需要满足：

$$c_D^l = \sup\{c: \pi_D^l(c) > 0\} = p_{\max}^l$$
$$c_X^l = \sup\{c: \pi_X^l(c) > 0\} = p_{\max}^h / \tau^h \tag{3-4}$$

假设国内外市场是分割的，企业在两个市场上独立地进行利润最大化的决策，两个市场上企业的利润、定价和产出分别为

$$\pi_D^l(c) = [p_D^l(c) - c]q_D^l(c), \pi_X^l(c) = [p_X^l(c) - \tau^h c]q_X^l(c)$$
$$p_D^l(c) = \frac{1}{2}(c_D^l + c), p_X^l(c) = \frac{\tau^h}{2}(c_X^l + c) \tag{3-5}$$
$$q_D^l(c) = \frac{L^l}{2\gamma}(c_D^l - c), q_X^l(c) = \frac{L^h}{2\gamma}\tau^h(c_X^l - c)$$

由此，企业利润最大化的利润水平为

$$\pi_D^l(c) = \frac{L^l}{4\gamma}(c_D^l - c)^2$$
$$\pi_X^l(c) = \frac{L^h}{4\gamma}(\tau^h)^2(c_X^l - c)^2 \tag{3-6}$$

**3. 自由进入条件**

为了分析市场规模和贸易成本差异的影响，Melitz 和 Ottaviano 模型假定两国具有相同的技术水平，自由进入企业的零利润条件为

$$\int_0^{c_D^l} \pi_D^l(c) \mathrm{d}G(c) + \int_0^{c_X^l} \pi_X^l(c) \mathrm{d}G(c) = f_e$$

式中，国家 $l(l = h, f)$ 的成本分布 $G(c)$ 表示成本上界为 $c_M$，形状参数为 $k(k \geq 1)$ 的帕累托分布。给定式（3-6），自由进入条件可以改写为

$$L^l(c_D^l)^{k+2} + L^h(\tau^h)^2(c_X^l)^{k+2} = \gamma \phi$$

式中，$\phi \equiv 2(k+1)(k+2)(c_M)^k f_e$ 表示技术指标。只要国家 $l$ 的进入者数量为正，即 $N_e^l > 0$，自由进入条件则成立。当 $N_e^l = 0$ 时，国家 $l$ 专业化生产计价产品。Melitz 和 Ottaviano（2008）假设两个国家都生产差异化的产品，且 $N_e^l > 0$。由于 $c_X^h = c_D^l / \tau^l$，自由进入条件可以改写成：

$$L^l(c_D^l)^{k+2} + L^h \rho^h(c_D^h)^{k+2} = \gamma \phi$$

式中，$\rho^l \equiv (\tau^l)^{-k} \in (0,1)$ 表示贸易成本的反函数，即贸易自由度。因此，可以求得进入国家 $l$ 的成本临界值：

$$c_D^l = \left[ \frac{\gamma\phi}{L^l} \frac{1-\rho^h}{1-\rho^l\rho^h} \right]^{1/(k+2)} \quad (3\text{-}7)$$

**4. 成本加成**

Melitz 和 Ottaviano 模型中，企业在国内市场和出口市场销售收取的成本加成可以表示成市场进入临界成本的函数：

$$\begin{aligned}\mu_D^l &= p_D(c) - c = \frac{1}{2}(c_D^l - c) \\ \mu_X^l &= p_X(c) - \tau^h c = \frac{\tau^h}{2}(c_X^l - c)\end{aligned} \quad (3\text{-}8)$$

式中，$p_D(c)$ 和 $p_X(c)$ 分别表示企业在国内市场和出口市场的价格；$\mu_D^l$ 和 $\mu_X^l$ 分别表示企业在 $l$ 国国内市场和出口市场收取的成本加成。由于出口市场的临界成本 $c_X^l$ 大于国内市场销售的临界成本 $c_D^l$，出口企业相对于非出口企业收取更高的成本加成。令 $\beta$ 表示企业的出口密度，则 $l$ 国企业的总体成本加成为 $\mu = \beta\mu_X + (1-\beta)\mu_D$。企业在国内外市场销售的总体成本加成表示成两个市场的临界成本的函数：

$$\mu(l) = \frac{\tau^h}{2}\beta(c_X^l - c) + \frac{1}{2}(1-\beta)(c_D^l - c) \quad (3\text{-}9)$$

## 3.2 出口成本加成的度量方法

实证中成本加成的度量方法主要包括两种方法：第一种是会计法。即根据会计准则，利用企业增加值、工资总额和中间投入等变量来计算企业的成本加成率（Domowitz et al., 1986）。第二种是生产函数法，主要包括索洛余值法及 de Loecker 和 Warzynski（2012）的实证研究方法（以下简称 DLW 法）。Hall（1988）把产出的投入份额分解成成本份额和成本加成，提供了一种根据索洛余值估计成本加成水平的方法。由于这种方法需要需求相关的工具来应对投入选择引起的内生性，这种方法最初被应用于综合数据。Roeger（1995）提出了企业层面的修正方法，以原始和对偶索洛余值之间的差距为基础，不但通过消除估计方程中不可观测的估计变量解决了内生性问题，而且只需要名义收入和成本数据，这些数据通常是企业层面可获得的数据。Konings 等（2005）、Konings 和 Vandenbussche（2005）、Bellone 等（2008）把 Roeger 的方法运用到企业层面的数据上。一些学者扩展了 Roeger 方法，允许偏离规模报酬不变的初始假设。例如，Altug 和 Filiztekin（2002）分别分析了原始和对偶索洛余值，能够使用工具变量识别规模报酬。Konings 等

(2011)采用类似的方法,解释了生产中固定因素的存在。de Loecker 和 Warzynski (2012)与 Martin (2012)以 Hall (1988)为基础,提出估计成本加成的新的实证研究框架。这种方法不需要关于需求偏好函数形式或者竞争环境的假设,而是依据成本最小化及两个额外的假设:投入的调整没有成本,同一产业内的企业面临外生给定的不同的投入价格。de Loecker 和 Warzynski (2012)确定成本加成为企业可变投入成本份额和收入份额之间的差别,数据中无法观测成本份额,但是在最优化条件下不得不等于相关投入的产出弹性。该方法的缺陷是对数据的要求过高,需要详细的企业层面的工业增加值、产出数量、中间投入和劳动报酬等数据。另外,该方法使用变量的滞后期,并且使用该方法计算得到的成本加成值存在较多的负值,从而损失大量样本,数据的缺失也会降低估计的可靠性。

### 3.2.1 会计法

盛丹和王永进(2012)、钱学锋等(2015)、高运胜等(2017)、耿晔强和狄媛(2017)、赵瑞丽等(2018)运用中国工业企业数据库并采用会计法计算了我国企业的成本加成。会计法下,企业成本加成的计算公式为

$$\frac{p_{i,t}-c_{i,t}}{p_{i,t}}=1-\frac{1}{\text{markup}_{i,t}}=\frac{\text{valueadd}_{i,t}-\text{wage}_{i,t}}{\text{valueadd}_{i,t}+\text{midinput}_{i,t}} \quad (3\text{-}10)$$

式中,$p_{i,t}$ 和 $c_{i,t}$ 分别表示企业 $i$ 在时期 $t$ 的价格和边际成本;$\text{markup}_{i,t}$ 表示企业 $i$ 在时期 $t$ 的成本加成,即单位产品的价格 $p_{i,t}$ 与边际成本 $c_{i,t}$ 之比;$\text{valueadd}_{i,t}$、$\text{wage}_{i,t}$ 和 $\text{midinput}_{i,t}$ 分别表示企业 $i$ 在时期 $t$ 的工业增加值、工资和产品生产中的中间投入。该方法的优点是计算起来简单,数据相对易得,且数据损失量少,样本分布与总体分布更加接近。但由于会计变量和经济变量之间存在差异,会计法计算的成本加成的经济学含义相对较差。

### 3.2.2 索洛余值法

索洛余值法研究价格对成本的响应的主要思想是,在完全竞争的市场上,每一次增加的成本都将完全传递给消费者,而在不完全竞争市场上价格对成本的传递则不等于零。因此,价格对成本变化的响应范围可以用于标记成本加成。在大多数利用这一大类方法的研究中,直接或间接使用了 Hall (1988)发展的原始索洛余值法,用式(3-11)计算成本加成 $\mu_i$:

$$\Delta \ln \frac{Y_i}{K_i} = \mu_i \Delta \ln \frac{X_i}{K_k} \cdot \theta_i + \xi_i \quad (3\text{-}11)$$

式中,$Y_i$ 表示企业 $i$ 的产出;$K_i$ 和 $L_i$ 分别表示企业 $i$ 的资本投入和劳动投入;$\theta_i$ 表示企业 $i$ 的劳动力成本占总产值的份额;$\xi_i$ 表示随机误差。这种方法的主要问

题是，模型随机误差项中包括不可观测的生产率扰动，这些生产率扰动可能与生产要素相关，导致成本加成估计偏差。通过在索洛模型中引入世界油价、政府开支等影响就业和需求变化但不影响生产率变化的虚拟变量，作为不可观测的残差的工具变量可以解决这个问题。此外，模型忽略了产品质量变化对价格的影响，成本加成被高估。

为了解决这些问题，Roeger（1995）以 Hall（1988）的原始索洛余值（Solow residual，SR）法为基础，使用了以成本函数为基础的对偶索洛余值（dual Solow residual，DSR）。通过原始索洛余值，我们理解了生产中技术变化的份额，通过对偶索洛余值，我们理解了总生产成本变化中技术变化的份额。使用原始和对偶索洛残差能够消除回归方程中的不可观察的生产率变量，即在规模报酬不变的情况下不存在偏差，从而能够更精确地估计成本加成（Gradzewicz and Hagemejer，2007）。因此，估计可以用正常的最小二乘法进行，没有必要寻找工具变量。

Roeger 模型（Roeger，1995）的规模报酬不变假设，特定产业、特定企业的成本加成不随时间变化而变化，因此其不适合研究成本加成动态及外生变量对成本加成的影响。在存在规模报酬递增、高沉没成本及商业周期调整强度较高的产业中，使用 Roeger 模型会低估成本加成水平。因此，Roeger 模型规模报酬不变的假设受到了普遍的批评。

Roeger 模型中假设企业的生产函数如式（3-12）所示。

$$Y(X_1,\cdots,X_N,K,E) = F(X_1,\cdots,X_N,K)E \quad (3\text{-}12)$$

式中，$Y$ 表示产出；$K$ 表示资本投入；$X_i$ 表示 $1\sim N$ 的生产要素投入；$E$ 表示希克斯中性技术变化。经对数差分以后可以得到式（3-13）：

$$\frac{dY}{Y} = \sum_{i=1}^{N}\frac{\partial Y}{\partial X_i}\frac{dX_i}{Y} + \frac{\partial Y}{\partial K}\frac{dK}{Y} + \frac{dE}{E} \quad (3\text{-}13)$$

假设生产要素市场完全竞争，$P$ 是最终产品的价格，$\mu$ 是成本加成，则资本的价格 $w_K$ 和其他生产要素的价格 $w_i$ 分别为 $w_K = \frac{\partial Y}{\partial K}\frac{P}{\mu}$ 和 $w_i = \frac{\partial Y}{\partial X_i}\frac{P}{\mu}$，生产要素成本在总成本中的份额可表示为 $\alpha_K = \frac{w_K K}{Y \cdot MC}$，$\alpha_i = \frac{w_i X_i}{Y \cdot MC}$。式（3-13）可转变为

$$\frac{dY}{Y} = \sum_{i=1}^{N}\frac{w_i X_i}{Y \cdot MC}\frac{dX_i}{X_i} + \frac{w_K K}{Y \cdot MC}\frac{dK}{K} + \frac{dE}{E} \quad (3\text{-}14)$$

因为生产要素成本在总收入中的份额为 $\theta_i = \frac{w_i X_i}{PY}$，可得 $\alpha_i = \frac{w_i X_i}{Y \cdot MC} = \theta_i \mu$，$\alpha_K = \theta_K \mu$。假设规模报酬不变，根据欧拉定理有 $\sum_{i=1}^{N}\alpha_i + \alpha_K = 1$。那么，$\frac{dY}{Y} = $

$\sum_{i=1}^{N} \theta_i \mu \dfrac{\mathrm{d}X_i}{X_i} + \theta_K \mu \dfrac{\mathrm{d}K}{K} + \dfrac{\mathrm{d}E}{E}$。经过转换，可以得到原始索洛余值如式（3-15）所示：

$$\mathrm{SR} = \dfrac{\mathrm{d}Y}{Y} - \sum_{i=1}^{N} \theta_i \dfrac{\mathrm{d}X_i}{X_i} - \left(1 - \sum_{i=1}^{N} \theta_i\right) \dfrac{\mathrm{d}K}{K} = \left(1 - \dfrac{1}{\mu}\right)\left(\dfrac{\mathrm{d}Y}{Y} - \dfrac{\mathrm{d}K}{K}\right) + \dfrac{1}{\mu}\dfrac{\mathrm{d}E}{E} \quad (3\text{-}15)$$

根据成本函数，可以获得边际成本：$\mathrm{MC} = \dfrac{G(w_i, \cdots, w_N, w_K)}{E}$。经过对数差分以后，可以得到 $\dfrac{\mathrm{d}\mathrm{MC}}{\mathrm{MC}} = \sum_{i=1}^{N} \dfrac{\partial G}{\partial w_i}\dfrac{\mathrm{d}w_i}{G} + \dfrac{\partial G}{\partial w_K}\dfrac{\mathrm{d}w_K}{G} - \dfrac{\mathrm{d}E}{E}$。

根据 Shepard 引理，可得 $X_i = \dfrac{\partial C}{\partial w_i} = \dfrac{\partial G}{\partial w_i}\dfrac{Y}{E}$。因此，边际成本变化率的表达式为 $\dfrac{\mathrm{d}\mathrm{MC}}{\mathrm{MC}} = \sum_{i=1}^{N} \dfrac{X_i \mathrm{d}w_i}{Y \cdot \mathrm{MC}} + \dfrac{K \mathrm{d}w_K}{Y \cdot \mathrm{MC}} - \dfrac{\mathrm{d}E}{E}$。假设特定年份特定产业的成本加成固定不变

$\dfrac{\mathrm{d}\mathrm{MC}}{\mathrm{MC}} = \dfrac{\mathrm{d}P}{P}$，则有 $\dfrac{\mathrm{d}P}{P} = \sum_{i=1}^{N} \dfrac{\theta_i \mu \mathrm{d}w_i}{w_i} + \dfrac{\left(1 - \sum_{i=1}^{N} \theta_i \mu\right)\mathrm{d}w_K}{w_K} - \dfrac{\mathrm{d}E}{E}$。经过转换后，可以得到对偶索洛余值如式（3-16）所示。

$$\begin{aligned}\mathrm{DSR} &= \sum_{i=1}^{N} \theta_i \dfrac{\mathrm{d}w_i}{w_i} + \left(1 - \sum_{i=1}^{N} \theta_i\right)\dfrac{\mathrm{d}w_K}{w_K} - \dfrac{\mathrm{d}P}{P} \\ &= \left(1 - \dfrac{1}{\mu}\right)\left(\dfrac{\mathrm{d}w_K}{w_K} - \dfrac{\mathrm{d}P}{P}\right) + \dfrac{1}{\mu}\dfrac{\mathrm{d}E}{E}\end{aligned} \quad (3\text{-}16)$$

用式（3-15）减去式（3-16），即从原始索罗余值中减去对偶索洛余值，可得技术变化被取消的标准索洛余值（nominal Solow residual，NSR）：

$$\begin{aligned}\mathrm{NSR} &= \dfrac{\mathrm{d}Y}{Y} + \dfrac{\mathrm{d}P}{P} - \sum_{i=1}^{N} \theta_i\left(\dfrac{\mathrm{d}X_i}{X_i} + \dfrac{\mathrm{d}w_i}{w_i}\right) - \left(1 - \sum_{i=1}^{N} \theta_i\right)\left(\dfrac{\mathrm{d}K}{K} + \dfrac{\mathrm{d}w_K}{w_K}\right) \\ &= \left(1 - \dfrac{1}{\mu}\right)\left[\dfrac{\mathrm{d}Y}{Y} + \dfrac{\mathrm{d}P}{P} - \left(\dfrac{\mathrm{d}K}{K} + \dfrac{\mathrm{d}w_K}{w_K}\right)\right]\end{aligned} \quad (3\text{-}17)$$

对两个变量使用微分计算，可知 NSR 是式（3-18）的近似值：

$$\begin{aligned}&\Delta \ln(Y \cdot P) - \sum_{i=1}^{N} \theta_i \Delta \ln(X_i \cdot w_i) - \left(1 - \sum_{i=1}^{N} \theta_i\right)\Delta \ln(K \cdot w_K) \\ &= \left(1 - \dfrac{1}{\mu}\right)[\Delta \ln(Y \cdot P) - \Delta \ln(K \cdot w_K)]\end{aligned} \quad (3\text{-}18)$$

估计表达式 $\left(1 - \dfrac{1}{\mu}\right)$，最终获得成本加成 $\mu$。

Rotemberg 和 Woodford（1999）通过引入单一投入边际，进一步对 Roeger（1995）方法进行修正。因为通过增加任何生产要素投入来扩大产品产量的边际成本都是相等的，所以成本加成可以仅使用所选择的那个生产要素来度量。这种推理的根源在于：$MRP_i = MR \cdot MP_i$，其中 $MRP_i$ 是生产要素 $i$ 的边际收入，$MP_i$ 是生产要素 $i$ 的边际产出。由于利润最大化的条件是 $MR = MC$，最优成本加成可以表示成：$\mu = P \cdot MP_i / MRP_i$。因此，成本最小化意味着企业应该覆盖扩大生产的边际成本，同时考虑到所有可能的利润率。根据 Rotemberg 和 Woodford（1999），衡量边际成本的最佳标准是在其他成本保持不变的情况下，通过改变劳动投入来增加产量。由于工人和资本存量的变化涉及调整成本，而现有工人工时数的变化不存在调整成本，Rotemberg 和 Woodford（1999）以每个工人的工时数来代表劳动投入，相应的生产函数为：$Y = F(ZhN, \cdots)$，其中，$N$ 是工人数，$Y$ 是产出，$Z$ 是劳动增强技术，$h$ 是每个工人的工时数。令 $w_A$ 为平均小时工资，可以得到：$MC = (w'_A h + w_A) / F_1(ZhN, \cdots)Z$，其中，$F_i$ 是生产函数对有效劳动 $ZhN$ 的导数（Nekarda and Ramey，2013）。在该式中，分子中包含每个工人额外增加的工时数的边际收益，分母包含每个工人的边际产出。

如果成本加成的运算采用 CD 生产函数，假设边际工资等于平均工资，成本加成可以表示为

$$\mu = \frac{P}{w_A \left/ \left[ \alpha \left( \frac{Y}{hN} \right) \right] \right.} = \frac{\alpha}{s}$$

式中，$\alpha$ 表示 CD 生产函数中产出对劳动力投入的弹性，即产值的劳动份额；$s$ 表示劳动报酬的产出份额，$s = w_A / P \left( \frac{Y}{hN} \right)$。

采用 CD 生产函数方法来度量成本加成的好处是，这种方法既适用于以工作时间长短来衡量的人工成本，也适用于不用工作时间衡量的人工成本。但采用 CD 生产函数方法度量成本加成也存在一系列的问题。首先，劳动力成本的核算中包含管理费用、间接费用，如会计费用、广告费、保险费、律师费、税金、租金、维修费、电话费。这些均是企业经营活动必须产生的成本，但这些活动不能与企业提供的产品或服务相联系。换句话说，这些活动不能直接创造利润。其次，不允许生产要素之间替代的弹性偏离 1。最后，使用平均工资而不是边际工资来度量成本加成，因为加工时间也计入平均工资，平均工资可能会增加每个工人平均工作小时数。Rotemberg 和 Woodford（1999）通过考虑非 CD 生产函数、非间接劳动力、边际工资不等于平均工资、劳动力投入成本调整等，对此进行了修正。

### 3.2.3 DLW 法

de Loecker 和 Warzynski（2012）与 Martin（2012）以 Hall（1988）为基础，提出了一个新的实证研究框架，在没有价格数据的情况下测量企业成本加成。de Loecker 和 Warzynski（2012）确定成本加成为企业可变投入成本份额和收入份额之间的差别，数据中无法观测成本份额，但是在最优化条件下成本份额等于相关投入的产出弹性。

假设企业的生产中需要投入劳动 $L$（唯一可变投入）和资本 $K$，企业 $i$ 在时期 $t$ 的生产函数是连续的，并且对每一个参数是二阶可导的，具体表达式如式（3-19）所示。

$$Q_{i,t} = Q_{i,t}(X_{i,t}, K_{i,t})\omega_{i,t} \quad (3\text{-}19)$$

式中，$Q$ 表示产出；$X$ 表示可变要素投入，即企业可以自由调整的生产要素，包括劳动投入和中间投入；$K$ 表示固定要素投入，即需要调整成本的生产要素；$\omega$ 表示希克斯中性生产率水平。尽管企业的生产率水平不同，但是企业生产同一产品使用相同的生产技术，故具有相同的生产函数。假设可变生产要素和资本的价格分别为 $P_{i,t}^x$ 和 $P_{i,t}^k$，其中，$x = \{1, \cdots, X\}$，$k = \{1, \cdots, K\}$。

企业 $i$ 在时期 $t$ 的拉格朗日函数为

$$L(X_{i,t}, K_{i,t}, \lambda_{i,t}) = \sum_{x=1}^{X} P_{i,t}^x X_{i,t}^x + \sum_{k=1}^{K} P_{i,t}^k K_{i,t}^k + \lambda_{i,t}[Q_{i,t} - Q_{i,t}(X_{i,t}, K_{i,t}, \omega_{i,t})] \quad (3\text{-}20)$$

企业 $i$ 可变要素投入的一阶条件为

$$\frac{\partial L_{i,t}}{\partial X_{i,t}^x} = P_{i,t}^x - \lambda_{i,t} \frac{\partial Q_{i,t}(\cdot)}{\partial X_{i,t}^x} = 0 \quad (3\text{-}21)$$

$\frac{\partial L_{i,t}}{\partial Q_{i,t}} = \lambda_{i,t}$，因此，给定产出的边际成本为 $\lambda_{i,t}$。将式（3-21）移项，并且两边同时乘以 $\frac{X_{i,t}}{Q_{i,t}}$，可以得到式（3-22）：

$$\frac{\partial Q_{i,t}}{\partial X_{i,t}} \frac{X_{i,t}^x}{Q_{i,t}} = \frac{1}{\lambda_{i,t}} \frac{P_{i,t}^x X_{i,t}^x}{Q_{i,t}} \quad (3\text{-}22)$$

式中，$\frac{\partial Q_{i,t}}{\partial X_{i,t}} \frac{X_{i,t}^x}{Q_{i,t}}$ 表示可变要素投入的产出弹性，令 $\theta_{i,t}^x = \frac{\partial Q_{i,t}}{\partial X_{i,t}} \frac{X_{i,t}^x}{Q_{i,t}}$，企业 $i$ 在时期 $t$ 的成本加成为 $\mu_{i,t}$，则 $\mu_{i,t} \equiv \frac{P_{i,t}}{\lambda_{i,t}}$。成本最小化条件转换成式（3-23）：

$$\mu_{i,t} = \theta_{i,t}^x \frac{P_{i,t} Q_{i,t}}{P_{i,t}^x X_{i,t}^x} = \theta_{i,t}^x (\alpha_{i,t}^x)^{-1} \quad (3\text{-}23)$$

式中，$\alpha_{i,t}^x$ 表示企业 $i$ 在时期 $t$ 的生产中可变要素投入占总支出的比重。因此，成本加成转换为产品生产中可变要素投入的产出弹性和可变要素支出占总支出的比重的函数。$\alpha_{i,t}^x$ 可以直接从数据中观察到，为了计算企业 $i$ 在时期 $t$ 的成本加成，只需要估计 $\theta_{i,t}^x$。根据 DLW 法，可变投入要素包括劳动力和中间品投入等企业可以充分调整的要素。对于我国来说，劳动力还未能实现充分流动，不适合作为可变投入要素。因此，国内学者（Lu and Yu，2015）多选取中间品投入作为估计企业产出弹性的投入要素。

假设生产函数的表达式为

$$Q_{i,t} = Q(X_{i,t}, K_{i,t}, \beta) \exp(\omega_{i,t}) \quad (3\text{-}24)$$

在式（3-24）中，企业的生产率为希克斯中性生产率，生产者对于单位生产要素投入的产出，不仅取决于共同的技术参数 $\beta$，还取决于企业自身的生产率水平 $\varphi_{i,t}$，因此，要素投入的产出弹性随企业不同而不同。

对式（3-24）两边取对数，生产函数转化为

$$q_{i,t} = \ln Q_{i,t}(X_{i,t}, K_{i,t}, \beta) + \omega_{i,t} \quad (3\text{-}25)$$

式中，$q_{i,t}$ 表示产出的自然对数。由式（3-25）可见，可变要素投入的产出弹性 $\theta_{i,t}^x (\partial \ln Q_{i,t} / \partial \ln X_{i,t})$ 取决于生产函数的设定，并且独立于企业的生产率水平。为此，参照 de Loecker 和 Warzynski（2012），运用超越对数生产函数来估计企业层面可变生产要素投入的产出弹性。为精确刻画实际生产中存在的测量误差和未预期到的产出波动，在产出函数中引入残差项 $\varepsilon_{i,t}$，则企业的产出函数为

$$\begin{aligned} q_{i,t} = {} & \beta_l l_{i,t} + \beta_k k_{i,t} + \beta_m m_{i,t} + \beta_{ll} l_{i,t}^2 + \beta_{kk} k_{i,t}^2 + \beta_{mm} m_{i,t}^2 + \beta_{lk} l_{i,t} k_{i,t} \\ & + \beta_{lm} l_{i,t} m_{i,t} + \beta_{km} k_{i,t} m_{i,t} + \beta_{lkm} l_{i,t} k_{i,t} m_{i,t} + \omega_{i,t} + \varepsilon_{i,t} \end{aligned} \quad (3\text{-}26)$$

小写形式代表每个变量的自然对数。由式（3-26）可以看出中间投入要素的产出弹性为

$$\theta_{i,t}^m = \frac{\partial q_{i,t}}{\partial m_{i,t}} = \beta_m + 2\beta_{mm} m_{i,t} + \beta_{lm} l_{i,t} + \beta_{km} k_{i,t} + \beta_{lkm} l_{i,t} k_{i,t} \quad (3\text{-}27)$$

如果用普通最小二乘（ordinary least square，OLS）法直接对式（3-26）生产要素的系数进行估计，同时性偏差可能会高估劳动系数，选择性偏差可能会低估资本系数。为此需要控制与劳动和资本投入相关的不可观测的生产率冲击，常用控制方法的文献包括 Olley 和 Pakes（1996）（以下简称 OP）、Levinsohn 和 Petrin（2003）（以下简称 LP）及 Ackerberg 等（2015）（以下简称 ACF）。国内文献参照

de Loecker 和 Warzynski（2012），运用 ACF 两步估计法，第一阶段，根据中间投入与资本、生产率之间的单调关系，以中间投入 $m_{i,t} = m_t(k_{i,t}, \omega_{i,t})$ 作为生产率的代理变量，再通过逆函数计算得到生产率的代理方程 $\omega_{i,t} = f^{-1}(m_{i,t}, k_{i,t})$，将其代入式（3-26），以其替代生产函数中的生产率，通过计算得到产出的估计值 $\hat{q}_{i,t}$：

$$\hat{q}_{i,t} = \beta_l l_{i,t} + \beta_k k_{i,t} + \beta_m m_{i,t} + \beta_{ll} l_{i,t}^2 + \beta_{kk} k_{i,t}^2 + \beta_{mm} m_{i,t}^2 + \beta_{lk} l_{i,t} k_{i,t} \\ + \beta_{lm} l_{i,t} m_{i,t} + \beta_{km} k_{i,t} m_{i,t} + \beta_{lkm} l_{i,t} k_{i,t} m_{i,t} + f^{-1}(m_{i,t}, k_{i,t})$$ （3-28）

第二阶段，假设企业的生产率服从一阶的马尔可夫过程：

$$\omega_{i,t} = g_{i,t}(\omega_{i,t-1}) + \varepsilon_{i,t}$$ （3-29）

根据第一阶段得到的产出估计式（3-28），可得企业生产率的估计式为

$$\omega_{i,t} = \hat{q}_{i,t} - \beta_l l_{i,t} - \beta_k k_{i,t} - \beta_m m_{i,t} - \beta_{ll} l_{i,t}^2 - \beta_{kk} k_{i,t}^2 - \beta_{mm} m_{i,t}^2 - \beta_{lk} l_{i,t} k_{i,t} \\ - \beta_{lm} l_{i,t} m_{i,t} - \beta_{km} k_{i,t} m_{i,t} - \beta_{lkm} l_{i,t} k_{i,t} m_{i,t}$$ （3-30）

将式（3-30）代入式（3-28），可以得到估计生产函数的矩条件：

$$E(\varepsilon_{i,t} \cdot Z'_{i,t-1}) = 0$$ （3-31）

其中

$$Z_{i,t-1} = \begin{bmatrix} l_{i,t-1} & k_{i,t} & m_{i,t-1} & (l_{i,t-1})^2 & (k_{i,t})^2 \\ (m_{i,t-1})^2 & l_{i,t} k_{i,t} & l_{i,t-1} m_{i,t-1} & m_{i,t-1} k_{i,t} & l_{i,t-1} m_{i,t-1} k_{i,t} \end{bmatrix}$$ （3-32）

利用广义矩阵估计（generalized method of moments，GMM）方法，借助生产率随机冲击 $\varepsilon_{i,t}$ 与当期固定要素 $k_{i,t}$、滞后期可变要素投入 $l_{i,t-1}$ 不相关的矩条件来识别式（3-26）对应的参数估计量，并将其代入式（3-27），得到中间投入要素的产出弹性，再结合中间投入的支出份额便可求出企业层面成本加成率的估计值：

$$\hat{\theta}_{i,t}^m = \frac{\partial q_{i,t}}{\partial m_{i,t}} = \hat{\beta}_m + 2\hat{\beta}_{mm} m_{i,t} + \hat{\beta}_{lm} l_{i,t} + \hat{\beta}_{km} k_{i,t} + \hat{\beta}_{lkm} l_{i,t} k_{i,t}$$

三种成本加成的计算方法各有利弊，本书主要采用会计法来计算企业的成本加成率。主要原因在于：首先，Martin（2002）的经验研究表明会计法较生产函数法可能会提供更多有用的信息。并且 Siotis（2003）采用上述两种方法计算了西班牙产业的加成率，通过比较发现会计法能够更好地体现产业之间的差异，是一个较好的估计方法。其次，本书使用的是上市公司制造业企业数据，统计指标多为会计指标，没有对企业产品价格进行统计，无法采用索洛余值法和 DLW 法计算成本加成。最后，运用索洛余值法和 DLW 法计算成本加成时会产生众多负值，因此，会损失大量的数据。本书使用的是中国上市公司制造业企业的数据，因此，样本量相对较小，更加适合用会计法来计算成本加成。

## 3.3 制造业出口贸易企业成本加成现状分析

本书采用会计法,将式(3-10)转化成式(3-33)来计算企业的成本加成:

$$\mu_{i,t} = \frac{p_{i,t}}{c_{i,t}} = \frac{\text{valueadd}_{i,t} + \text{midinput}_{i,t}}{\text{midinput}_{i,t} + \text{wage}_{i,t}} \qquad (3-33)$$

本章的数据来源于 RESSET 数据库及上海证券交易所和深圳证券交易所网站提供的 2001~2016 年上市公司制造业企业年度财务报告。工资水平 $\text{wage}_{i,t}$ 采用当年年末支付给职工及为职工支付的现金。由于中国上市公司制造业企业的数据中没有直接统计中间投入 $\text{midinput}_{i,t}$ 和工业增加值 $\text{valueadd}_{i,t}$,本书分别采用以下公式来计算企业的中间投入和工业增加值:中间投入=主营业务成本+销售费用+管理费用+财务费用−当期固定资产折旧−劳动报酬总额;工业增加值=当期固定资产折旧+劳动报酬总额+主营业务税金及附加+主营业务利润。

### 3.3.1 出口企业与非出口企业成本加成率比较分析

根据式(3-33),按照《国民经济行业分类》(GB/T 4754—2017)对照表,将中国上市公司制造业企业划分为 28 类,分别计算 28 个产业中企业的平均成本加成率水平。假设企业在 2001~2016 年只要有一年出口即为出口企业,2001~2016 年,一年也没有出口的企业为非出口企业。逐年计算我国上市公司制造业企业总体、非出口企业和出口企业的平均成本加成率,则 2001~2016 年我国上市公司制造业企业成本加成率的变化趋势如图 3-1 所示。

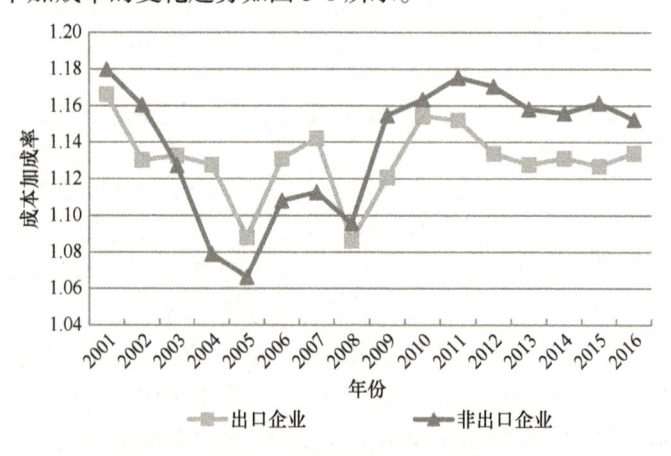

图 3-1 2001~2016 年制造业企业成本加成率

从图 3-1 中可以看出:从整体上来说,2001~2005 年,我国上市公司制造业企业中，出口企业的成本加成率比非出口企业高 0.66%，2006～2016 年，出口企业的成本加成率比非出口企业低 1.30%，即企业出口陷入"低加成率陷阱"。2001～2005 年，中国加入 WTO 后，企业在国内市场和国外市场都面临更加激烈的竞争环境，出口竞争效应加剧，因此，无论是出口企业，还是非出口企业，成本加成率都基本呈下降的趋势。2001～2005 年，上市公司制造业出口企业和非出口企业的成本加成率分别下降了 6.70%和 9.63%。2006～2016 年，受美国次贷危机和全球经济环境的影响，我国上市公司制造业企业部分年份的成本加成率水平呈现下降趋势，但总体上来说，2006 年，我国国内市场全面放开以后，一方面，面对更加激烈的国内外环境，企业不断通过扩大研发支出、引进先进技术等方式，提升生产率水平、巩固与扩大市场势力，进而有能力在边际成本之上设定更高的成本加成；另一方面，随着运输业的发展、关税税率水平的不断降低及企业市场营销渠道的巩固与完善，贸易成本不断降低，企业在边际成本之上价格加价的空间提升。因此，2006～2016 年，制造业企业总体成本加成率呈上升的趋势，出口企业和非出口企业的成本加成率分别上升了 0.27%和 4.00%。

结合图 3-1 和图 2-4 可以看出：首先，2001～2016 年，尽管企业的全要素生产率水平提升，但是，由于我国企业长期以来一直依靠降低价格成本加成的方式来维持与扩大出口销售规模，企业在对外贸易中获得的贸易利益不升反降。其次，2001～2005 年，上市公司制造业企业的出口中存在出口选择悖论，但是，出口企业的成本加成率总体高于非出口企业。2006～2016 年，出口选择悖论消失，但是，企业出口却陷入"低加成率陷阱"。可见，我国上市公司制造业企业中存在低生产率的企业反而出口，并收取更高的成本加成的现象，这与我国长期实施出口退税等贸易补贴政策密切相关。

### 3.3.2 不同技术水平企业成本加成率比较分析

本书按照技术水平高低，将制造业 28 个产业重新划分为高技术产业、中技术产业和低技术产业三大类产业（技术分类标准与 2.2 节相同），并分别计算各类技术水平企业的平均成本加成率。其中，2001～2016 年中国上市公司制造业高技术出口企业和高技术非出口企业平均成本加成率水平如图 3-2 所示。

从图 3-2 可以看出：从整体上来看，2001～2016 年，我国上市公司制造业高技术企业中，出口企业的成本加成率平均比非出口企业高 2.00%。2001～2005 年，由于我国刚刚加入 WTO，市场规模迅速扩大加剧了竞争效应，无论是高技术出口企业，还是高技术非出口企业，成本加成率水平都呈下降的趋势。2001～2005 年，高技术出口企业和非出口企业的成本加成率分别下降了 1.13%和 5.86%。2006～2016 年，高技术企业的成本加成率水平呈上升的趋势，高技术出口企业和非出口企业的成本加成率分别上升了 3.39%和 11.02%。

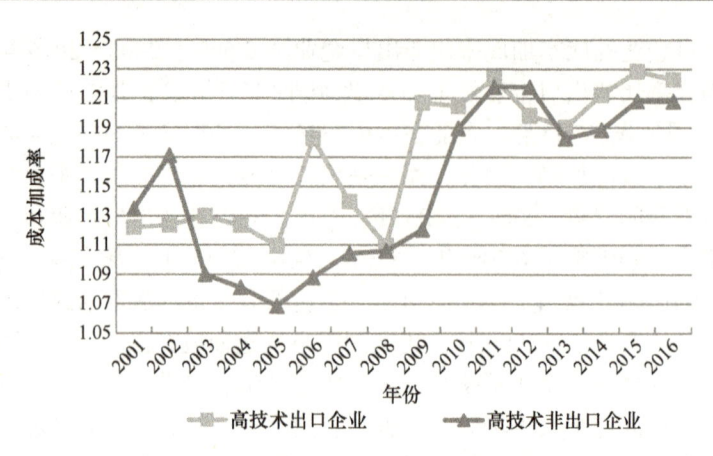

图 3-2 2001~2016 年高技术企业成本加成率

结合图 3-2 和图 2-5 可以看出：首先，我国上市公司制造业高技术企业的全要素生产率水平和成本加成率水平均易受外部需求冲击的影响，且成本加成率水平受外部需求冲击的影响更大。其次，从整体上来说，2001~2016 年，高技术企业的全要素生产率水平和成本加成率水平分别呈下降和上升的变化趋势。原因在于，我国在高技术产品的生产上没有比较优势，企业长期依靠政府补贴把生产定位在高技术产品中的低质产品上，从而使得生产率水平呈现下降趋势。随着我国居民收入水平的提高，消费者对高技术产品的需求不断提升，企业在边际成本之上设置成本加成的能力随之提升。最后，尽管 2001~2005 年，高技术企业的出口中存在生产率悖论，但是，总体上来说，出口企业的成本加成率高于非出口企业。这是因为我国高技术产品主要销往发达国家，发达国家消费者对高技术产品的需求强度高、需求价格弹性小，而我国消费者对高技术产品的需求强度低、需求价格弹性大，出口市场比国内市场设定更高的价格和成本加成率水平，是出口企业利润最大化决策的结果。因此，即使高技术企业中，出口企业的生产率水平低于非出口企业，出口企业仍然能够在国外市场设置更高的成本加成率水平。

图 3-3 描述了 2001~2016 年中国上市公司制造业中技术出口企业和中技术非出口企业的成本加成率水平。

从图 3-3 可以看出：从整体上来说，2001~2005 年，上市公司制造业中技术企业中，出口企业的平均成本加成率水平比非出口企业高 1.10%，2006~2016 年，出口企业的成本加成率水平比非出口企业低 0.54%，企业出口陷入"低加成率陷阱"。2001~2005 年，入世强化了国内外市场的竞争效应，无论是中技术出口企业，还是中技术非出口企业，成本加成率水平都具有逐年下降的趋势。2001~2005 年，中技术出口企业和非出口企业的成本加成率分别下降了 7.36%和 11.55%。2006~2016 年，中技术企业的成本加成率随外部需求冲击而剧烈波动，但整体上

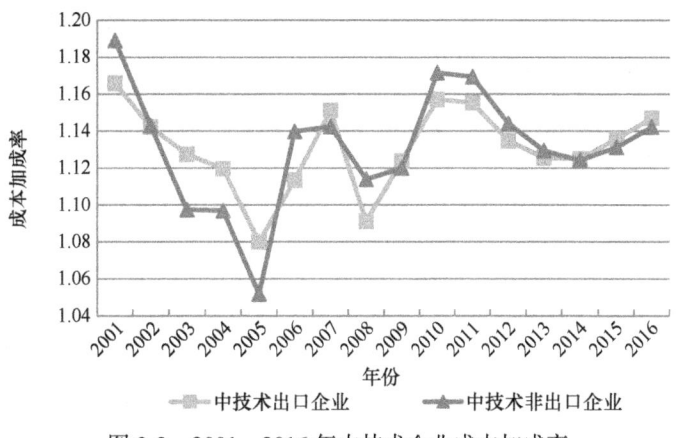

图 3-3 2001～2016 年中技术企业成本加成率

来说呈上升的变化趋势。2006～2016 年，中技术出口企业和中技术非出口企业的成本加成率分别上升了 3.01%和 0.21%。

结合图 3-3 和图 2-6 可以看出：首先，2001～2016 年，我国上市公司制造业中技术企业的全要素生产率水平呈上升的变化趋势，受外部需求冲击的影响，中技术企业的成本加成率水平呈现先降后升的变化趋势。可见，2001～2005 年，中技术企业的出口中竞争效应远远超过了自选择效应、出口学习效应和创新效应之和，即使中技术企业的生产率水平呈上升趋势，其成本加成率水平仍然具有呈下降的变化趋势。同时，中技术产品多数为相对质量较高的生活必需品，随着我国收入水平的不断上升，消费者对低技术产品的需求逐步转向中技术产品，因此，2006～2016 年，中技术企业的生产率水平和成本加成率水平都呈上升的变化趋势。其次，总体上来说，2001～2016 年中技术企业的出口中不存在生产率悖论，但 2006 年以后中技术企业的出口陷入"低加成率陷阱"。由于中技术企业出口中一般贸易比重较高、中技术企业享受政府政策扶持的力度较小等因素，总体上来说，中技术企业的出口能够遵循自选择效应机制，但是，由于中技术产品主要销往发达国家，随着收入水平的提高，我国消费者的消费偏好逐步从低技术产品转向中技术产品，发达国家消费者的消费偏好逐步从中技术产品转向高技术产品，因此，中技术产品在国内市场的需求强度提高、需求价格弹性下降，而在国外市场的需求强度下降、需求价格弹性上升，中技术非出口企业与中技术出口企业相比，成本加成率水平的差距逐步缩小，2006～2016 年，中技术企业的出口陷入"低加成率陷阱"。

图 3-4 描述了 2001～2016 年中国上市公司制造业低技术出口企业和低技术非出口企业的成本加成率水平。

从图 3-4 可以看出：从整体上来看，2001～2016 年，上市公司制造业低技术

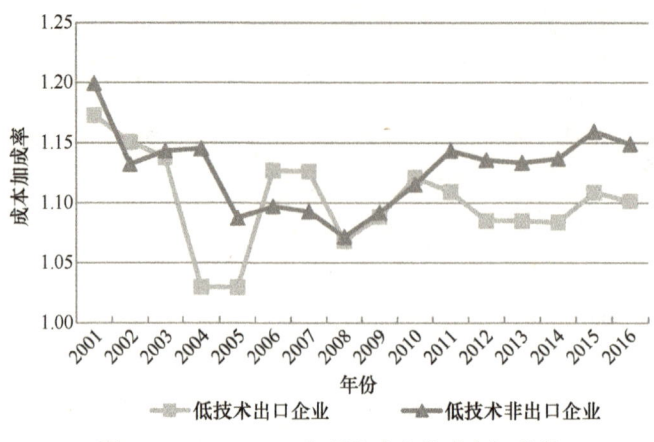

图 3-4　2001~2016 年低技术企业成本加成率

企业中，出口企业的成本加成率水平比非出口企业低 2.23%。2001~2005 年，由于入世后竞争效应加剧，低技术出口企业和低技术非出口企业的成本加成率水平都呈下降的变化趋势，但由于低技术出口企业受外部需求冲击的影响更大，低技术出口企业的成本加成率水平比低技术非出口企业低 3.28%。2006~2016 年，低技术企业成本加成率水平的变动相对平稳，低技术出口企业的平均成本加成率水平比非出口企业低 1.75%。

结合图 3-4 和图 2-7 可以看出：首先，2001~2016 年，我国上市公司制造业低技术企业的全要素生产率水平呈上升的变化趋势，但其成本加成率水平呈下降的变化趋势。原因在于，我国已经成为世界工厂，低技术产品的出口占该产品世界市场出口份额绝大部分的比重，出口规模的过度扩张导致我国低技术产品的贸易条件不断恶化，贸易条件恶化对成本加成率的负向影响远远超过了生产率水平提升对成本加成率的正向影响。其次，总体上来说，2001~2016 年我国上市公司制造业低技术企业的出口中存在生产率悖论和"低加成率陷阱"。一方面，由于低技术出口企业多为加工贸易企业，对外贸易两头在外，企业出口不但不需要承担额外的贸易成本，还能享受出口退税等贸易补贴，因此，低技术出口企业的生产率水平长期低于非出口企业，促使低技术出口企业出现"低加成率陷阱"的现象。另一方面，我国主要贸易伙伴为发达国家，国外高收入的消费者对低技术产品的需求偏好弱、需求价格弹性大，进一步强化了低技术企业出口低加成率的扭曲状况。

结合图 3-2~图 3-4 及图 2-5~图 2-7 可以看出：首先，2001~2016 年，高技术企业的成本加成率水平呈上升的变化趋势，中技术企业和低技术企业的成本加成率水平呈下降的变化趋势。其次，2001~2005 年，我国上市公司制造业各类技术水平企业中，高技术企业出口生产率悖论扭曲的程度最为严重，但高技术出口企业的成本加成率水平总体仍然高于非出口企业；中技术企业的出口中，出口企业的全要素生产率水平和成本加成率水平总体均高于非出口企业；低技术企业的出口中同时存在生产率悖论和"低加成率陷阱"的状况。2006~2016年，高技术企业的出口中，出口企业的全要素生产率水平和成本加成率水平总体均高于非出口企业；尽管中技术企业的出口仍然遵循自选择效应机制，但其出口却陷入"低加成率陷阱"；低技术企业的出口仍然同时存在生产率悖论和"低加成率陷阱"的状况。最后，各类技术水平企业的平均成本加成率均易受到入世、金融危机等外部需求冲击的影响。

### 3.3.3 不同所有制企业成本加成率比较分析

将上市公司全部制造业企业按照所有制类型进行分类，逐年统计国有企业、外商投资企业和民营企业的平均成本加成率水平，则2001~2016年国有企业、外商投资企业和民营企业成本加成率的变化趋势分别如图3-5~图3-7所示。

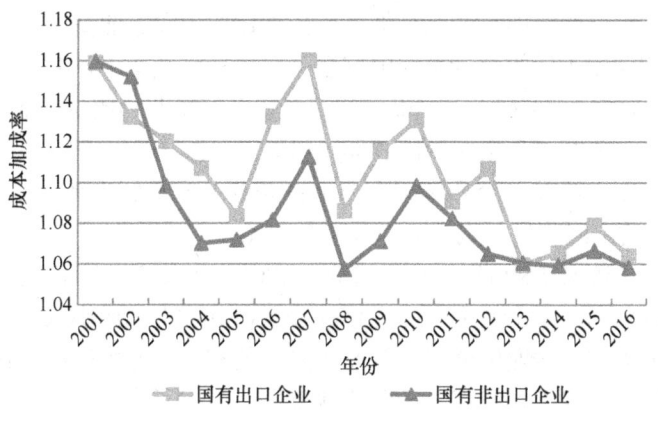

图 3-5 2001~2016 年国有企业成本加成率

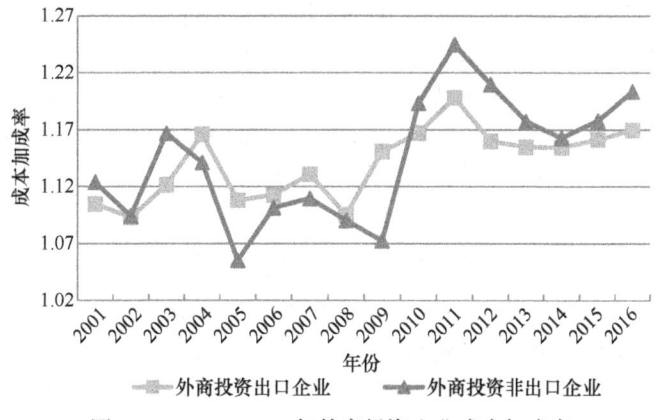

图 3-6 2001~2016 年外商投资企业成本加成率

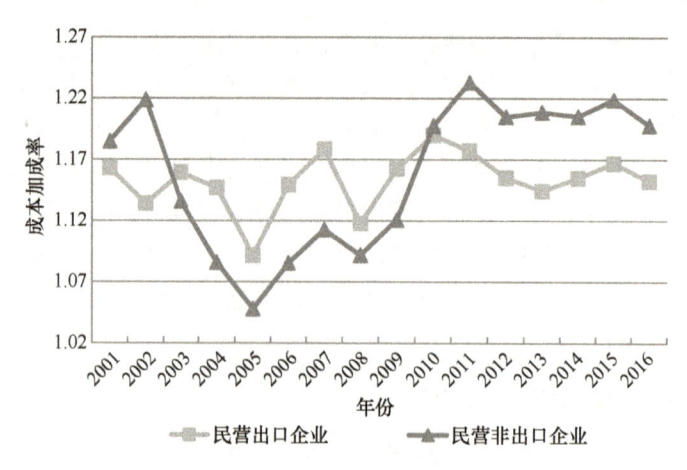

图 3-7　2001~2016 年民营企业成本加成率

从图 3-5 可以看出：2001~2005 年及 2006~2016 年，我国上市公司制造业国有企业中，出口企业的平均成本加成率分别比非出口企业高 0.95%和 2.33%，入世的前过渡期和入世的后过渡期国有企业的出口中基本不存在出口成本加成率扭曲的现象。2001~2016 年，上市公司制造业国有企业的成本加成率剧烈波动，但总体上来说，国有出口企业和国有非出口企业的成本加成率都呈下降的趋势。2001~2016 年，国有出口企业和国有非出口企业的成本加成率分别下降了 8.19%和 8.75%，年均下降程度分别为 0.60%和 0.57%。

结合图 3-5 和图 2-8 可以看出：首先，2001~2016 年，上市公司制造业国有企业的全要素生产率水平呈上升的变化趋势，但其成本加成率水平呈下降的变化趋势。这是因为国有企业资金实力雄厚、融资便利、有能力引进先进的技术和设备，同时，国有企业工作稳定、福利待遇良好，吸引了大量高素质人才，要素禀赋上的特有优势，推动国有企业的生产率水平上升。但是，国有企业多集中在支柱性产业和战略性新兴产业，关税和非关税保护短期内难以取消，企业的创新动力不足，产品需求偏好转移或降低对国有企业成本加成率的负向影响超过了生产率水平提升对国有企业成本加成率的正向影响，驱动企业成本加成率水平呈现递减的变化趋势。其次，2001~2016 年，上市公司制造业国有企业的出口中存在出口选择悖论，但国有出口企业的成本加成率水平高于国有非出口企业。这是因为国有企业生产的产品多为我国不具有比较优势的高技术产品，国家为扶持国有企业高技术产品的出口，给予各种政策性补贴，使得低生产率的国有企业反而能够出口。最后，我国高技术产品主要销往发达国家，发达国家消费者对高技术产品的需求强度高、需求价格弹性小，而我国消费者对高技术产品的需求强度低、需求价格弹性大，出口市场比国内市场设定更高的价格和成本加成率水平，是国有企业利润最大化决策的结果。因此，即使国有出口企业的生产率水平低于国有非出口企业，但是国有企业仍然能够在国外市场设置更高的成本加成率水平。

从图 3-6 可以看出：2001～2005 年及 2006～2016 年，上市公司制造业外商投资企业中，出口企业的平均成本加成率分别比非出口企业低 0.29%和 0.56%，入世的前过渡期和入世的后过渡期外商投资企业的出口均已陷入"低加成率陷阱"。2001～2005 年，外商投资企业成本加成率的变动相对平缓。其中，出口企业的成本加成率以年均 0.07%速度上升，非出口企业的成本加成率以年均 1.56%的速度下降。2006～2016 年，外商投资企业的成本加成率水平具有快速上升的变化趋势。其中，出口企业和非出口企业的平均成本加成率分别上升了 5.14%和 9.27%，年均上升速度分别达到 0.51%和 0.89%。

结合图 3-6 与图 2-9 可以看出：首先，2001～2016 年，我国上市公司制造业外商投资企业的全要素生产率水平和成本加成率水平都呈上升的变化趋势。说明生产率水平是决定外商投资企业成本加成率高低的关键因素，而外部市场需求变化对外商投资企业成本加成率的影响较小。其次，2001～2005 年，我国上市公司制造业各类所有制企业中，仅外商投资企业的出口中同时存在生产率悖论和"低加成率陷阱"的现象，说明 2001～2005 年我国各类所有制企业中，尽管外商投资企业的全要素生产率水平比较高，但是，外商投资企业资源配置扭曲的程度最大，企业从出口中获得的收益最低。2006～2016 年，外商投资企业的出口恢复了自选择效应机制，但外商投资企业中，出口企业的成本加成率总体上仍然低于非出口企业。原因在于：一方面，压低出口产成品的价格、提高进口原材料和中间产品的价格，是外商投资企业转移利润和规避税收的有效方式；另一方面，外商投资企业出口的产品多为加工贸易产品，当市场全面开放以后，外商投资企业出口中竞争效应对成本加成率的负向影响超过了自选择效应和创新效应对成本加成率的正向影响。

从图 3-7 可以看出：2001～2005 年，我国上市公司制造业民营企业中，出口企业的平均成本加成率水平比非出口企业高 0.62%，而 2006～2016 年，出口企业的平均成本加成率水平比非出口企业低 0.80%，民营企业的出口陷入"低加成率陷阱"。民营企业规模小、资金实力弱，入世后市场竞争加剧导致民营企业的成本加成率水平剧烈波动，但从长期来看，民营企业中，出口企业和非出口企业的成本加成率水平分别具有微弱的下降趋势和微弱的上升趋势。2016 年，民营出口企业的成本加成率为 1.15，与 2001 年相比下降了 0.91%，年均下降 0.06%；民营非出口企业的成本加成率为 1.20，与 2001 年相比上升了 1.10%，年均上升 0.07%。

结合图 3-7 与图 2-10 可以看出：首先，2001～2016 年，我国上市公司制造业民营企业中，出口企业的全要素生产率水平呈上升的趋势，但出口企业成本加成率水平的变动相对平稳；非出口企业的全要素生产率水平和成本加成率水平均具有先降后升的变化趋势。可以看出，民营非出口企业在国内市场上具有较强的市场定价能力，生产率水平是企业成本加成率水平高低的主要决定因素；民营出口企业在国际市场上不具备市场定价能力，长期依靠价格竞争、压缩成本加成率水平的方式来维持市场份额。其次，2001~2005年，民营企业的出口中存在生产率悖论，但民营企业中，出口企业的成本加成率水平总体高于非出口企业；2006~2016年，民营企业的出口恢复了自选择效应机制，但其出口却陷入了"低加成率陷阱"。原因在于，2001~2005年（入世的前过渡期），民营企业的贸易方式以加工贸易为主，对外出口不仅不需要承担额外的贸易成本，还可以享受国家出口补贴的税收优惠政策，因此，民营出口企业的生产率水平反而低于民营非出口企业。最后，民营企业生产的产品以中技术产品为主，主要贸易对象为发达国家，而发达国家的消费者相对于我国的消费者而言，对中技术产品的需求强度更高、需求价格弹性更低，因此，民营企业在出口市场的定价和收取的成本加成水平高于国内市场。2006~2016年（入世的后过渡期），民营企业的贸易方式以一般贸易为主，企业出口逐步恢复了自选择效应机制，随着贸易各国经济增长和居民收入水平的提高，我国消费者的消费偏好逐步从低技术产品转向中技术产品，发达国家消费者的消费偏好逐步从中技术产品转向高技术产品，因此，民营企业的国内市场定价和收取的成本加成随之提高，国外市场定价和收取的成本加成随之降低，民营企业的出口渐进陷入"低加成率陷阱"。

结合图3-5~图3-7及图2-8~图2-10可以看出：首先，2001~2016年，上市公司制造业各类所有制企业的全要素生产率水平都呈上升的变化趋势，但成本加成率水平的变化趋势各不相同，国有企业的成本加成率水平呈下降的变化趋势，外商投资企业的成本加成率水平呈上升的变化趋势，民营企业的成本加成率水平先降后升，长期内基本维持稳定。其次，2001~2005年，各类所有制企业的出口中均存在生产率悖论，但仅外商投资企业的出口陷入"低加成率陷阱"；2006~2016年，国有企业的出口依然存在生产率悖论，国有出口企业的成本加成率水平仍然高于国有非出口企业，外商投资企业和民营企业的出口开始恢复自选择效应机制，但其出口均陷入"低加成率陷阱"。最后，各类所有制企业的成本加成率水平均易受到入世、金融危机等外部需求冲击的影响。

### 3.3.4 不同地区企业成本加成率比较分析

将上市公司全部制造业企业按照所在地区进行分类，逐年统计东部地区企业、中部地区企业和西部地区（地区分类标准与2.2节相同）企业的成本加成率水平，则2001~2016年我国东部地区企业、中部地区企业和西部地区企业成本加成率的变化趋势分别如图3-8~图3-10所示。

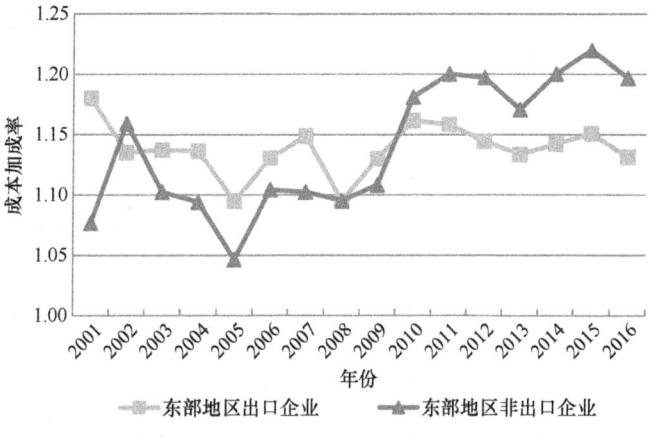

第3章 出口与企业成本加成关系的实证分析

图 3-8　2001～2016 年东部地区企业成本加成率

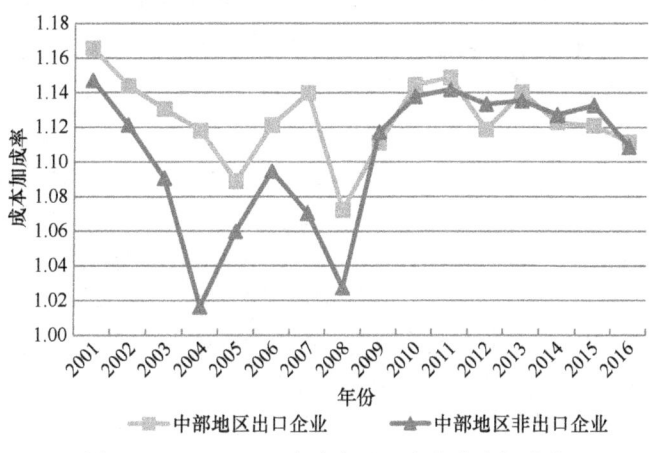

图 3-9　2001～2016 年中部地区企业成本加成率

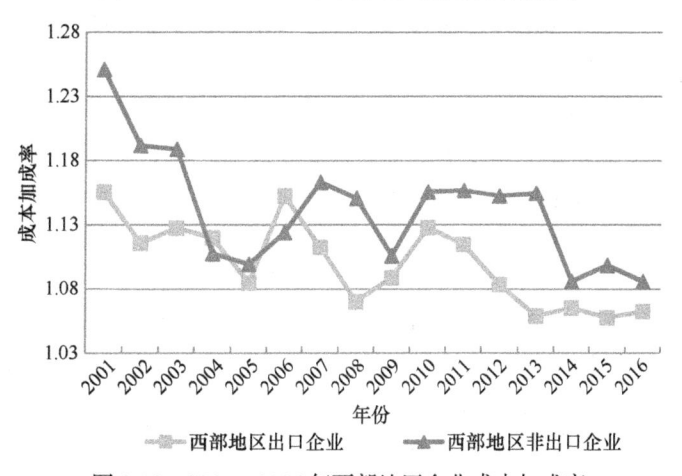

图 3-10　2001～2016 年西部地区企业成本加成率

从图 3-8 可以看出：2001~2005 年，我国上市公司制造业东部地区企业中，出口企业的平均成本加成率水平比非出口企业高 3.83%，2006~2016 年，东部地区企业中，出口企业的平均成本加成率水平比非出口企业低 1.82%，企业出口陷入"低加成率陷阱"。2001~2016 年，东部地区企业的成本加成率水平因外部需求冲击的影响而波动，总体上来说，东部地区出口企业的成本加成率水平呈下降的变化趋势，东部地区非出口企业的成本加成率水平呈上升的变化趋势。2016 年，东部地区出口企业的成本加成率为 1.13，与 2001 年相比下降了 4.14%，年均下降 0.28%。2016 年，东部地区非出口企业的成本加成率为 1.20，与 2001 年相比上升了 11.13%，年均上升 0.71%。

结合图 3-8 与图 2-11 可以看出：首先，2001~2016 年，上市公司制造业东部地区企业中，出口企业的全要素生产率水平呈上升的变化趋势，但是，其成本加成率水平呈下降的变化趋势，非出口企业的生产率水平和成本加成率水平都呈上升的变化趋势。原因在于，东部地区企业出口产品结构以劳动力密集型产品为主，大量出口产品涌入国际市场导致东部地区贸易条件不断恶化，并且贸易条件恶化对成本加成率的负向影响超过了生产率水平提升对成本加成率溢价的促进作用；东部地区非出口企业在国内市场上具有较强的市场定价能力，生产率水平是决定东部地区非出口企业成本加成率高低的关键因素。其次，2001~2005 年，东部地区企业的出口中存在出口选择悖论，但是，东部地区出口企业的成本加成率水平总体高于非出口企业。原因在于，东部地区是中国的经济和贸易中心，相对于其他地区具有资本雄厚、科技发达和人才集中的特点，出口学习效应和研发投资的创新效应所引起的出口成本加成率溢价的程度大于出口选择悖论和竞争效应对出口企业成本加成率溢价所带来的负向影响。2006~2016 年，东部地区企业的出口中同时存在生产率悖论和"低加成率陷阱"的现象，这是由于东部地区产品更新的速度落后于贸易伙伴，企业在国外市场的定价能力逐渐下降，生产率水平成为决定成本加成率高低的关键因素。

由图 3-9 可以看出：2001~2016 年，我国上市公司制造业中部地区企业中，出口企业的平均成本加成率水平比非出口企业高 1.99%，且中部地区出口企业和非出口企业成本加成率之间的差距有逐年缩小的变化趋势。2001~2016 年，中部地区企业的成本加成率水平因受入世、金融危机等外部需求冲击的影响而剧烈波动，但总体上来说，其成本加成率水平呈下降的变化趋势。2016 年，中部地区出口企业的成本加成率水平与 2001 年相比下降了 4.65%，年均下降 0.32%；中部地区非出口企业的成本加成率水平与 2001 年相比下降了 3.35%，年均下降 0.23%。

结合图 3-9 与图 2-12 可以看出：首先，2001~2016 年，上市公司制造业中部地区企业的全要素生产率水平具有微弱的上升趋势，而其成本加成率水平呈下降的变化趋势。这说明中部地区企业中，同样存在随着出口规模的扩大，贸易条件不断恶化的现象。其次,2001~2005年,中部地区企业的出口中存在出口选择悖论,但2006~2016年,中部地区企业的出口开始恢复自选择效应机制。与此同时,2001~2016年,总体上中部地区出口企业的成本加成率水平高于非出口企业,但出口企业和非出口企业之间成本加成率水平的差距不断缩小。这体现出,虽然中部地区的出口规模低于东部地区,但与东部地区相比中部地区贸易体制更加健全、产品结构更加优化、贸易收益更大。

在图3-10中,2001~2016年,我国上市公司制造业西部地区企业中,出口企业的平均成本加成率水平比非出口企业低3.61%,企业出口陷入"低加成率陷阱"。2001~2016年,西部地区出口企业和非出口企业的成本加成率水平均呈下降的变化趋势。2016年,西部地区出口企业的成本加成率为1.06,与2001年相比下降了8.74%,年均下降0.61%;2016年,西部地区非出口企业的成本加成率为1.09,与2001年相比下降了15.21%,年均下降1.09%。

结合图3-10与图2-13可以看出:首先,2001~2016年,我国上市公司制造业西部地区企业中,出口企业的全要素生产率水平呈上升的变化趋势,但出口企业的成本加成率水平呈下降的变化趋势,说明西部地区企业同样存在随着出口规模的扩大,贸易条件不断恶化的现象。西部地区非出口企业的全要素生产率水平和成本加成率水平均呈下降的变化趋势,说明西部地区存在企业研发创新能力低、产业结构落后、产品市场定价能力下降的现象。其次,2001~2005年,西部地区企业的出口中同时存在生产率悖论和"低加成率陷阱"的现象,2006~2016年,尽管西部地区企业开始遵循自选择效应机制确定出口市场的选择行为,但其出口仍然存在"低加成率陷阱"的现象。可见,西部地区企业中,竞争效应对成本加成率的负向影响超过了自选择效应和研发投资的创新效应对成本加成率的积极影响。

结合图3-8~图3-10及图2-11~图2-13可以看出:首先,2001~2016年,我国上市公司制造业各地区出口企业的全要素生产率水平都呈上升的变化趋势,但其成本加成率水平都呈下降的变化趋势,这说明我国各地区企业的出口中均存在随着出口规模的不断扩大,贸易条件不断恶化的现象,且贸易条件恶化对出口企业成本加成率的负向影响均超过了自选择效应和研发投资的创新效应对成本加成率的正向影响。2001~2016年,我国上市公司制造业东部地区非出口企业的全要素生产率水平和成本加成率水平均呈上升的变化趋势,中部地区非出口企业的全要素生产率水平呈上升的变化趋势,但其成本加成率呈下降的变化趋势,西部地区非出口企业的全要素生产率水平和成本加成率水平均呈下降的趋势。这说明在我国各地区非出口企业中,东部地区非出口企业的未来发展潜力最强,中部地区非出口企业次之,西部地区非出口企业最低。其次,2001~2005年,我国上市公司制造业各地区企业的出口中均存在生产率悖论现象,但仅西部地区企业的出口陷入了"低加成率陷阱"。这说明2001~2005年,我国各地区企业的出口中加工贸易的比重均较高，但总体上来说，东部地区企业和中部地区企业出口产品的市场定价能力高于西部地区企业。2006~2016年，东部地区企业和中部地区企业的出口恢复了自选择效应机制，西部地区企业的出口仍然存在生产率悖论现象，但仅中部地区出口企业的成本加成率水平高于非出口企业，东部地区企业和西部地区企业的出口中仍然存在"低加成率陷阱"的现象。可见，尽管东部地区出口贸易的规模最大，但东部地区企业出口中资源配置扭曲的程度最高。尽管中部地区不具备地理位置、资源禀赋和政府政策扶持等优势，但中部地区企业在出口中获得的收益最高。西部地区企业相对来说资金短缺、人才匮乏、产品结构单一且落后，即使恢复自选择效应机制，也只能靠压低出口成本加成率的方式维持与扩大出口市场份额。最后，各地区企业的成本加成率水平均易受到入世、金融危机等外部需求冲击的影响。

## 3.4 制造业企业出口"低加成率陷阱"的实证分析

通过以上的描述性统计分析可以看出，我国上市公司制造业企业的出口已陷入"低加成率陷阱"，即出口企业的成本加成率水平低于非出口企业。那么，出口企业为何陷入"低加成率陷阱"？研发投资是影响企业成本加成率的主要因素，由于RESSET数据库及上海证券交易所和深圳证券交易所网站提供的上市公司制造业企业年度财务报告中，2006年以后才有企业的研发投资数据。因此，本书将通过式（3-34）和式（3-35）分别研究2001~2005年及2006~2016年我国上市公司制造业企业是否陷入"低加成率陷阱"及其成本加成率低下的原因。

$$\ln \text{markup}_{i,t} = \alpha + \beta \text{export}_{i,t-1} + \gamma_1 \ln \text{wshr}_{i,t} + \gamma_2 \ln \text{mshr}_{i,t} + \gamma_3 \ln \text{kl}_{i,t} \\ + \gamma_4 \ln \text{wl}_{i,t} + \gamma_5 \ln \text{dbastrt}_{i,t} + \gamma_6 \ln \text{tfp}_{i,t} + \eta \text{control}_{i,t} + \varepsilon_{i,t} \quad (3\text{-}34)$$

$$\ln \text{markup}_{i,t} = \alpha + \beta \text{export}_{i,t-1} + \gamma_1 \ln \text{rdrt}_{i,t-1} + \gamma_2 (\ln \text{rdrt}_{i,t-1})^2 \\ + \gamma_3 \ln \text{wshr}_{i,t} + \gamma_4 \ln \text{mshr}_{i,t} + \gamma_5 \ln \text{kl}_{i,t} + \gamma_6 \ln \text{dbastrt}_{i,t} \\ + \gamma_7 \ln \text{tfp}_{i,t} + \eta \text{control}_{i,t} + \varepsilon_{i,t} \quad (3\text{-}35)$$

式中，$i$表示企业。$t$表示时期。$\text{export}_{i,t-1}$表示与基期年份相比企业$i$在$t-1$期的出口状态，当企业$i$在$t=0$时不出口，在第$t$期仍然不出口时，$\text{export}=0$；当企业$i$在$t=0$时不出口，在第$t$期开始出口时，$\text{export}=1$。$\ln \text{wshr}_{i,t}$表示企业$i$第$t$期劳动投入占总产出比重的对数值，劳动投入用当年年末支付给职工及为职工支付的现金来表示，总产出用主营业务收入来表示。$\ln \text{mshr}_{i,t}$表示企业$i$在第$t$期中间投入占总产出比重的对数值，中间投入用以下公式来表示：中间投入=主营业务成本+销售费用+管理费用+财务费用−当期固定资产折旧−劳动报酬总额。$\ln \text{kl}_{i,t}$表示企业$i$第$t$期的资本密集度的对数值，即当期资本投入与企业员工总数的比重。当期资本投入采用永续盘存法进行计算,具体公式为:$K_{i,t} = K_{i,t-1} + I_{i,t} - D_{i,t}$。其中,$K_{i,t}$、$K_{i,t-1}$分别表示企业$i$在第$t$期和第$t-1$期的资本存量净值,对于首次出现在数据库的年份对应的固定资产净值按照固定资产投资价格指数折算成初期的实际值作为该企业的初始资本存量。$I_{i,t}$表示企业$i$在第$t$期新增的固定资产投资,用相邻两年固定资产原值的差按照固定资产投资价格指数折算成初期的实际值后,作为企业的实际投资额。$D_{i,t}$表示企业$i$在第$t$期固定资产投资的折旧,用企业经过固定资产投资价格指数折算的当期折旧额表示。$\ln wl_{i,t}$表示企业$i$在第$t$期的人均工资水平的对数值,工资水平用当年年末支付给职工及为职工支付的现金来表示。$\ln dbastrt_{i,t}$表示企业$i$在第$t$期资产负债率的对数值,资产负债率用总负债比上总资产表示。$\ln tfp_{i,t}$表示企业$i$在第$t$期的生产率水平。$rdrt$ =研发支出/总营业收入,$\ln rdrt_{i,t-1}$表示企业$i$在第$t-1$期研发支出比重的对数值。control表示控制变量,包括两个企业规模(size)、两个企业所有制(nature)和两个地区(area)虚拟变量。企业规模参照工业和信息化部、国家统计局、国家发展和改革委员会、财政部2011年制定的《关于印发中小企业划型标准规定的通知》,划分为大型企业、中型企业和小型企业。如果size1 = 1,且size2 = 0,则为大型企业;如果size1 = 0,且size2 = 1,则为中型企业;如果size1 = 0,且size2 = 0,则为小型企业。本书根据企业所处地区的经济发展水平,将全国30个省区市划分为东部地区、中部地区和西部地区。如果area1 = 1,且area2 = 0,则为东部地区;如果area1 = 0,且area2 = 1,则为中部地区;如果area1 = 0,且area2 = 0,则为西部地区。按照所有制类型,根据企业的绝对控股情况,将制造业上市公司全部企业划分为国有企业、外商投资企业和民营企业。如果nature1 = 1,且nature2 = 0,则为国有企业;如果nature1 = 0,且nature2 = 1,则为外商投资企业;如果nature1 = 0,且nature2 = 0,则为民营企业。

根据理论预期:①$\beta$的估计值显示了同一产业内出口企业在从事出口活动一年前与同期非出口企业成本加成率水平的差异。按照异质性企业贸易理论,成本加成率高的企业自选择进入国际市场,因此,$\beta > 0$;如果$\beta < 0$,代表企业出口陷入"低加成率陷阱",成本加成率低的企业反而成为出口企业。②劳动投入是企业的一项主要成本支出,劳动投入份额对企业成本加成率的影响是双重的。一方面,劳动投入份额越高,企业的成本负担越重;另一方面,我国是一个劳动禀赋相对丰富的国家,劳动力成本低于资本的成本,劳动投入份额增加有利于降低总体生产成本。因此,如果劳动投入份额的成本效应占优,则劳动投入份额对数的预期符号为负;反之,如果劳动投入份额的要素禀赋效应占优,则劳动投入份额对数的预期符号为正。③中间投入份额对企业成本加成率的影响是双重的。一方面,中间投入份额增加提高了企业的生产成本,降低了企业的成本加成率;另一

方面，企业生产中中间投入品越多，代表企业的专业化分工水平越高，越有利于提升企业的生产率水平，从而提升企业的成本加成率水平。如果中间投入份额的成本效应占优，则中间投入份额对数的系数为负；如果中间投入份额的专业化分工效应占优，则中间投入份额对数的系数为正。④资本密集度对成本加成率的影响是双重的。一方面，资本密集度提高有利于提升企业的生产率水平，从而降低生产成本，提升成本加成率水平；另一方面，中国是资本相对稀缺的国家，资本的相对价格比较昂贵，资本密集度提高有利于提升企业的生产成本，从而降低成本加成率。因此，如果资本密集度的生产率提升效应占优，则资本密集度对数的预期符号为正；反之，如果资本密集度的成本效应占优，则资本密集度对数的预期符号为负。⑤人均工资水平对成本加成率的影响是双重的。一方面，人均工资水平提高增加了企业的劳动力成本，降低了企业的成本加成率；另一方面，人均工资水平提高，会引发企业加大资本等要素投入，产生要素替代效应，激励企业进行研发创新活动，从而提升企业的生产率水平和成本加成率水平。如果人均工资的成本效应占优，则人均工资对数的系数为负；反之，如果人均工资的要素替代效应和创新激励效应占优，则人均工资对数的系数为正。⑥资产负债率对企业成本加成的影响是双重的。一方面，资产负债率反映了企业的融资能力，资产负债率越高，代表企业的融资能力越强。在激烈的市场竞争中，若能领先同行快速筹集资金，将有利于企业扩大市场规模，产生规模经济效应，降低生产成本，提升企业的成本加成率水平。另一方面，外部融资需要承担融资成本，从而加重了企业的生产成本，降低成本加成率水平。如果资产负债率的规模经济效应占优，则资产负债率对数的系数为正；反之，如果资产负债率的成本效应占优，则资产负债率对数的系数为负。⑦企业的生产率水平越高，越有能力降低生产成本，提升成本加成率水平。生产率对数的预期系数为正。⑧研发支出对企业成本加成率具有长期影响。短期内研发支出增加会增加企业的成本支出，降低成本加成率水平。长期内研发支出增加有利于提高创新能力，并进而通过提高企业的生产率水平和市场定价能力，提升成本加成率水平。因此，前一期研发支出比重的对数值的预期符号为负，前一期研发支出比重平方的对数值的预期符号为正。

### 3.4.1 企业总体"低加成率陷阱"分析

为体现市场开放程度变化对企业出口行为的影响，本书根据图2-3～图2-6，按照企业出口密度的变化趋势将企业出口活动划分为两个阶段：第一个阶段称为中国入世的前过渡期（2001～2005年）；第二个阶段称为中国入世的后过渡期（2006～2016年）。与前过渡期相比，后过渡期贸易管制逐步取消，关税税率不断降低，商业、金融等敏感性领域的贸易保护逐步取消。本节将利用式（3-34）和式（3-35），分别检验2001～2005年和2006～2016年我国上市公司制造业企业的出口是否陷入"低加成率陷阱"。

在面板模型参数估计方法的选择上，2001~2005 年和 2006~2016 年制造业企业总体的成本加成方程中，$F$ 检验的 $p$ 值均为 0.00，拒绝联合回归模型的假设，Hausman 检验的 $p$ 值均为 0.00，拒绝随机效应模型的假设，因此，本节采用固定效应模型进行估计。2001~2005 年和 2006~2016 年制造业企业总体成本加成的检验结果分别如式（3-36）和式（3-37）所示。

$$\begin{aligned}
\ln \text{markup}_{i,t} = & 3.15 + 1.35 \text{export}_{i,t-1} + 0.12 \ln \text{wshr}_{i,t} - 0.48 \ln \text{mshr}_{i,t} \\
& (14.22) \quad (9.70) \qquad\qquad (5.74) \qquad\qquad (-11.42) \\
& + 0.04 \ln \text{kl}_{i,t} - 0.16 \ln \text{wl}_{i,t} - 0.03 \ln \text{dbastrt}_{i,t} + 0.59 \ln \text{tfp}_{i,t} \\
& \quad (3.08) \qquad (-7.49) \qquad\quad (-1.59) \qquad\qquad (11.60) \\
& + 0.20 \text{size1}_{i,t} + 0.16 \text{size2}_{i,t} + 1.30 \text{area1}_{i,t} + 1.60 \text{area2}_{i,t} \\
& \quad (1.63) \qquad\quad (1.30) \qquad\quad (9.17) \qquad\quad (11.52) \\
& + 0.02 \text{nature1}_{i,t} + 0.01 \text{nature2}_{i,t} \\
& \quad (1.11) \qquad\qquad (0.52)
\end{aligned} \quad (3\text{-}36)$$

$$\begin{aligned}
\ln \text{markup}_{i,t} = & 3.99 - 0.28 \text{export}_{i,t-1} - 0.07 \ln \text{rdrt}_{i,t-1} + 0.02 (\ln \text{rdrt}_{i,t-1})^2 \\
& (32.61) \quad (-7.97) \qquad\quad (-3.45) \qquad\qquad (2.57) \\
& - 0.09 \ln \text{wshr}_{i,t} - 0.86 \ln \text{mshr}_{i,t} + 0.01 \ln \text{kl}_{i,t} - 0.03 \ln \text{dbastrt}_{i,t} \\
& \quad (-7.59) \qquad\quad (-27.53) \qquad\quad (1.23) \qquad\quad (-3.27) \\
& + 0.04 \ln \text{tfp}_{i,t} - 0.08 \text{size1}_{i,t} - 0.07 \text{size2}_{i,t} - 0.04 \text{area1}_{i,t} \\
& \quad (1.59) \qquad (-2.40) \qquad\quad (-2.50) \qquad\quad (-0.97) \\
& + 0.29 \text{area2}_{i,t} + 0.02 \text{nature1}_{i,t} - 0.02 \text{nature2}_{i,t} \\
& \quad (4.60) \qquad\quad (0.80) \qquad\qquad (-0.92)
\end{aligned} \quad (3\text{-}37)$$

式（3-36）和式（3-37）的拟合优度分别为 0.9294 和 0.9573，大部分变量 $t$ 值的绝对值均显著大于 2，模型总体拟合效果良好。

式（3-36）和式（3-37）中，我国上市公司制造业企业总体的出口成本加成率溢价系数 $\beta$ 在入世的前过渡期显著为正，在入世的后过渡期显著为负，说明 2001~2005 年，出口企业的成本加成率高于非出口企业，而 2006~2016 年，企业出口陷入"低加成率陷阱"。从总体上来说，2001~2005 年，在其他变量保持不变的情况下，出口企业在出口前一年与同期的非出口企业相比，成本加成率水平高 135%。2006~2016 年，出口企业在出口前一年与同期的非出口企业相比，成本加成率水平低 28%。

从研发支出比重变量的结果来看，我国上市公司制造业企业总体研发支出比重的一次项系数为负、二次项系数为正。2006~2016 年，在其他变量保持不变的情况下，短期内，企业研发支出每增加1%，会使得其成本加成率降低0.07%。长期内，企业研发支出每增加1%，会使得其成本加成率提高0.02%。研发投资的成本效应超过研发投资引起的创新效应，抑制了上市公司制造业企业的持续性研发投资行为。

从劳动投入份额变量的结果来看，2001~2005年，劳动投入份额增加对上市公司制造业出口企业成本加成率溢价具有正向影响。2001~2005年，在其他变量保持不变的情况下，劳动投入份额每增加1%，会使得企业成本加成率提升0.12%。2006~2016年，劳动投入份额增加对企业成本加成率溢价的影响由正转负。在其他变量保持不变的情况下，劳动投入份额每增加1%，企业成本加成率降低0.09%。这说明，2001~2005年，廉价的劳动力优势是我国企业产品维持市场势力的主要因素之一，2006~2016年，随着中国外贸结构转型和劳动力成本不断上升，廉价劳动力的价格优势不断减弱，劳动投入份额增加对企业成本加成率溢价影响的成本效应超过了要素禀赋效应。因此，劳动力投入份额增加会降低企业的成本加成率水平。

从中间投入份额变量的结果来看，2001~2005年及2006~2016年，我国上市公司制造业企业总体中间投入份额增加对企业成本加成率溢价均具有负向影响，且中间投入份额增加对企业成本加成率溢价的负向影响具有上升趋势。2001~2005年，在其他变量保持不变的情况下，中间投入份额每增加1%，会使企业成本加成率水平降低0.48%。2006~2016年，中间投入份额每增加1%，会使得企业成本加成率水平降低0.86%，其成本加成率水平降低的程度是2001~2005年的1.79倍。可见，2001~2016年，中间投入份额增长对上市公司制造业企业成本加成率溢价影响的成本效应超过了专业化分工效应，中间投入没有很好地发挥其扩大专业化分工程度的作用。

从资本密集度变量的结果来看，2001~2005年及2006~2016年，我国上市公司制造业企业总体资本密集度增加对企业成本加成率溢价均具有正向影响，且资本密集度增加对企业成本加成率溢价的正向影响程度具有减弱的趋势。2001~2005年，在其他变量保持不变的情况下，资本密集度每增加1%，会使得企业成本加成率水平提高0.04%。2006~2016年，资本密集度每增加1%，会使得企业成本加成率水平提高0.01%，其正向影响程度缩小为2001~2005年的25%。可见，2001~2016年，资本密集度对上市公司制造业企业成本加成率溢价影响的生产率提升效应超过了成本效应，但由于我国对外部需求的过度依赖，当外部市场需求低迷时，资本闲置、产能过剩现象凸显，资本密集度增加所带来的生产率提升效应在2006~2016年有所减弱。

从人均工资变量的结果来看，2001~2005年，我国上市公司制造业企业总体人均工资水平增加对企业成本加成率溢价具有负向影响。2001~2005年，在其他变量保持不变的情况下，人均工资水平每增加 1%，会使得企业成本加成率水平降低 0.16%。可见，2001~2005 年，人均工资对企业成本加成率溢价影响的成本效应超过了要素替代效应和创新激励效应。

从资产负债率变量的结果来看，2001~2005 年及 2006~2016 年，我国上市公司制造业企业总体资产负债率增加对企业成本加成率溢价均具有负向影响。在其他变量保持不变的情况下，资产负债率每增加 1%，会使得企业成本加成率水平降低 0.03%。可见，资产负债率水平的高低体现了企业的融资水平，融资活动对上市公司制造业企业成本加成率溢价影响的成本效应超过了规模经济效应。

从生产率变量的结果来看，2001~2005 年及 2006~2016 年，我国上市公司制造业企业总体生产率增长对企业成本加成率溢价均具有正向影响，且生产率增长对企业成本加成率溢价的正向影响具有减弱的趋势。2001~2005 年及 2006~2016 年，在其他变量保持不变的情况下，生产率水平每增加 1%，分别会使得企业成本加成率水平提高 0.59% 及 0.04%。

总之，2001~2005 年，我国上市公司制造业企业总体中，出口企业的成本加成率高于非出口企业，2006~2016 年，出口企业的成本加成率水平低于非出口企业。造成我国上市公司制造业企业成本加成率水平下降，企业出口陷入"低加成率陷阱"的原因包括：①研发投资活动是提升企业成本加成率水平的主要决定因素。短期内，研发投资的成本效应大于创新效应，抑制了上市公司制造业企业的持续性研发投资行为，不利于企业成本加成率水平的快速提升；②外贸体制改革的过程中，我国的要素禀赋结构逐渐升级，廉价劳动力的优势逐渐丧失，产品生产中劳动力投入比重过高强化了劳动力投入的成本效应，降低了企业的成本加成率水平；③贸易自由化程度提高促进了我国加工贸易的发展，产品生产的中间投入过度依赖国外市场，无法发挥中间投入对提升企业专业化水平、扩大市场规模和增加产品附加值的作用，从而降低了企业的成本加成率水平；④国内生产过度依赖外部需求，当国外需求低迷时，过剩投资导致资本无法有效地发挥提升生产率水平的作用，进而降低了人均资本水平提升对企业成本加成率溢价的促进作用；⑤融资成本过高、融资资金短缺，不利于企业在激烈的市场竞争中快速筹集资金、扩大市场规模，产品生产的规模经济效应较弱，限制了企业成本加成率水平的提升。

### 3.4.2 技术水平与"低加成率陷阱"分析

本书按照《国民经济行业分类》（GB/T 4754—2017）对照表，将中国上市公司制造业企业分为 28 类，再按照技术水平高低，将制造业 28 个产业重新划分为高技术产业、中技术产业和低技术产业三大类产业（技术分类标准与 2.2 节相同），利用式（3-34）和式（3-35），分别检验 2001~2005 年和 2006~2016 年我国上市公司制造业不同技术水平企业的出口是否陷入"低加成率陷阱"。

按技术水平分类后，在面板模型参数估计方法的选择上，2001～2005 年，各类技术水平企业成本加成方程 $F$ 检验的 $p$ 值均为 0.00，拒绝联合回归模型的假设，高技术企业、中技术企业和低技术企业成本加成方程 Hausman 检验的 $p$ 值分别为 0.00、0.00 和 0.05，拒绝随机效应模型的假设，对式（3-34）采用固定效应模型进行估计。2001～2005 年，高技术企业、中技术企业和低技术企业成本加成方程的检验结果分别如式（3-38）～式（3-40）所示。

$$\begin{aligned}\ln \text{markup}_{i,t} = &\ 2.37 + 0.91\text{export}_{i,t-1} + 0.22\ln \text{wshr}_{i,t} - 0.23\ln \text{mshr}_{i,t} \\ &\ (7.82)\quad (6.91)\qquad\qquad (8.72)\qquad\qquad (-8.28) \\ &\ + 0.08\ln \text{kl}_{i,t} - 0.25\ln \text{wl}_{i,t} - 0.02\ln \text{dbastrt}_{i,t} + 0.76\ln \text{tfp}_{i,t} \\ &\ (4.91)\qquad (-10.50)\qquad (-1.42)\qquad\qquad (19.56) \\ &\ + 0.16\text{size1}_{i,t} + 0.15\text{size2}_{i,t} - 0.20\text{area1}_{i,t} - 0.98\text{area2}_{i,t} \\ &\ (5.38)\qquad\ (5.67)\qquad\ (-2.89)\qquad\ (-7.35) \\ &\ - 0.02\text{nature1}_{i,t} - 0.54\text{nature2}_{i,t} \\ &\ (-0.49)\qquad\quad (-3.65)\end{aligned}$$ （3-38）

$$\begin{aligned}\ln \text{markup}_{i,t} = &\ 3.14 + 1.47\text{export}_{i,t-1} + 0.10\ln \text{wshr}_{i,t} - 0.55\ln \text{mshr}_{i,t} \\ &\ (11.10)\quad (7.14)\qquad\qquad (4.83)\qquad\qquad (-6.51) \\ &\ + 0.03\ln \text{kl}_{i,t} - 0.13\ln \text{wl}_{i,t} - 0.004\ln \text{dbastrt}_{i,t} + 0.58\ln \text{tfp}_{i,t} \\ &\ (1.96)\qquad (-5.38)\qquad (-0.15)\qquad\qquad (10.18) \\ &\ + 0.06\text{size1}_{i,t} + 0.02\text{size2}_{i,t} + 1.67\text{area1}_{i,t} + 1.67\text{area2}_{i,t} \\ &\ (1.04)\qquad\ (0.28)\qquad\ (6.98)\qquad\ (8.93) \\ &\ + 0.08\text{nature1}_{i,t} + 1.58\text{nature2}_{i,t} \\ &\ (2.42)\qquad\quad (8.25)\end{aligned}$$ （3-39）

$$\begin{aligned}\ln \text{markup}_{i,t} = &\ 5.25 - 0.39\text{export}_{i,t-1} - 0.01\ln \text{wshr}_{i,t} - 0.55\ln \text{mshr}_{i,t} \\ &\ (7.31)\quad (-4.73)\qquad\qquad (-0.67)\qquad\qquad (-9.19) \\ &\ + 0.002\ln \text{kl}_{i,t} - 0.08\ln \text{wl}_{i,t} - 0.06\ln \text{dbastrt}_{i,t} + 0.27\ln \text{tfp}_{i,t} \\ &\ (0.11)\qquad (-3.78)\qquad (-2.13)\qquad\qquad (4.50) \\ &\ + 0.33\text{size1}_{i,t} + 0.27\text{size2}_{i,t} - 0.10\text{area1}_{i,t} - 0.37\text{area2}_{i,t} \\ &\ (3.92)\qquad\ (3.60)\qquad\ (-2.49)\qquad\ (-4.65) \\ &\ + 0.05\text{nature1}_{i,t} + 0.07\text{nature2}_{i,t} \\ &\ (2.33)\qquad\quad (2.74)\end{aligned}$$ （3-40）

式（3-38）～式（3-40）的拟合优度分别为 0.9622、0.9561 和 0.9835，大部分变量 $t$ 值的绝对值均显著大于 2，模型总体拟合效果良好。

式（3-38）～式（3-40）中，2001～2005年，我国上市公司制造业高技术企业和中技术企业的出口成本加成率溢价系数 $\beta$ 显著为正，低技术企业的出口成本加成率溢价系数 $\beta$ 显著为负，说明2001～2005年，我国上市公司制造业高技术企业和中技术企业中，出口企业的成本加成率均高于非出口企业。其中，中技术出口企业成本加成率溢价的程度高于高技术企业。低技术企业的出口已经陷入"低加成率陷阱"。在其他变量保持不变的情况下，高技术企业和中技术企业在出口前一年与同期、同类技术水平的非出口企业相比，成本加成率水平分别高91%和147%。低技术企业在出口前一年与同期、同类技术水平的非出口企业相比，成本加成率水平低39%。

从劳动投入份额变量的结果来看，2001～2005年，上市公司制造业高技术企业和中技术企业劳动投入份额增加对企业成本加成率溢价具有正向影响，而低技术企业劳动投入份额增加对企业成本加成率溢价具有负向影响。2001～2005年，在其他变量保持不变的情况下，高技术企业和中技术企业劳动投入份额每增加1%，分别会使得其成本加成率水平提升0.22%和0.10%，低技术企业劳动投入份额每增加1%，会使得其成本加成率水平降低0.01%。可见，2001～2005年，高技术企业和中技术企业中，劳动投入份额的要素禀赋效应超过了成本效应，劳动投入份额提高反而起到提升企业成本加成率水平的作用。在低技术企业中，劳动投入份额的要素禀赋效应小于成本效应，劳动投入份额提高具有降低企业成本加成率水平的作用。

从中间投入份额变量的结果来看，2001～2005年，我国上市公司制造业各类技术水平企业中间投入份额增加对企业成本加成率溢价均具有负向影响。其中，中技术企业和低技术企业中间投入份额增加对企业成本加成率溢价的负向影响最大，高技术企业次之。2001～2005年，在其他变量保持不变的情况下，上市公司制造业高技术企业、中技术企业和低技术企业中间投入份额每增加1%，分别会使得其成本加成率水平降低0.23%、0.55%和0.55%。可见，2001～2005年，我国上市公司制造业各类技术水平企业中，中间投入份额对企业成本加成率溢价影响的成本效应均大于专业化分工效应。

从资本密集度变量的结果来看，2001～2005年，我国上市公司制造业各类技术水平企业资本密集度增加对企业成本加成率溢价均具有正向影响。其中，高技术企业资本密集度增加对企业成本加成率溢价的影响最大，中技术企业次之，低技术企业最低。2001～2005年，在其他变量保持不变的情况下，高技术企业、中技术企业和低技术企业资本密集度每增加1%，分别会使得其成本加成率提高0.08%、0.03%和0.002%。可见，2001～2005年，上市公司各类技术水平企业中，资本密集度对成本加成率溢价影响的生产率提升效应均大于成本效应。

从人均工资变量的结果来看，2001～2005年，我国上市公司制造业各类技水平企业人均工资水平增加对企业成本加成率溢价均具有负向影响。其中,高技术企业人均工资水平增加对企业成本加成率溢价的影响最大,中技术企业次之,低技术企业最低。2001~2005年,在其他变量保持不变的情况下,高技术企业、中技术企业和低技术企业人均工资水平每增加1%,分别会使得其成本加成率水平降低0.25%、0.13%和0.08%。可见,2001~2005年,我国上市公司制造业各类技术水平企业中,人均工资水平对企业成本加成率溢价影响的成本效应均超过了要素替代效应和创新激励效应。

从资产负债率变量的结果来看,2001~2005年,我国上市公司制造业各类技术水平企业资产负债率增加对企业成本加成率溢价均具有负向影响。其中,低技术企业资产负债率增加对企业成本加成率溢价的影响最大,高技术企业次之,中技术企业最低。2001~2005年,在其他变量保持不变的情况下,高技术企业、中技术企业和低技术企业资产负债率每增加1%,分别会使得其成本加成率水平降低0.02%、0.004%和0.06%。资产负债率代表企业的融资能力,可见,2001~2005年,我国上市公司制造业各类技术水平企业中,企业融资活动对成本加成率溢价影响的成本效应占优,融资活动引起的规模经济效应次之。

从生产率变量的结果来看,2001~2005年,我国上市公司制造业各类技术水平企业生产率增长对企业成本加成率溢价均具有正向影响。其中,高技术企业生产率增长对企业成本加成率溢价的正向影响程度最大,中技术企业次之,低技术企业最低。2001~2005年,在其他变量保持不变的情况下,高技术企业、中技术企业和低技术企业生产率水平每增长1%,分别会使得其成本加成率水平提高0.76%、0.58%和0.27%。

按技术水平分类后,在面板模型参数估计方法的选择上,2006~2016年,各类技术水平企业成本加成方程$F$检验的$p$值均为0.00,拒绝联合回归模型的假设,Hausman检验的$p$值均为0.01,拒绝随机效应模型的假设,对式(3-35)采用固定效应模型进行估计。2006~2016年,高技术企业、中技术企业和低技术企业成本加成方程的检验结果分别如式(3-41)~式(3-43)所示。

$$\begin{aligned}
\ln \text{markup}_{i,t} = & 3.25 + 0.12 \text{export}_{i,t-1} - 0.03 \ln \text{rdrt}_{i,t-1} + 0.02(\ln \text{rdrt}_{i,t-1})^2 \\
& (14.40) \quad (1.70) \qquad\qquad (-1.09) \qquad\qquad (1.79) \\
& - 0.07 \ln \text{wshr}_{i,t} - 0.92 \ln \text{mshr}_{i,t} + 0.01 \ln \text{kl}_{i,t} - 0.02 \ln \text{dbastrt}_{i,t} \\
& \quad (-4.71) \qquad\quad (-24.91) \qquad\quad (1.87) \qquad\quad (-2.35) \\
& - 0.02 \ln \text{tfp}_{i,t} + 0.003 \text{size1}_{i,t} - 0.03 \text{size2}_{i,t} - 0.10 \text{area1}_{i,t} \\
& \quad (-2.16) \qquad\quad (0.13) \qquad\quad (-2.00) \qquad\quad (-3.69) \\
& - 0.15 \text{area2}_{i,t} + 0.004 \text{nature1}_{i,t} - 0.08 \text{nature2}_{i,t} \\
& \quad (-2.48) \qquad\quad (0.14) \qquad\quad (-2.16)
\end{aligned} \quad (3-41)$$

$$\ln \text{markup}_{i,t} = 3.36 - 0.47\text{export}_{i,t-1} - 0.09\ln\text{rdrt}_{i,t-1} + 0.01(\ln\text{rdrt}_{i,t-1})^2$$
$$(11.30) \quad (-9.43) \quad\quad (-2.75) \quad\quad\quad (1.72)$$
$$-0.04\ln\text{wshr}_{i,t} - 0.64\ln\text{mshr}_{i,t} + 0.01\ln\text{kl}_{i,t} - 0.06\ln\text{dbastrt}_{i,t}$$
$$(-2.67) \quad\quad (-12.54) \quad\quad (1.87) \quad\quad (-3.57)$$
$$+0.24\ln\text{tfp}_{i,t} + 3.50\text{size}1_{i,t} + 3.48\text{size}2_{i,t} + 0.07\text{area}1_{i,t} \quad (3\text{-}42)$$
$$(5.36) \quad\quad (13.85) \quad\quad (13.47) \quad\quad (2.09)$$
$$-0.09\text{area}2_{i,t} - 0.004\text{nature}1_{i,t} - 0.49\text{nature}2_{i,t}$$
$$(-1.93) \quad\quad (-0.23) \quad\quad\quad (-7.52)$$

$$\ln\text{markup}_{i,t} = 4.64 - 0.33\text{export}_{i,t-1} - 0.07\ln\text{rdrt}_{i,t-1} + 0.04(\ln\text{rdrt}_{i,t-1})^2$$
$$(16.42) \quad (-8.16) \quad\quad (-1.14) \quad\quad\quad (1.25)$$
$$-0.14\ln\text{wshr}_{i,t} - 1.06\ln\text{mshr}_{i,t} + 0.03\ln\text{kl}_{i,t} - 0.06\ln\text{dbastrt}_{i,t}$$
$$(-9.53) \quad\quad (-15.76) \quad\quad (2.25) \quad\quad (-4.00)$$
$$-0.11\ln\text{tfp}_{i,t} - 0.20\text{size}1_{i,t} - 0.20\text{size}2_{i,t} + 0.17\text{area}1_{i,t} \quad (3\text{-}43)$$
$$(-1.66) \quad\quad (-3.18) \quad\quad (-3.12) \quad\quad (3.58)$$
$$+0.09\text{area}2_{i,t} + 0.13\text{nature}1_{i,t} + 0.03\text{nature}2_{i,t}$$
$$(1.95) \quad\quad (5.51) \quad\quad (2.29)$$

式(3-41)~式(3-43)的拟合优度分别为 0.9768、0.9539 和 0.9876,大部分变量 $t$ 值的绝对值均显著大于 2,模型总体拟合效果良好。

在式(3-41)~式(3-43)中,2006~2016 年,我国上市公司制造业中技术企业和低技术企业的出口成本加成率溢价系数 $\beta$ 显著为负,高技术企业的出口成本加成率溢价系数 $\beta$ 显著为正,说明 2006~2016 年我国上市公司制造业中技术企业和低技术企业的出口陷入"低加成率陷阱",高技术企业总体上来说能够按照异质性企业贸易理论的原则,使成本加成率高的企业自选择进入出口市场。在其他变量保持不变的情况下,2006~2016 年,高技术企业在出口前一年与同期、同类技术水平的非出口企业相比,成本加成率水平高 12%,与 2001~2005 年相比,高技术出口企业成本加成率溢价的程度降低 86.81%。2006~2016 年,中技术企业出口成本加成率溢价系数由正转负,中技术企业在出口前一年与同期、同类技术水平的非出口企业相比,成本加成率水平低 47%。2006~2016 年,低技术企业在出口前一年与同期、同类技术水平的非出口企业相比,成本加成率水平低 33%,与 2001~2005 年相比,低技术出口企业成本加成率扭曲的程度减轻了 15.38%。

从研发支出比重变量的结果来看,我国上市公司制造业三大类技术水平企业研发支出比重的一次项系数均为负、二次项系数均为正。2006~2016 年,在其他变量保持不变的情况下，短期内，高技术企业、中技术企业和低技术企业研发支出每增加1%，分别会使得其成本加成率水平降低0.03%、0.09%和0.07%。长期内，高技术企业、中技术企业和低技术企业研发支出每增加1%，分别会使得其成本加成率水平提高0.02%、0.01%和0.04%。可见，2006~2016年，高技术企业、中技术企业和低技术企业研发投资的创新效应分别为成本效应的66.67%、11.11%和57.14%。

从劳动投入份额变量的结果来看，2006~2016年，高技术企业和中技术企业劳动投入份额增加对企业成本加成率溢价的影响由正转负，高技术企业和中技术企业劳动投入份额每提高1%，企业成本加成率分别降低0.07%和0.04%。2006~2016年，低技术企业劳动投入份额增加对成本加成率溢价仍然具有负向影响，但负向影响的程度扩大为2001~2005年的14倍。这说明，2006~2016年，高技术企业和中技术企业中，成本效应对企业成本加成率溢价的影响逐渐超过了要素禀赋效应，而低技术企业中，成本效应对企业成本加成率溢价的影响始终占优，并转变成为阻碍低技术企业成本加成率溢价的主要因素。

从中间投入份额变量的结果来看，2006~2016年，我国上市公司制造业各类技术水平企业中间投入份额增加对企业成本加成率溢价仍然具有负向影响。2006~2016年，在其他变量保持不变的情况下，高技术企业、中技术企业和低技术企业中间投入份额增加对成本加成率溢价的负向影响的程度分别是2001~2005年的4.00倍、1.16倍和1.93倍。可见2006~2016年，上市公司制造业各类技术水平的企业中，中间投入份额对企业成本加成率溢价影响的成本效应仍然占优，且成本效应的影响程度相对上升，专业化分工效应的影响程度相对下降。

从资本密集度变量的结果来看，2006~2016年，我国上市公司制造业各类技术水平企业资本密集度增加对企业成本加成率溢价仍然具有正向影响。2006~2016年，在其他变量保持不变的情况下，高技术企业资本密集度每增加1%，会使得其成本加成率水平提高0.01%，其正向影响程度缩小为2001~2005年的12.50%。中技术企业资本密集度每增加1%，会使得其成本加成率水平提高0.01%，其正向影响的程度缩小为2001~2005年的33.33%，低技术企业资本密集度每增加1%，会使得其成本加成率水平提高0.03%，其正向影响的程度扩大为2001~2005年的15.00倍。

从资产负债率变量的结果来看，2006~2016年，我国上市公司制造业各类技术水平企业资产负债率增加对企业成本加成率溢价仍然具有负向影响。2006~2016年，在其他变量保持不变的情况下，高技术企业资产负债率每增加1%，会使得其成本加成率降低0.02%，其负向影响程度与2001~2005年相同。中技术企业资产负债率每增加1%，会使得其成本加成率水平降低0.06%，其负向影响程度扩大为 2001~2005 年的 15 倍。低技术企业资产负债率每增加 1%，会使得其成本加成率降低 0.06%，其负向影响程度与 2001~2005 年相同。可见，2006~2016 年，中技术企业融资活动对成本加成率溢价影响的成本效应相对提高，规模经济效应相对降低。

  从生产率变量的结果来看，2006~2016 年，我国上市公司制造业中技术企业生产率增长对企业成本加成率溢价具有正向影响，然而，相对于 2001~2005 年，2006~2016 年高技术企业和低技术企业的生产率增长对企业成本加成率溢价的影响由正转负。在其他变量保持不变的情况下，中技术企业生产率每增长 1%，会使得其成本加成率水平提高 0.24%，高技术企业和低技术企业生产率每增长 1%，分别会使得其成本加成率水平降低 0.02%和 0.11%。

  总之，2001~2005 年，我国上市公司制造业各类技术水平的企业中，高技术出口企业和中技术出口企业的成本加成率高于同期、同等技术水平的非出口企业，并且中技术企业的出口成本加成率溢价程度大于高技术企业，低技术出口企业的成本加成率小于同期、同等技术水平的非出口企业。2006~2016 年，高技术企业出口成本加成率溢价的程度降低了 86.81%，中技术企业出口成本加成率溢价系数由正转负，出口陷入"低加成率陷阱"，低技术企业出口加成率扭曲的程度减轻了 15.38%。各类技术水平企业出口成本加成率溢价系数变化的原因包括：①研发投资是企业提升市场要价、降低生产成本的最重要的影响因素。2006~2016 年，高技术企业、中技术企业和低技术企业研发投资的创新效应分别为成本效应的 66.67%、11.11%和 57.14%。因此，研发投资绩效的差距是产生各类技术水平企业成本加成变化趋势差异和出口成本加成率溢价程度差异的最重要的因素。②高技术企业和中技术企业劳动力投入份额的系数由正转负，低技术企业劳动力投入份额的系数降低都说明，各类技术水平企业中廉价劳动力的优势逐渐丧失，依靠廉价劳动力来降低企业生产成本、提升成本加成率的作用减弱。③我国各类技术水平企业中间投入份额的系数均下降，说明 2006~2016 年，中间投入份额的成本效应相对增强，专业化分工效应相对减弱，进一步降低了企业的成本加成率水平。④2006~2016 年，高技术企业和中技术企业人均资本的系数降低，高技术企业和中技术企业中普遍存在过度投资现象，投资规模扩大并没有提升企业的生产率水平，进而降低了人均资本水平提升对成本加成率溢价的促进作用。低技术企业人均资本的系数增加，人均资本水平提升有效地发挥了其对成本加成率溢价的促进作用。⑤高技术企业和低技术企业资产负债率的系数维持不变，中技术企业资产负债率的系数降低，表明中技术企业筹集资金获得的规模经济效应相对降低、成本效应相对提升，进一步降低了中技术企业的成本加成率水平和出口成本加成率溢价程度。⑥结合图 2-5 和图 2-7，2001~2016 年，上市公司制造业高技术企业的全要素生产率水平呈下降的趋势，低技术企业的全要素生产率水平呈上升的趋势，这是我国高技术企业出口成本加成率溢价系数下降、低技术企业出口成本加成率扭曲程度减轻的主要决定因素。

### 3.4.3 所有制与"低加成率陷阱"分析

本书按照所有制类型，将所有制造业企业划分为国有企业、外商投资企业和民营企业，利用式（3-34）和式（3-35），分别检验2001~2005年和2006~2016年我国上市公司制造业不同所有制企业的出口是否陷入"低加成率陷阱"。

按所有制类型分类后，在面板模型参数估计方法的选择上，2001~2005年，各类所有制企业成本加成方程$F$检验的$p$值均为0.00，拒绝联合回归模型的假设。国有企业、外商投资企业和民营企业成本加成方程Hausman检验的$p$值分别为0.00、0.07和0.00，拒绝随机效应模型的假设，对式（3-34）采用固定效应模型进行估计。2001~2005年，国有企业、外商投资企业和民营企业的成本加成方程的检验结果分别如式（3-44）~式（3-46）所示。

$$\ln \text{markup}_{i,t} = 2.61 + 2.06 \text{export}_{i,t-1} + 0.11 \ln \text{wshr}_{i,t} - 0.29 \ln \text{mshr}_{i,t}$$
$$\qquad (8.85) \quad (11.22) \qquad\quad (3.34) \qquad\qquad (-6.27)$$
$$\qquad + 0.01 \ln \text{kl}_{i,t} - 0.14 \ln \text{wl}_{i,t} - 0.03 \ln \text{dbastrt}_{i,t} + 0.79 \ln \text{tfp}_{i,t} \qquad (3\text{-}44)$$
$$\qquad\quad (0.88) \qquad\quad (-4.38) \qquad\quad (-0.96) \qquad\qquad (9.99)$$
$$\qquad + 0.12 \text{size1}_{i,t} + 0.05 \text{size2}_{i,t} + 1.89 \text{area1}_{i,t} + 0.26 \text{area2}_{i,t}$$
$$\qquad\quad (0.85) \qquad\quad (0.37) \qquad\quad (9.70) \qquad\quad (1.81)$$

$$\ln \text{markup}_{i,t} = 2.96 - 0.32 \text{export}_{i,t-1} + 0.21 \ln \text{wshr}_{i,t} - 0.72 \ln \text{mshr}_{i,t}$$
$$\qquad (5.15) \quad (-3.55) \qquad\quad (5.66) \qquad\qquad (-5.91)$$
$$\qquad + 0.11 \ln \text{kl}_{i,t} - 0.36 \ln \text{wl}_{i,t} - 0.02 \ln \text{dbastrt}_{i,t} + 0.74 \ln \text{tfp}_{i,t} \qquad (3\text{-}45)$$
$$\qquad\quad (1.19) \qquad\quad (-5.63) \qquad\quad (-0.23) \qquad\qquad (4.05)$$
$$\qquad - 0.16 \text{size2}_{i,t} + 2.69 \text{area1}_{i,t} + 4.91 \text{area2}_{i,t}$$
$$\qquad\quad (-3.94) \qquad\quad (6.90) \qquad\quad (7.06)$$

$$\ln \text{markup}_{i,t} = 3.85 + 1.54 \text{export}_{i,t-1} + 0.15 \ln \text{wshr}_{i,t} - 0.44 \ln \text{mshr}_{i,t}$$
$$\qquad (10.73) \quad (9.01) \qquad\quad (6.16) \qquad\qquad (-8.80)$$
$$\qquad + 0.04 \ln \text{kl}_{i,t} - 0.19 \ln \text{wl}_{i,t} - 0.05 \ln \text{dbastrt}_{i,t} + 0.51 \ln \text{tfp}_{i,t} \qquad (3\text{-}46)$$
$$\qquad\quad (2.84) \qquad\quad (-9.71) \qquad\quad (-2.14) \qquad\qquad (9.33)$$
$$\qquad + 0.65 \text{size1}_{i,t} + 0.63 \text{size2}_{i,t} + 3.31 \text{area1}_{i,t} + 1.75 \text{area2}_{i,t}$$
$$\qquad\quad (5.25) \qquad\quad (5.25) \qquad\quad (10.31) \qquad\quad (10.52)$$

式（3-44）~式（3-46）的拟合优度分别为0.9401、0.9482和0.9679，绝大多数变量$t$值的绝对值均显著大于2，模型总体拟合效果良好。

在式（3-44）~式（3-46）中，2001~2005年，我国上市公司制造业国有企业和民营企业的出口成本加成率溢价系数 $\beta$ 显著为正，外商投资企业的出口成本加成率溢价系数 $\beta$ 显著为负。说明 2001~2005 年，我国上市公司制造业国有企业和民营企业中，出口企业的成本加成率高于非出口企业，其中，国有企业出口成本加成率溢价的程度高于民营企业，而外商投资企业的出口已陷入"低加成率陷阱"。2001~2005 年，在其他变量保持不变的情况下，国有企业和民营企业在出口前一年与同期、同所有制的非出口企业相比，成本加成率水平分别高 206%和 154%。外商投资企业在出口前一年与同期、同所有制的非出口企业相比，成本加成率水平低 32%。

从劳动投入份额变量的结果来看，2001~2005 年，上市公司制造业不同所有制企业劳动投入份额增加对企业成本加成率溢价均具有正向影响，且外商投资企业劳动投入份额增加对企业成本加成率溢价的正向影响的程度最大，民营企业次之，国有企业最低。2001~2005 年，在其他变量保持不变的情况下，国有企业、外商投资企业和民营企业劳动投入份额每增加 1%，分别会使得其成本加成率水平提升 0.11%、0.21%和 0.15%。

从中间投入份额变量的结果来看，2001~2005 年，我国上市公司制造业三大类所有制企业中间投入份额增加对企业成本加成率溢价均具有负向影响。其中，外商投资企业劳动投入份额增加对企业成本加成率溢价的负向影响的程度最大，民营企业次之，国有企业最低。国有企业、外商投资企业和民营企业中间投入份额每增加 1%，分别会使得其成本加成率水平降低 0.29%、0.72%和 0.44%。可见，2001~2005 年，我国上市公司制造业各类所有制的企业中，中间投入份额对成本加成率溢价影响的成本效应占优。

从资本密集度变量的结果来看，2001~2005 年，我国上市公司制造业各类所有制企业资本密集度增加对企业成本加成率溢价均具有正向影响。其中，外商投资企业资本密集度增长率增加对企业成本加成率溢价的正向影响的程度最大，民营企业次之，国有企业最低。2001~2005 年，在其他变量保持不变的情况下，国有企业、外商投资企业和民营企业资本密集度每增加 1%，分别会使得其成本加成率提高 0.01%、0.11%和 0.04%。

从人均工资变量的结果来看，2001~2005 年，我国上市公司制造业三大类所有制企业人均工资水平增加对企业成本加成率溢价均具有负向影响。其中，外商投资企业人均工资水平增加对企业成本加成率溢价的负向影响的程度最大，民营企业次之，国有企业最低。2001~2005 年，在其他变量保持不变的情况下，国有企业、外商投资企业和民营企业人均工资水平每增加 1%，分别会使得其成本加成率水平降低 0.14%、0.36%和 0.19%。可见，2001~2005 年，上市公司制造业各类所有制企业中，人均工资对成本加成率溢价影响的成本效应占优。

从资产负债率变量的结果来看，2001~2005 年，我国上市公司制造业三大类所有制企业，资产负债率增加对成本加成率溢价均具有负向影响。其中，民营企业资产负债率增加对企业成本加成率溢价的负向影响的程度最大，国有企业次之，外商投资企业最低。2001~2005年，在其他变量保持不变的情况下，国有企业、外商投资企业和民营企业资产负债率每增加1%，分别会使得其成本加成率水平降低0.03%、0.02%和0.05%。资产负债率代表企业的融资能力，可见，2001~2005年，我国上市公司各类所有制企业中，企业融资活动对成本加成率溢价影响的成本效应占优，规模经济效应次之。

从生产率变量的结果来看，2001~2005年，我国上市公司制造业各类所有制企业的生产率增长对企业成本加成率溢价均具有正向影响。其中，国有企业生产率增长对企业成本加成率溢价的正向影响最大，外商投资企业次之，民营企业最低。2001~2005年，在其他变量保持不变的情况下，国有企业、外商投资企业和民营企业生产率水平每增长1%，分别会使得其成本加成率水平提高0.79%、0.74%和0.51%。

按所有制类型分类后，在面板模型参数估计方法的选择上，2006~2016年，各类所有制企业出口成本加成方程 $F$ 检验的 $p$ 值均为0.00，拒绝联合回归模型的假设。国有企业、外商投资企业和民营企业成本加成方程 Hausman 检验的 $p$ 值分别为0.00、0.01和0.00，拒绝随机效应模型的假设，对式（3-35）采用固定效应模型进行估计。2006~2016年，国有企业、外商投资企业和民营企业的成本加成方程的检验结果分别如式（3-47）~式（3-49）所示。

$$\ln\text{markup}_{i,t} = 3.93 + 0.08\text{export}_{i,t-1} - 0.04\ln\text{rdrt}_{i,t-1} + 0.01(\ln\text{rdrt}_{i,t-1})^2$$
$$(25.80) \quad (2.74) \qquad (-1.65) \qquad (1.78)$$
$$- 0.07\ln\text{wshr}_{i,t} - 0.83\ln\text{mshr}_{i,t} - 0.01\ln\text{kl}_{i,t} - 0.01\ln\text{dbastrt}_{i,t} \quad (3\text{-}47)$$
$$(-5.03) \qquad (-27.72) \qquad (-1.32) \qquad (-0.68)$$
$$+ 0.10\ln\text{tfp}_{i,t} + 0.02\text{size1}_{i,t} + 3.58\text{area1}_{i,t} + 4.19\text{area2}_{i,t}$$
$$(3.26) \qquad (1.29) \qquad (21.35) \qquad (23.22)$$

$$\ln\text{markup}_{i,t} = 4.40 - 0.23\text{export}_{i,t-1} - 0.02\ln\text{rdrt}_{i,t-1} + 0.02(\ln\text{rdrt}_{i,t-1})^2$$
$$(11.29) \quad (-5.98) \qquad (-0.43) \qquad (1.13)$$
$$- 0.14\ln\text{wshr}_{i,t} - 0.97\ln\text{mshr}_{i,t} - 0.05\ln\text{kl}_{i,t} + 0.03\ln\text{dbastrt}_{i,t}$$
$$(-6.46) \qquad (-15.98) \qquad (-8.14) \qquad (1.75) \quad (3\text{-}48)$$
$$+ 0.12\ln\text{tfp}_{i,t} - 0.04\text{size1}_{i,t} + 0.14\text{size2}_{i,t} + 0.36\text{area1}_{i,t}$$
$$(2.17) \qquad (-1.64) \qquad (4.03) \qquad (8.04)$$
$$+ 0.29\text{area2}_{i,t}$$
$$(5.54)$$

$$\ln \text{markup}_{i,t} = 3.38 - 0.50 \text{export}_{i,t-1} - 0.14 \ln \text{rdrt}_{i,t-1} + 0.04(\ln \text{rdrt}_{i,t-1})^2$$
$$(13.27) \quad (-22.60) \quad\quad (-3.00) \quad\quad\quad (2.41)$$
$$- 0.09 \ln \text{wshr}_{i,t} - 0.84 \ln \text{mshr}_{i,t} + 0.04 \ln \text{kl}_{i,t} - 0.03 \ln \text{dbastrt}_{i,t} \quad (3\text{-}49)$$
$$(-5.56) \quad\quad (-22.51) \quad\quad (3.38) \quad\quad (-2.34)$$
$$+ 0.02 \ln \text{tfp}_{i,t} - 0.08 \text{size1}_{i,t} - 0.06 \text{size2}_{i,t} + 0.23 \text{area2}_{i,t}$$
$$(1.01) \quad\quad (-2.75) \quad\quad (-2.57) \quad\quad (6.79)$$

式（3-47）~式（3-49）的拟合优度分别为 0.9834、0.9967 和 0.9508，大多数变量 t 值的绝对值均显著大于 2，模型总体拟合效果良好。

在式（3-47）~式（3-49）中，2006~2016 年，我国上市公司制造业国有企业的出口成本加成率溢价系数 $\beta$ 依然为正，但出口成本加成率溢价程度有所下降，外商投资企业的出口成本加成率溢价系数 $\beta$ 依然为负，但其出口成本加成率扭曲的程度有所下降，民营企业的出口成本加成率溢价系数 $\beta$ 由正转负，出口陷入"低加成率陷阱"。2006~2016 年，在其他变量保持不变的情况下，国有企业在出口前一年与同期、同所有制的非出口企业相比，成本加成率水平高 8%，但出口成本加成率的溢价程度降低为 2001~2005 年的 3.88%。民营企业在出口前一年与同期、同所有制的非出口企业相比，成本加成率水平低 50%，企业出口陷入"低加成率陷阱"。这说明 2006~2016 年，虽然，国有企业和民营企业的出口密度均呈现扩张的趋势，但是其市场势力和对外贸易中赚取的垄断利润却在下滑。2006~2016 年，在其他变量保持不变的情况下，外商投资企业在出口前一年与同期、同所有制的非出口企业相比，成本加成率水平低 23%，出口成本加成率溢价的扭曲程度降低为 2001~2005 年的 71.88%。

从研发支出比重变量的结果来看，我国上市公司制造业各类所有制企业研发支出比重的一次项系数均为负、二次项系数均为正。2006~2016 年，在其他变量保持不变的情况下，短期内，国有企业、外商投资企业和民营企业研发支出每增加 1%，分别会使得其成本加成率水平降低 0.04%、0.02%和 0.14%。长期内，国有企业、外商投资企业和民营企业研发支出每增加 1%，分别会使得其成本加成率水平提高 0.01、0.02%和 0.04%。可见，在三大类所有制企业中，民营企业研发投资的成本效应和创新效应最强。

从劳动投入份额变量的结果来看，2006~2016 年，三大类所有制企业劳动投入份额增加对成本加成率溢价的影响均由正转负。2006~2016 年，国有企业、外商投资企业和民营企业劳动投入份额每增加 1%，分别会使得其成本加成率水平降低 0.07%、0.14%和 0.09%。这说明，2006~2016 年，我国上市公司制造业各类所有制企业中，廉价劳动力优势对企业成本加成率溢价的影响均减弱了。

从中间投入份额变量的结果来看，2006~2016 年，我国上市公司制造业各类所有制企业中间投入份额增加对企业成本加成率溢价仍然具有负向影响。2006~2016年,在其他变量保持不变的情况下,国有企业、外商投资企业和民营企业中间投入份额增加对成本加成率溢价的负向影响的程度分别是2001~2005年的2.86倍、1.35倍和1.91倍。可见2006~2016年,我国上市公司制造业各类所有制企业中,中间投入份额对成本加成率溢价影响的成本效应仍然占优,且成本效应的影响程度相对上升,专业化分工效应的影响程度相对下降。

从资本密集度变量的结果来看,与2001~2005年相比,2006~2016年,我国上市公司制造业国有企业和外商投资企业资本密集度增加对企业成本加成率溢价的影响由正转负,民营企业资本密集度增加对企业成本加成率溢价的影响依然为正。2006~2016年,在其他变量保持不变的情况下,国有企业和外商投资企业资本密集度每增加1%,分别会使得其成本加成率水平降低0.01%和0.05%。民营企业资本密集度每增加1%,会使得其成本加成率水平提高0.04%。

从资产负债率变量的结果来看,2006~2016年,我国上市公司制造业国有企业和民营企业资产负债率增加对企业成本加成率溢价仍然具有负向影响,但负向影响的程度有所降低,外商投资企业资产负债率增加对企业成本加成率溢价的影响由负转正。2006~2016年,在其他变量保持不变的情况下,国有企业和民营企业资产负债率每增加1%,分别会使得其成本加成率水平降低0.01%和0.03%,其负向影响的程度分别缩小为2001~2005年的33.33%和60.00%。外商投资企业资产负债率每增加1%,会使得其成本加成率水平提高0.03%。可见,2006~2016年,国有企业和民营企业中,融资活动对成本加成率溢价影响的成本效应相对降低,规模经济效应相对提高。外商投资企业中,融资活动对成本加成率溢价影响的成本效应相对降低,规模经济效应相对提高。

从生产率变量的结果来看,2006~2016年,我国上市公司制造业各类所有制企业生产率增长对企业成本加成率溢价的影响均减弱了。2006~2016年,在其他变量保持不变的情况下,国有企业、外商投资企业和民营企业的生产率增长对企业成本加成率溢价的正向影响的程度分别缩小为2001~2005年的12.66%、16.22%和3.92%。

总之,比较2001~2005年和2006~2016年,我国上市公司制造业国有企业的出口成本加成率溢价系数始终为正,但出口成本加成率溢价的程度有所下降,外商投资企业的出口成本加成率溢价系数始终为负,但其出口成本加成率扭曲的程度有所下降,民营企业的出口成本加成率溢价系数由正转负,出口陷入"低加成率陷阱"。各类所有制企业出口成本加成率溢价系数变化的原因包括:①研发投资是企业提升市场要价、降低生产成本的最重要的影响因素。国有企业研发支出的比重较低,且研发投资的创新效应仅为外商投资企业的50.00%和民营企业的25.00%。民营企业研发支出的比重较高,但是,研发投资的创新效应只有成本效应的 28.57%。因此，研发创新能力差是抑制企业成本加成率水平提升的重要因素。②各类所有制企业劳动力投入份额的系数由正转负说明，我国廉价劳动力的优势逐渐丧失，依靠廉价劳动力来降低企业生产成本、提升成本加成率的作用减弱。③各类所有制企业中间投入份额的系数下降，说明 2006~2016 年，中间投入的成本效应相对增强，专业化分工效应相对减弱，进一步降低了企业的成本加成率水平。④2006~2016 年，各类所有制企业资产负债率的系数均增加，说明企业筹集资金获得的规模经济效应相对增加、成本效应相对降低。⑤生产率水平是影响企业成本加成率高低的决定性因素之一。2001~2005 年，三大类所有制企业中，外商投资企业出口选择悖论的程度最为严重，同时，仅有外商投资企业的出口陷入"低加成率陷阱"。2006~2016 年，三大类所有制企业中，国有企业出口选择悖论的程度扩大了 2.85 倍，同时，国有企业出口成本加成率溢价系数下降了 96.12%。外商投资企业出口生产率溢价系数由负转正，同时，外商投资企业出口成本加成率扭曲程度缩小为原来的 71.88%。

### 3.4.4 所在地区与"低加成率陷阱"分析

本书按照企业所属地区，将所有制造业企业划分为东部地区企业、中部地区企业和西部地区企业，利用式（3-34）和式（3-35），分别检验 2001~2005 年和 2006~2016 年我国不同地区上市公司制造业企业的出口是否陷入"低加成率陷阱"。

按企业所在地区分类后，在面板模型参数估计方法的选择上，2001~2005 年，东部地区企业、中部地区企业和西部地区企业成本加成方程 $F$ 检验的 $p$ 值分别为 0.00、0.00 和 0.03，拒绝联合回归模型的假设。东部地区企业、中部地区企业和西部地区企业成本加成方程 Hausman 检验的 $p$ 值均为 0.00，拒绝随机效应模型的假设，对式（3-34）采用固定效应模型进行估计。2001~2005 年，东部地区企业、中部地区企业和西部地区企业成本加成方程的检验结果分别如式（3-50）~式（3-52）所示。

$$\begin{aligned}
\ln \text{markup}_{i,t} = &\ 3.58 + 2.93\text{export}_{i,t-1} + 0.12\ln \text{wshr}_{i,t} - 0.60\ln \text{mshr}_{i,t} \\
&\ (13.31)\quad (12.00) \quad\quad\quad (4.37)\quad\quad\quad (-10.71) \\
&\ + 0.04\ln \text{kl}_{i,t} - 0.16\ln \text{wl}_{i,t} + 0.004\ln \text{dbastrt}_{i,t} + 0.52\ln \text{tfp}_{i,t} \\
&\ \ (2.45)\quad\quad (-5.57)\quad\quad (0.15)\quad\quad\quad\quad (9.05) \\
&\ + 0.17\text{size1}_{i,t} + 0.14\text{size2}_{i,t} + 0.04\text{nature1}_{i,t} + 2.37\text{nature2}_{i,t} \\
&\ \ (2.63)\quad\quad\ (2.09)\quad\quad\ (1.64)\quad\quad\quad (9.12)
\end{aligned} \quad (3\text{-}50)$$

$$\ln \text{markup}_{i,t} = 1.28 + 0.31 \text{export}_{i,t-1} + 0.09 \ln \text{wshr}_{i,t} - 0.27 \ln \text{mshr}_{i,t}$$
$$(5.21) \quad (6.52) \quad\quad (4.56) \quad\quad\quad (-7.05)$$
$$+ 0.02 \ln \text{kl}_{i,t} - 0.13 \ln \text{wl}_{i,t} - 0.05 \ln \text{dbastrt}_{i,t} + 0.65 \ln \text{tfp}_{i,t} \quad (3\text{-}51)$$
$$(1.14) \quad\quad (-6.75) \quad\quad (-2.52) \quad\quad\quad (15.34)$$
$$+ 0.17 \text{size1}_{i,t} + 0.13 \text{size2}_{i,t} + 0.05 \text{nature1}_{i,t} + 0.04 \text{nature2}_{i,t}$$
$$(3.37) \quad\quad (2.73) \quad\quad (1.12) \quad\quad\quad (0.08)$$

$$\ln \text{markup}_{i,t} = 3.69 - 0.21 \text{export}_{i,t-1} + 0.09 \ln \text{wshr}_{i,t} - 0.35 \ln \text{mshr}_{i,t}$$
$$(4.57) \quad (-3.75) \quad\quad (3.96) \quad\quad\quad (-8.49)$$
$$+ 0.11 \ln \text{kl}_{i,t} - 0.19 \ln \text{wl}_{i,t} - 0.14 \ln \text{dbastrt}_{i,t} + 0.53 \ln \text{tfp}_{i,t} \quad (3\text{-}52)$$
$$(6.27) \quad\quad (-9.15) \quad\quad (-4.30) \quad\quad\quad (10.82)$$
$$+ 0.60 \text{size1}_{i,t} + 0.56 \text{size2}_{i,t} + 0.33 \text{nature2}_{i,t}$$
$$(6.93) \quad\quad (7.02) \quad\quad (6.65)$$

式（3-50）~式（3-52）的拟合优度分别为 0.9481、0.9556 和 0.9748，除式（3-50）中的 ln dbastrt、nature1 变量及式（3-51）中的 ln kl、nature1 和 nature2 变量外，其他所有变量 $t$ 值的绝对值均显著大于 2，模型总体拟合效果良好。

在式（3-50）~式（3-52）中，2001~2005 年，我国上市公司制造业东部地区企业和中部地区企业的出口成本加成率溢价系数 $\beta$ 显著为正，西部地区企业的出口成本加成率溢价系数为负。这说明，2001~2005 年，东部地区企业和中部地区企业中，出口企业的成本加成率高于非出口企业，其中，东部地区企业出口成本加成率溢价的程度高于中部地区企业，而西部地区企业的出口已陷入"低加成率陷阱"。2001~2005 年，在其他变量保持不变的情况下，东部地区企业和中部地区企业在出口前一年与相同地区、相同时期的非出口企业相比，成本加成率溢价程度分别高 293%和 31%。西部地区企业在出口前一年与相同地区、相同时期的非出口企业相比，成本加成率水平低 21%。

从劳动投入份额变量的结果来看，2001~2005 年，上市公司制造业不同地区企业劳动投入份额增加对企业成本加成率溢价均具有正向影响，且东部地区企业劳动投入份额增加对成本加成率溢价的正向影响的程度大于中部地区企业和西部地区企业。2001~2005 年，在其他变量保持不变的情况下，东部地区企业、中部地区企业和西部地区企业劳动投入份额每增加 1%，分别会使得其成本加成率水平提升 0.12%、0.09%和 0.09%。

从中间投入份额变量的结果来看，2001~2005 年，我国上市公司制造业各地区企业中间投入份额增加对企业成本加成率溢价均具有负向影响。其中，东部地区企业劳动投入份额增加对企业成本加成率溢价的负向影响的程度最大，西部地区企业次之，中部地区企业最低。东部地区企业、中部地区企业和西部地区企中间投入份额每增加 1%，分别会使得其成本加成率水平降低 0.60%、0.27%和 0.35%。可见，2001~2005 年，我国上市公司制造业各地区企业中，中间投入份额对成本加成率溢价影响的成本效应占优。

从资本密集度变量的结果来看，2001~2005 年，我国上市公司制造业各地区企业资本密集度增加对企业成本加成率溢价均具有正向影响。其中，西部地区企业资本密集度增加对企业成本加成率溢价的正向影响的程度最大，东部地区企业次之，中部地区企业最低。2001~2005 年，在其他变量保持不变的情况下，上市公司制造业东部地区企业、中部地区企业和西部地区企业资本密集度每增加 1%，分别会使得其成本加成率水平提高 0.04%、0.02%和 0.11%。

从人均工资变量的结果来看，2001~2005 年，我国上市公司制造业各地区企业人均工资水平增加对企业成本加成率溢价均具有负向影响。其中，西部地区企业人均工资水平增加对企业成本加成率溢价的负向影响的程度最大，东部地区企业次之，中部地区企业最低。2001~2005 年，在其他变量保持不变的情况下，东部地区企业、中部地区企业和西部地区企业人均工资水平每增加 1%，分别会使得其成本加成率水平降低 0.16%、0.13%和 0.19%。可见，2001~2005 年，我国上市公司制造业各地区企业中，人均工资对成本加成率溢价影响的成本效应占优。

从资产负债率变量的结果来看，2001~2005 年，我国上市公司制造业中部地区企业和西部地区企业资产负债率增加对企业成本加成率溢价具有负向影响。其中，西部地区企业资产负债率增加对企业成本加成率溢价的负向影响的程度最大，中部地区企业次之。东部地区企业资产负债率增加对企业成本加成率溢价具有正向影响。2001~2005 年，在其他变量保持不变的情况下，中部地区企业和西部地区企业资产负债率每增加 1%，分别会使得其成本加成率水平降低 0.05%和 0.14%；东部地区企业资产负债率每增加 1%，会使得其成本加成率水平提高 0.004%。可见，2001~2005 年，我国上市公司制造业中部地区企业和西部地区企业中，企业融资活动对成本加成率溢价影响的成本效应占优，东部地区企业的规模经济效应占优。

从生产率变量的结果来看，2001~2005 年，我国上市公司制造业各地区企业生产率增长对企业成本加成率溢价均具有正向影响。其中，中部地区企业生产率增长对企业成本加成率溢价的影响最大，西部地区企业次之，东部地区企业最低。2001~2005 年，在其他变量保持不变的情况下，东部地区企业、中部地区企业和西部地区企业生产率每增长 1%，分别会使得其成本加成率水平增加 0.52%、0.65%和 0.53%。

按企业所在地区分类后，在面板模型参数估计方法的选择上，2006~2016 年，各地区企业成本加成方程 $F$ 检验的 $p$ 值均为 0.00，拒绝联合回归模型的假设。东部地区企业、中部地区企业和西部地区企业成本加成方程 Hausman 检验的 $p$ 值均为 0.00，拒绝随机效应模型的假设，对式（3-35）采用固定效应模型进行估计。2006～2016 年，东部地区企业、中部地区企业和西部地区企业成本加成方程的检验结果分别如式（3-53）～式（3-55）所示。

$$\ln \mathrm{markup}_{i,t} = 3.30 - 0.24\mathrm{export}_{i,t-1} - 0.05\ln \mathrm{rdrt}_{i,t-1} + 0.01(\ln \mathrm{rdrt}_{i,t-1})^2$$
$$(15.19) \quad (-8.06) \quad\quad (-4.54) \quad\quad\quad (2.46)$$
$$- 0.04\ln \mathrm{wshr}_{i,t} - 0.73\ln \mathrm{mshr}_{i,t} + 0.004\ln \mathrm{kl}_{i,t} - 0.01\ln \mathrm{dbastrt}_{i,t} \quad (3\text{-}53)$$
$$(-5.96) \quad\quad (-39.88) \quad\quad (0.97) \quad\quad (-2.09)$$
$$+ 0.03\ln \mathrm{tfp}_{i,t} - 0.04\mathrm{size1}_{i,t} - 0.05\mathrm{size2}_{i,t} - 0.09\mathrm{nature2}_{i,t}$$
$$(2.30) \quad\quad (-2.00) \quad\quad (-2.66) \quad\quad (-4.28)$$

$$\ln \mathrm{markup}_{i,t} = 3.54 + 0.17\mathrm{export}_{i,t-1} - 0.04\ln \mathrm{rdrt}_{i,t-1} + 0.01(\ln \mathrm{rdrt}_{i,t-1})^2$$
$$(13.48) \quad (4.72) \quad\quad (-1.65) \quad\quad\quad (2.00)$$
$$- 0.03\ln \mathrm{wshr}_{i,t} - 0.76\ln \mathrm{mshr}_{i,t} + 0.04\ln \mathrm{kl}_{i,t} - 0.08\ln \mathrm{dbastrt}_{i,t} \quad (3\text{-}54)$$
$$(-2.53) \quad\quad (-17.46) \quad\quad (2.29) \quad\quad (-5.89)$$
$$+ 0.08\ln \mathrm{tfp}_{i,t} - 0.17\mathrm{size1}_{i,t} - 0.25\mathrm{size2}_{i,t} - 0.03\mathrm{nature1}_{i,t}$$
$$(1.87) \quad\quad (-1.23) \quad\quad (-1.83) \quad\quad (-1.74)$$
$$+ 0.02\mathrm{nature2}_{i,t}$$
$$(0.94)$$

$$\ln \mathrm{markup}_{i,t} = 3.83 - 0.46\mathrm{export}_{i,t-1} - 0.06\ln \mathrm{rdrt}_{i,t-1} + 0.02(\ln \mathrm{rdrt}_{i,t-1})^2$$
$$(15.93) \quad (-12.24) \quad\quad (-5.64) \quad\quad\quad (6.65)$$
$$- 0.09\ln \mathrm{wshr}_{i,t} - 0.81\ln \mathrm{mshr}_{i,t} + 0.01\ln \mathrm{kl}_{i,t} - 0.01\ln \mathrm{dbastrt}_{i,t} \quad (3\text{-}55)$$
$$(-11.59) \quad\quad (-47.37) \quad\quad (2.16) \quad\quad (-1.18)$$
$$+ 0.11\ln \mathrm{tfp}_{i,t} + 0.05\mathrm{size1}_{i,t} + 0.01\mathrm{size2}_{i,t} - 0.01\mathrm{nature1}_{i,t}$$
$$(6.79) \quad\quad (2.06) \quad\quad (0.59) \quad\quad (-0.38)$$
$$- 0.07\mathrm{nature2}_{i,t}$$
$$(-2.65)$$

式（3-53）～式（3-55）的拟合优度分别为 0.9113、0.9808 和 0.9899，大多数变量 $t$ 值的绝对值均显著大于 2，模型总体拟合效果良好。

在式（3-53）～式（3-55）中，2006～2016 年，我国上市公司制造业东部地区企业的出口成本加成率溢价系数 $\beta$ 由正转负，中部地区企业的出口成本加成率溢价系数依然为正，但企业出口成本加成率溢价的程度有所降低，西部地区企业的出口成本加成率溢价系数 $\beta$ 依然为负，且企业出口成本加成率的扭曲程度更加严重。2006～2016 年，在其他变量保持不变的情况下，东部地区企业和西部地区企业在出口前一年与同期、同地区的非出口企业相比,成本加成率水平分别低 24%和 46%;中部地区企业在出口前一年与同期、同地区的非出口企业相比,成本加成率水平高 17%。2006~2016 年,各地区企业均存在出口规模扩大的同时,企业的市场势力和出口利润反而不断下滑的现象。

从研发支出比重变量的结果来看,我国上市公司制造业各地区企业研发支出比重的一次项系数均为负、二次项系数均为正。2006~2016 年,在其他变量保持不变的情况下,短期内,东部地区企业、中部地区企业、西部地区企业研发支出每增加 1%,分别会使得其成本加成率水平降低 0.05%、0.04%和 0.06%。长期内,东部地区企业、中部地区企业、西部地区企业研发支出每增加 1%,分别会使得其成本加成率水平提高 0.01%、0.01%和 0.02%。可见,在各地区企业中,西部地区企业研发投资的成本效应和创新效应最强。

从劳动投入份额变量的结果来看,2006~2016 年,各地区企业劳动投入份额增加对成本加成率溢价的影响均由正转负。东部地区企业、中部地区企业和西部地区劳动投入份额每增加 1%,分别会使得其成本加成率水平降低 0.04%、0.03%和 0.09%。这说明,2006~2016 年,我国上市公司制造业各地区企业中,廉价劳动力对企业成本加成率溢价的影响均减弱了。

从中间投入份额变量的结果来看,2006~2016 年,我国上市公司制造业各地区企业中间投入份额增加对企业成本加成率溢价仍然具有负向影响,且负向影响的程度均大于 2001~2005 年。2006~2016 年,在其他变量保持不变的情况下,东部地区企业、中部地区企业和西部地区企业中间投入份额增加对企业成本加成率溢价负向影响的程度分别扩大为 2001~2005 年的 1.22 倍、2.81 倍和 2.31 倍。可见 2006~2016 年,我国上市公司制造业各地区企业中,中间投入份额对成本加成率溢价影响的成本效应仍然占优,且成本效应的影响相对上升,专业化分工效应的影响相对下降。

从资本密集度变量的结果来看,2006~2016 年,我国上市公司制造业各地区企业资本密集度增加对企业成本加成率溢价仍然具有正向影响,其中,东部地区企业和西部地区企业资本密集度增加对企业成本加成率溢价的正向影响的程度降低,中部地区企业资本密集度增加对企业成本加成率溢价的正向影响的程度提高。2006~2016 年,东部地区企业和西部地区企业资本密集度增加对企业成本加成率溢价的正向影响的程度分别缩小为 2001~2005 年的 10.00%和 9.09%。中部地区企业资本密集度每增加 1%,会使得其成本加成率水平提高 0.04%,其正向影响的程度扩大为 2001~2005 年的 2.00 倍。

从资产负债率变量的结果来看,2006~2016 年,我国上市公司制造业东部地区企业资产负债率增加对企业成本加成率溢价的影响由正转负,中部地区企业和西部地区企业资产负债率增加对企业成本加成率溢价仍然具有负向影响,但中部地区企业的负向影响程度有所提高，西部地区企业的负向影响程度有所降低。2006~2016 年，中部地区企业和西部地区企业资产负债率增加对企业成本加成率溢价的负向影响程度分别变为 2001~2005 年的 160%和 7.14%。可见，2006~2016 年，西部地区企业融资活动对企业成本加成率溢价影响的成本效应相对降低，规模经济效应相对提高。东部地区企业和中部地区企业融资活动对企业成本加成率溢价影响的成本效应相对提高，规模经济效应相对降低。

从生产率变量的结果来看，2006~2016 年，我国上市公司制造业各地区企业生产率增长对企业成本加成率溢价仍然具有正向影响，但其正向影响的程度有所降低。2006~2016 年，东部地区企业、中部地区企业和西部地区企业生产率增长对企业成本加成率溢价的正向影响的程度分别缩小为 2001~2005 年的 5.77%、12.31%和 20.75%。

总之，比较 2001~2005 年和 2006~2016 年，我国上市公司制造业东部地区企业的出口成本加成率溢价系数 $\beta$ 由正转负，中部地区企业的出口成本加成率溢价系数始终为正，西部地区企业的出口成本加成率溢价系数 $\beta$ 始终为负。各地区企业出口成本加成率溢价系数变化的原因包括：①短期内，我国各地区企业研发投资的成本效应均超过了创新效应，不利于企业成本加成率水平的快速提升。②我国各地区企业劳动力投入份额的系数均由正转负说明，各地区企业中廉价劳动力的优势逐渐丧失，依靠廉价劳动力来降低企业生产成本、提升成本加成率水平的作用减弱。③我国各地区企业中间投入份额的系数下降，说明 2006~2016 年，中间投入的成本效应相对增强，专业化分工效应相对减弱，进一步降低了企业的成本加成率水平。④2006~2016 年，东部地区企业和中部地区企业资产负债率的系数下降，西部地区企业资产负债率的系数增加，说明东部地区企业和中部地区企业筹集资金获得的规模经济效应相对降低、成本效应相对增大，西部地区企业则恰好相反。⑤生产率水平是决定企业成本加成率水平高低的重要因素之一。2001~2016 年，中部地区企业和西部地区企业的生产率水平缓慢下降，成为中部地区企业和西部地区企业出口成本加成率溢价系数下降的决定性因素之一。

综上所述，2001~2005 年，我国上市公司制造业出口企业的成本加成率水平高于非出口企业，而 2006~2016 年，上市公司制造业企业的出口陷入"低加成率陷阱"。出口与成本加成率之间的关系随企业技术水平、所有制类型和所在地区而变：①2001~2005 年，我国上市公司制造业高技术企业和中技术企业中，出口企业的成本加成率水平均高于非出口企业。其中，中技术企业出口成本加成率溢价的程度大于高技术企业。低技术企业的出口已经陷入"低加成率陷阱"。2006~2016 年，高技术企业的出口成本加成率溢价系数依然为正，但出口成本加成率溢价的程度有所降低。中技术企业的出口成本加成率溢价系数由正转负，出口陷入"低加成率陷阱"。低技术企业的出口成本加成率溢价系数依然为负，但出口成本加成率扭曲的程度有所降低。②2001~2005年，我国上市公司制造业国有企业和民营企业中，出口企业的成本加成率水平均高于非出口企业。其中，国有企业出口成本加成率溢价的程度高于民营企业。外商投资企业的出口已经陷入"低加成率陷阱"。2006~2016年，国有企业的出口成本加成率溢价系数依然为正，但出口成本加成率溢价的程度有所下降，外商投资企业的出口成本加成率溢价系数依然为负，但其出口成本加成率扭曲的程度有所下降，民营企业的出口成本加成率溢价系数由正转负，出口陷入"低加成率陷阱"。③2001~2005年，我国上市公司制造业东部地区企业和中部地区企业中出口企业的成本加成率水平高于非出口企业，西部地区企业中，出口企业的成本加成率水平低于非出口企业。2006~2016年，东部地区企业的出口成本加成率溢价系数由正转负，出口陷入"低加成率陷阱"，中部地区企业的出口成本加成率溢价系数依然为正，但出口成本加成率溢价的程度有所下降，西部地区企业的出口成本加成率溢价系数依然为负，并且西部地区出口企业和非出口企业之间成本加成率的差距进一步扩大。

## 3.5 出口企业陷入"低加成率陷阱"的成因分析

以Melitz和Ottaviano（2008）为代表的内生可变成本加成的异质性企业贸易理论模型有四个基本假设：首先，出口产品生产过程中涉及的产品价值链的每一个环节都在本国内部完成。其次，与国内销售相比对外出口要承担额外的贸易成本。再次，国内外市场的竞争环境相同。最后，内销产品和出口产品不存在质量差异。基于这四个基本假设，Melitz和Ottaviano模型认为，与非出口企业相比出口企业具有更高的成本加成率水平。然而，由于中国企业的出口并不满足Melitz和Ottaviano模型的四个基本假设，我国企业出口的过程中出现自选择效应不能有效地发挥、竞争效应过强、创新效应不足和出口学习效应微弱的现象，进而使得企业出口陷入"低加成率陷阱"。

### 3.5.1 自选择效应不能有效地发挥

按照异质性企业贸易理论，由于对外出口要承担额外的贸易成本，生产率水平高的企业有能力跨越生产率门槛进入国际市场，因此，出口企业比非出口企业具有更低的边际成本和更高的成本加成率。然而，由于加工贸易比重过高、国内市场分割程度高于国际市场、长期实行出口退税等出口导向的贸易政策等原因，我国企业进入国内市场的固定成本高于其进入国际市场的固定成本，企业出口出现出口选择悖论现象。当国内外市场竞争环境相同、内销产品和出口产品不存在质量差异时，出口选择悖论的存在是我国企业出口陷入"低加成率陷阱"的重要原因。

### 3.5.2 竞争效应过强

贸易自由化程度提高以后，随着进出口贸易额的增长，国内外市场的竞争越来越激烈。但由于进出口产品结构的差异，国内市场竞争提高的程度小于国际市场竞争提高的程度，出口市场过度的竞争效应降低了出口企业的市场要价能力，使得出口企业的成本加成率水平低于非出口企业。

### 3.5.3 创新效应不足

产品创新是企业提升成本加成率的决定因素：一方面，产品创新可以提升企业的竞争力和市场要价能力，进而使得企业有能力在边际成本之上收取更高的成本加成；另一方面，产品创新引发企业生产率水平的动态提升和边际成本的动态下降，进而推动成本加成率水平的动态提升。然而，由于90%以上的出口企业从事加工贸易，而内销企业多数要完成产品价值链的整个流程，内销企业的总体生产率水平和创新能力高于出口企业，国家对企业出口的各种政策性扶持弱化了企业提升生产率水平和创新能力的动力，从而使得出口企业成本加成率上升的速度低于非出口企业。

### 3.5.4 出口企业学习效应微弱

企业进入国际市场以后，因获得出口学习效应，生产率水平提升，这是出口企业成本加成率水平赶超非出口企业的一种有效方式。但从式（2-36）～式（2-55）的分析中可知，尽管我国上市公司制造业企业的出口中获得了出口学习效应，但是出口企业生产率溢价的程度十分有限。在其他条件不变的情况下，上市公司制造业出口企业相对于非出口企业生产率增长率高0.70%，出口密度每增加1%，上市公司制造业企业生产率增长率仅提升0.0006%。因此，我国企业通过出口学习效应带来的生产率溢价并不足以抵消自选择效应失效、竞争效应过强和创新效应不足带来的负面影响，出口企业的成本加成率水平仍然低于非出口企业。

### 3.5.5 对外贸易结构转型升级困难

2001～2005年，我国各类所有制企业、各地区企业及高技术企业和低技术企业的出口中均存在生产率悖论的现象，低效企业从事出口，降低了资源配置的效率，成为出口企业陷入"低加成率陷阱"的主要原因。2006～2016年，随着我国外贸体制改革初见成效，除低技术企业、国有企业和东部地区企业外，各类企业的出口均已走出生产率悖论，但由于我国人口基数庞大、贸易顺差收入没有有效地形成资本积累、研发创新人才短缺等原因，外贸结构转型困难重重，偏向劳动力的经济增长导致我国呈现出口贫困化增长现象。随着出口规模的扩张,贸易条件恶化对出口企业成本加成率的负向影响超过了生产率的自选择效应和研发投资的创新效应对出口企业成本加成率的正向影响,因此,即使总体上来说我国企业出口已经开始遵循自选择效应机制,但是,出口企业的成本加成率水平依然低于非出口企业。

## 3.6 促进企业出口成本加成率溢价的对策建议

凭借低价优势,我国产品大量涌入国际市场,出口规模扩大的同时,我国的贸易条件不断恶化,企业出口渐进陷入"低加成率陷阱",不仅降低了产业内资源配置的效率,也使得企业的市场势力和获利能力不断下降,我国在国际分工中赚取的利润份额越来越小。为此,可采取以下措施促进企业出口成本加成率溢价系数由负转正,推动企业出口走出"低加成率陷阱"。

### 3.6.1 健全企业出口的自选择效应机制

2001~2005年,我国各类所有制企业、各地区企业及高技术企业和低技术企业的出口中,2006~2016年,低技术企业、国有企业和东部地区企业的出口中,均出现出口选择悖论现象,这是我国制造业出口企业比非出口企业具有更高的成本和更低的成本加成率的主要原因。我国可以通过设立合理的企业进入退出政策、消除国内市场分割、对加工贸易企业的扶持方向由出口补贴转向研发补贴、推动劳动力密集型产品的创新发展等政策措施,引导企业在出口市场选择中遵循生产率的自选择效应机制,推动企业出口走出"低加成率陷阱"。

### 3.6.2 全面提升出口产品质量

产品质量是决定企业成本加成率水平高低的决定因素之一。我国在国际分工格局中长期处于产品价值链的最底端,出口产品市场定价能力低,因此,即使2006~2016年,我国企业的出口逐步遵循自选择效应机制,企业出口仍旧陷入"低加成率陷阱"。从供给方面看,随着原材料和劳动力成本的不断攀升,我国面临着出口转型升级和通过提高出口产品质量来提升出口企业成本加成率的任务。从需求方面看,中国已经跨入中等收入国家水平,随着人均收入水平的提高,消费者越来越注重产品的质量需求,这为企业生产高质量、高成本加成率的产品提供了广阔的市场空间。

### 3.6.3 加强对企业研发创新工作的引导支持

研发投资活动是企业提升成本加成率水平的重要因素。从式(3-36)~式(3-55)

中可以看出，我国制造业企业本身资金实力不强、研发资金短缺，短期内，企业研发投资的成本效应超过创新效应，进一步抑制了企业的持续性研发投资行为，不利于企业成本加成率水平的快速提升。为此，各级地方政府应该加强对企业研发创新工作的引导支持，鼓励有条件的地区设立产业技术研发专项资金，重点支持带动全省或者全市产业技术水平提高的技术创新、新产品开发、重大技术装备研发项目、高新技术产业化项目、重点产学研合作项目、重大引进技术消化吸收再创新项目、重点技术创新能力建设项目和重点技术创新服务能力建设项目，以此全面带动企业整体研发创新能力的提升。

### 3.6.4　提高企业自身的吸收能力

出口学习效应过低，企业在国外市场上获取的知识溢出效应微乎其微，无法有效地起到促进出口企业生产率水平溢价和成本加成率水平溢价的作用。因此，从长期来看，中国企业出口竞争力不再依赖于廉价的劳动力，而是要依靠人力资本和技术等高端生产要素。企业需要通过加强员工培训、增加研究和发展（research and development，R&D）投资等来增强自身的吸收能力，从而在国际市场上获取更多的知识溢出，提升企业的市场定价能力和出口成本加成率水平。

### 3.6.5　调整出口产品结构，推动产业结构升级

我国出口产品结构以低技术、低附加值的产品为主，高技术、高附加值的产品所占的比重较低，这种粗放型的出口导向型的经济增长模式是造成我国企业出口陷入"低加成率陷阱"的重要原因，这种贸易发展战略虽然依靠劳动力密集型产品实现了就业稳定和人均收入水平的提高，但后续发展潜力不足，从而使得我国出口企业的市场势力和获利能力呈现出下降的变化趋势。因此，通过企业自身微观的努力和国家宏观政策扶持的技术补贴，推动出口产品结构从劳动力密集型产品向技术密集型产品和高成本加成率的产品转型，即限制低生产率、低成本加成率企业的发展，集中力量发展高技术、高成本加成率的产品，同时，鼓励与引导加工贸易企业向产品价值链的高端发展。

# 第4章 出口企业二元边际的实证分析

当前，正值"十三五"收官的关键时期，"调结构、转方式"任务依然艰巨繁重。我国自2009年成为世界第一大出口国后，2013年又跃居世界第一大贸易国，但是由于我国制造业长期处于"微笑曲线"（微笑嘴形的一条曲线，两端朝上，在产业链中，附加值更多体现在两端的设计和销售，处于中间的产品加工与制造环节附加值最低）的最底端，在全球经济放缓、国内劳动力成本上升、贸易争端日趋频繁的环境下，继续靠廉价劳动力、高资源消耗和环境污染为代价来发展加工贸易已经走不通了。对外贸易如何"凤凰涅槃""腾笼换鸟"是推动我国经济结构战略性调整和增长方式根本性转变的关键因素。虽然已有众多国内学者从人民币实际有效汇率被低估（周小琳和王浩明，2014b）、要素价格扭曲（巩爱凌，2013）、产能过剩和有效需求不足（张家胜和祁春节，2007）、外商直接投资（申蕾，2013）等宏观角度分析我国外贸增收不增利的原因，但从本质上说，出口贸易是由出口企业的行为决定的，探索国际贸易发生的微观机理，揭示我国出口产品位于微笑曲线最底端的本质原因及出口产品向微笑曲线两端转移升级的路径与方法，对我国经济未来的持续、高质量发展具有至关重要的意义。

随着微观数据的可得性提高，越来越多的文献开始从出口二元边际的角度来研究国际贸易现象。出口二元边际对发达国家和发展中国家对外贸易的发展具有不同的影响。美国制造业企业对出口产品种类的调整极为频繁，68%的企业每五年便会调整一次出口产品种类，45%企业对其产品种类的调整体现在同时增加新产品和减少已有产品（Bernard et al.，2006）；扩展边际可以解释美国与不同贸易伙伴国总出口变化中的77.4%，而集约边际则只解释其中的22.6%（Bernard et al.，2012）；源于产品种类创新或新产品创造的扩展边际是美国贸易竞争优势的主要来源（宗毅君，2012a）。韩国和中国台湾（Kang，1993）、东南欧国家（Kancs，2007）出口贸易增长也主要来自出口扩展边际。

与发达国家不同，很多处于转型时期的发展中国家，80%以上的商品出口源自集约边际增长（Amurgo-Pacheco and Pierola，2008）。Amiti和Freund（2007）、钱学锋（2008）、钱学锋和熊平（2010）、施炳展（2010）、Manova和Zhang（2009）等研究也证明了中国的出口扩张主要源自集约边际。

过度依赖于集约边际扩张的出口贸易模式，虽然在短期内能带来巨大的收益，但在中长期是不可持续的，甚至孕育着潜在的外部风险（盛斌和毛其淋，2011）。

集约边际意味着出口集中在少数企业、少数产品和少数市场，当受到金融危机等不利的外部冲击时，集约边际所受到的负向影响比扩展边际更为巨大（Bernard et al.，2012）；而且出口沿着集约边际发展时，出口的贸易条件明显下降，有可能使出口国陷入"出口贫困化增长陷阱"（Amiti and Khandelwal，2013；宗毅君，2012b）。如果出口转为沿扩展边际发展的话，一方面可以通过低生产率企业的收缩和退出及高生产率企业的扩张和进入引起的资源重新配置，提高产业的平均生产率水平（Bernard et al.，2007；Feenstra and Kee，2008）；另一方面能够缓解发展中国家出口活动中的不稳定因素和主要产品在出口过程中受到的各项法规条例的约束，有利于增强比较优势、创造竞争优势，从而扩大产品的出口收益；而且这种出口扩张能够迎合消费者的多样化偏好（Krugman，1989），若这种多样化偏好足够强烈，扩展边际可以使处于高速增长期的出口国的需求曲线外移得足够快，从而克服出口价格下降对贸易扩张的逆向影响（Hummels and Klenow，2005）。

可见，发达国家以扩展边际出口为主、发展中国家以集约边际出口为主的贸易发展模式是贸易利益在南北国家间不均衡分配的主要原因之一。探寻中国出口集约边际持续扩张、出口扩展边际停滞不前的原因，找出出口集约边际向扩展边际转变的路径，对于我国对外贸易主动适应经济新常态，提升外贸竞争力，实现出口从规模快速扩张向量质并举转型发展具有重要的意义。虽然已有一些学者对我国出口贸易二元边际的结构及影响因素进行了分析，但是我国主要是凭借劳动力禀赋优势参与国际分工的，至今尚无学者从要素禀赋的视角分析我国出口二元边际不均衡发展的原因。为此，本书以要素禀赋理论和Melitz（2003）的异质性企业模型为基础，构建我国出口二元边际的理论模型，实证分析我国出口二元边际结构失衡的成因。在此基础上，指出我国外贸增长的路径，并从微观角度找出优化我国出口结构、提升我国出口收益的对策建议。

## 4.1　出口企业二元边际描述性统计分析

为全面反映中国制造业企业出口二元边际的发展状况，本书假设每一国家存在 $n$ 个生产部门，部门内每个企业均为自己产品类别的垄断者。采用2003~2015年联合国贸易商品统计数据库（UN Comtrade）中HS1996六位数量级的产品出口数据，以原有种类产品出口数量的变化代表原有出口企业出口额的变化，作为集约边际，以出口产品种类的变化代表新出口企业出口额的变化，作为扩展边际进行研究。本书借鉴Hummels和Klenow（2005）及钱学锋（2008）的做法，并将出口二元边际分解从国家层面扩展到产业层面，先对中国出口二元边际发展不均衡现状进行统计描述性分析。

根据《国民经济行业分类》(GB/T 4754—2017)对照表,本书将 6 位数量级 HS1996 中各类商品数据依次划分到制造业(除去工艺品及其他制造业)28 个产业中[①],并根据要素密集度将制造业 28 个产业划分为 9 个中高技术产业[②]和 19 个中低技术产业[③]。在每一产业内,以中国 2001 年不出口而 2015 年出口的产品作为参照,依次汇总 2003~2015 年各年中国该产业的出口额作为该产业的扩展边际 $EM_i$;在每一产业内,以中国 2001 年的出口产品为基准,依次汇总 2003~2015 年各年该产业内继续出口产品的出口额作为该产业的集约边际 $IM_i$。

经过整理,2003~2015 年中国中高技术产业和中低技术产业商品出口扩展边际的描述性统计如表 4-1 和表 4-2 所示。从整体上来说,中国出口扩展边际具有规模小、发展速度慢、出口不稳定的特点。2003~2015 年,9 个中高技术产业中有 2 个产业出口扩展边际为零,19 个中低技术产业中有 11 个产业出口扩展边际为零。

表 4-1　2003~2015 年中高技术产业出口扩展边际

| 统计指标 | 化学原料及化学制品制造业 | 医药制造业 | 通用设备制造业 | 专用设备制造业 | 交通运输设备制造业 | 电气机械及器材制造业 | 通信设备、计算机及其他电子设备制造业 |
|---|---|---|---|---|---|---|---|
| 年均值/亿元 | 12.101 1 | 0.261 0 | 6.229 4 | 0.151 2 | 35.200 6 | 0.082 5 | 0.129 0 |
| 标准差/亿元 | 8.908 9 | 0.214 3 | 7.589 8 | 0.175 8 | 43.820 7 | 0.026 5 | 0.077 5 |
| 最小值/亿元 | 2.009 1 | 0.002 4 | 0 | 0.009 2 | 1.808 4 | 0 | 0 |

---

① 28 个制造业产业包括:农副食品加工业,食品制造业,饮料制造业,烟草制品业,纺织业,纺织服装、鞋、帽制造业,皮革、毛皮、羽毛(绒)及其制品业,木材加工及木、竹、藤、棕、草制品业,家具制造业,造纸及纸制品业,印刷业和记录媒介的复制,文教体育用品制造业,石油加工、炼焦及核燃料加工业,化学原料及化学制品制造业,化学纤维制造业,通用设备制造业,橡胶制品业,塑料制品业,非金属矿物制品业,黑色金属冶炼及压延加工业,有色金属冶炼及压延加工业,金属制品业,专用设备制造业,交通运输设备制造业,电气机械及器材制造业,通信设备、计算机及其他电子设备制造业,仪器仪表及文化、办公用机械制造业,医药制造业。

② 9 个中高技术产业包括:化学原料及化学制品制造业,化学纤维制造业,通用设备制造业,专用设备制造业,交通运输设备制造业,电气机械及器材制造业,通信设备、计算机及其他电子设备制造业,仪器仪表及文化、办公用机械制造业,医药制造业。

③ 19 个中低技术产业包括:农副食品加工业,食品制造业,饮料制造业,烟草制品业,纺织业,纺织服装、鞋、帽制造业,皮革、毛皮、羽毛(绒)及其制品业,木材加工及木、竹、藤、棕、草制品业,家具制造业,造纸及纸制品业,印刷业和记录媒介的复制,文教体育用品制造业,石油加工、炼焦及核燃料加工业,橡胶制品业,塑料制品业,非金属矿物制品业,黑色金属冶炼及压延加工业,有色金属冶炼及压延加工业,金属制品业。

续表

| 统计指标 | 化学原料及化学制品制造业 | 医药制造业 | 通用设备制造业 | 专用设备制造业 | 交通运输设备制造业 | 电气机械及器材制造业 | 通信设备、计算机及其他电子设备制造业 |
|---|---|---|---|---|---|---|---|
| 最大值/亿元 | 28.934 7 | 0.750 1 | 21.892 9 | 0.463 9 | 134.974 5 | 0.018 6 | 0.226 5 |
| 总增长速度 | 1 340.19% | 79.11% | 123.81% | 4 943.29% | 7 363.75% | 815 387.34% | 216.15% |
| 年均增长速度 | 39.57% | 7.56% | 10.59% | 63.24% | 71.44% | 208.27% | 15.47% |

注：2003~2015年，中高技术产业中化学纤维制造业和仪器仪表及文化、办公用机械制造业的商品出口扩展边际为零

表 4-2  2003~2015 年中低技术产业出口扩展边际

| 统计指标 | 农副食品加工业 | 食品制造业 | 饮料制造业 | 烟草制品业 | 纺织业 | 木材加工及木、竹、藤、棕、草制品业 | 黑色金属冶炼及压延加工业 | 有色金属冶炼及压延加工业 |
|---|---|---|---|---|---|---|---|---|
| 年均值/亿元 | 127.8485 | 2.0568 | 0.0008 | 0.0040 | 0.2442 | 0.0091 | 0.6894 | 0.0023 |
| 标准差/亿元 | 148.6044 | 1.5680 | 0 | 0.0044 | 0.2123 | 0.0120 | 1.7372 | 0.0035 |
| 最小值/亿元 | 6.6854 | 0.0032 | 0 | 0 | 0.0523 | 0 | 0.0010 | 0 |
| 最大值/亿元 | 433.8707 | 5.6192 | 0.0026 | 0.0119 | 0.7209 | 0.0326 | 5.3050 | 0.0098 |
| 总增长速度 | 375.46% | 40.08% | 4457.94% | 271.59% | 154.31% | 1215.77% | 7091.79% | -71.36% |
| 年均增长速度 | 121.52% | 104.30% | 172.57% | 117.83% | 112.38% | 144.50% | 170.65% | -16.36% |

注：2003~2015年，中低技术产业中纺织服装、鞋、帽制造业，皮革、毛皮、羽毛（绒）及其制品业，家具制造业，造纸及纸制品业，印刷业和记录媒介的复制，文教体育用品制造业，石油加工、炼焦及核燃料加工业，橡胶制品业，塑料制品业，非金属矿物制品业和金属制品业的商品出口扩展边际为零

在中高技术产业中，交通运输设备制造业和化学原料及化学制品制造业年均出口扩展边际分别达到 35.2006 亿元和 12.1011 亿元，并且分别以年均 71.44%和 39.57%的速度快速增长，是相对来说最具有发展潜能的两个产业。通用设备制造业虽然出口扩展边际最高时达到 21.8929 亿元，但其新产品出口受外部冲击的影响较大，个别年份出口扩展边际为零。医药制造业、专用设备制造业、电气机械及器材制造业和通信设备、计算机及其他电子设备制造业是技术密集度最高的四个产业，但是，这四个产业的年均出口扩展边际最高的才为 0.2610 亿元，而且这四个产业均有个别年份出口扩展边际为零或者接近于零。这也从另一个角度上体现了中国在技术密集型产品上缺乏竞争力。

和中高技术产业相比，中低技术产业产品的同质性强、垄断性弱，消费者对

中低技术产品的需求收入弹性低，因此，研制与出口新产品的难度较大。在中低技术产业中，由于中国在农业和加工制造业上均具有比较优势，中国农副食品加工业的出口扩展边际远远高于其他产业。2003~2015年，农副食品加工业年均出口扩展边际为127.8485亿元，平均每年以121.52%的速度增长，2015年达到最大值433.8707亿元。由于中国长期采用粗放式的生产经营方式，多数中低技术产业出口扩展边际零增长或者微量增长，有色金属冶炼及压延加工业甚至出现负增长。虽然，食品制造业，饮料制造业，烟草制品业，纺织业，木材加工及木、竹、藤、棕、草制品业和黑色金属冶炼及压延加工业的出口扩展边际年均增长速度均超过100%，但由于其增长基数低、出口不稳定，对中国出口扩展边际的贡献非常低。

2003~2015年中国中高技术产业和中低技术产业商品出口集约边际的描述性统计如表4-3和表4-4所示。从整体上来说，中国出口商品集约边际具有规模大、增长稳定、出口创汇能力低的特点。中国出口集约边际与出口扩展边际的发展极不平衡。其中，有色金属冶炼及压延加工业，通信设备、计算机及其他电子设备制造业，饮料制造业，电气机械及器材制造业，木材加工及木、竹、藤、棕、草制品业的年均出口集约边际值分别达到了年均出口扩展边际值的 921 765.65 倍、341 585.50 倍、220 480.13 倍、145 295.27 倍和 136 521.32 倍。

表4-3 2003~2015年中高技术产业出口集约边际

| 统计指标 | 化学原料及化学制品制造业 | 医药制造业 | 化学纤维制造业 | 通用设备制造业 | 专用设备制造业 | 交通运输设备制造业 | 电气机械及器材制造业 | 通信设备、计算机及其他电子设备制造业 | 仪器仪表及文化、办公用机械制造业 |
|---|---|---|---|---|---|---|---|---|---|
| 年均值/亿元 | 6 861.398 | 1 186.801 0 | 333.761 2 | 5 141.373 | 4 212.407 0 | 10 174.600 | 11 986.860 | 44 064.53 | 6 743.432 |
| 标准差/亿元 | 3 108.923 | 539.229 8 | 197.126 3 | 2 375.056 | 2 787.270 0 | 5 039.672 | 4 626.756 | 14 034.36 | 1 919.978 |
| 最小值/亿元 | 2 555.580 | 443.827 8 | 86.407 1 | 1 764.810 | 801.451 1 | 3 449.150 | 5 234.710 | 19 263.20 | 3 086.900 |
| 最大值/亿元 | 12 149.200 | 2 032.740 0 | 695.928 7 | 8 771.530 | 8 151.990 0 | 18 586.100 | 19 450.200 | 63 752.50 | 9 069.520 |
| 总增长速度 | 375.40% | 358.00% | 705.41% | 397.02% | 917.15% | 438.86% | 271.56% | 230.95% | 193.81% |
| 年均增长速度 | 21.52% | 20.95% | 29.79% | 22.19% | 33.64% | 23.43% | 17.83% | 16.14% | 14.42% |

表 4-4　2003～2015 年中低技术产业出口集约边际

| 统计指标 | 农副食品加工业 | 食品制造业 | 饮料制造业 | 烟草制品业 | 纺织业 | 纺织服装、鞋、帽制造业 | 皮革、毛皮、羽毛（绒）及其制品业 |
|---|---|---|---|---|---|---|---|
| 年均值/亿元 | 1 342.310 0 | 383.037 6 | 176.384 1 | 42.913 7 | 13 337.030 | 7 184.987 | 3 183.906 0 |
| 标准差/亿元 | 674.942 5 | 135.126 2 | 36.730 1 | 7.482 8 | 4 231.363 | 1 596.861 | 1 352.944 0 |
| 最小值/亿元 | 2 135.889 0 | 203.172 8 | 117.062 9 | 37.554 2 | 6 970.310 | 4 537.240 | 218.278 1 |
| 最大值/亿元 | 3 502.850 0 | 640.609 6 | 235.142 4 | 59.751 7 | 21 102.400 | 9 637.180 | 5 101.960 0 |
| 总增长速度 | 160.96% | 215.30% | 100.87% | 52.48% | 202.75% | 112.40% | 108.70% |
| 年均增长速度 | 12.74% | 15.44% | 9.11% | 5.41% | 14.85% | 9.87% | 9.63% |

| 统计指标 | 木材加工及木、竹、藤、棕、草制品业 | 家具制造业 | 造纸及纸制品业 | 印刷业和记录媒介的复制 | 文教体育用品制造业 | 石油加工、炼焦及核燃料加工业 | 橡胶制品业 |
|---|---|---|---|---|---|---|---|
| 年均值/亿元 | 1 242.344 0 | 2 908.993 | 763.723 9 | 219.831 8 | 3 586.726 0 | 1 891.656 0 | 1 272.659 0 |
| 标准差/亿元 | 320.537 3 | 1 223.333 | 357.067 8 | 87.090 7 | 899.174 2 | 756.033 1 | 659.487 3 |
| 最小值/亿元 | 636.232 2 | 1 109.000 | 292.071 4 | 116.999 4 | 2 080.360 0 | 874.387 9 | 390.207 0 |
| 最大值/亿元 | 1 602.360 0 | 4 794.310 | 1 421.830 0 | 353.250 1 | 4 688.910 0 | 3 116.010 0 | 2 519.890 0 |
| 总增长速度 | 151.85% | 332.31% | 386.81% | 201.92% | 125.39% | 256.36% | 545.78% |
| 年均增长速度 | 12.24% | 20.08% | 21.88% | 14.81% | 10.69% | 17.22% | 26.26% |

| 统计指标 | 塑料制品业 | 非金属矿物制品业 | 黑色金属冶炼及压延加工业 | 有色金属冶炼及压延加工业 | 金属制品业 | | |
|---|---|---|---|---|---|---|---|
| 年均值/亿元 | 3 811.718 | 1 723.259 0 | 4 586.945 | 2 120.061 0 | 5 153.049 | | |
| 标准差/亿元 | 1 405.832 | 663.480 3 | 2 677.829 | 750.624 8 | 1 893.219 | | |
| 最小值/亿元 | 1 844.940 | 748.343 2 | 734.423 | 846.038 7 | 2 150.590 | | |
| 最大值/亿元 | 6 427.690 | 2 883.460 0 | 9 033.710 | 3 040.380 0 | 7 921.680 | | |
| 总增长速度 | 248.40% | 285.31% | 830.86% | 259.37% | 268.35% | | |
| 年均增长速度 | 16.89% | 18.37% | 32.16% | 17.34% | 17.70% | | |

在中高技术产业中，虽然，中国在通信设备、计算机及其他电子设备制造业和电气机械及器材制造业上的出口扩展边际能力极低，但是，中国这两个产业的出口集约边际能力最强。2003～2015 年通信设备、计算机及其他电子设备制造业和电气机械及器材制造业的年均出口集约边际分别达到 44 064.53 亿元和 11 986.860 亿元，年均增长速度分别为 16.14%和 17.83%。这是因为，虽然，中国在技术密集型产品的生产上不具有比较优势，但是，技术密集型产业的特点是产

品的质量差异大、异质性强,中国仍然在该产业低质量产品的生产上具有比较优势。由于长期靠价格竞争取胜,产品的生产中更密集地使用了非熟练劳动力,企业缺乏创新的能力与动力,因此,出口扩展边际停滞不前。交通运输设备制造业和化学原料及化学制品制造业为国民经济的基础产业,国家给予大量的资金扶持和技术支持,产品的出口集约边际和扩展边际水平在中高技术产业中均处于领先地位。虽然,化学纤维制造业在中高技术产业中的出口集约边际水平最低,2003~2015年年均出口集约边际水平仅为通信设备、计算机及其他电子设备制造业的0.76%,但其出口集约边际的年均增长速度高达29.79%,出口潜力较大。

虽然,2003~2015年,19个中低技术产业中有11个产业产品的年均出口扩展边际为零,4个产业产品的年均出口扩展边际不足百万元,但是,这19个产业的出口集约边际一直居高不下。其中,出口集约边际能力最高的为纺织业及纺织服装、鞋、帽制造业,年均出口集约边际分别达到13 337.030亿元和7184.987亿元。出口最为稳定的是烟草制品业和饮料制造业,出口集约边际的离散系数分别为0.17和0.21。出口增长速度最快的为黑色金属冶炼及压延加工业和橡胶制品业,出口集约边际年均增长速度分别为32.16%和26.26%。中低技术产业所生产的产品具有同质性强、竞争性强的特点,出口集约边际的过度发展不但会招致贸易伙伴的报复,还会恶化中国的贸易条件,是中国出口增收不增利的主要原因。

## 4.2 模型构建与理论分析

为了找出中国商品出口二元边际发展不均衡的原因,本书先通过构建的模型从理论上进行分析,然后再在4.4节进行实证分析。

假设存在两个国家,每一国家内部存在 $n$ 个生产部门,部门内各企业均使用熟练劳动力和非熟练劳动力两种生产要素来生产差异化产品,因此,每个企业均为自己产品类别的垄断者。假设两个国家生产技术水平完全相同,仅要素禀赋状况不同,生产要素可以在国内各部门之间自由流动,但不能跨国流动。按照要素禀赋理论,中国在非熟练劳动力密集型产品上具有比较优势。

1. 消费

代表性消费者的总体效用水平 $U$ 取决于 $n$ 个部门的产出,用CD生产函数式(4-1)表示,代表性消费者对部门 $i$ 内差异性产品的偏好 $C_i$ 用CES函数式(4-2)表示。

$$U = C_1^{\alpha_1} C_2^{\alpha_2}, \quad \alpha_1 + \alpha_2 = 1 \tag{4-1}$$

$$C_i = \left[ \int_{v \in V_i} q_i(v)^{(\sigma-1)/\sigma} \mathrm{d}v \right]^{\sigma/(\sigma-1)} \tag{4-2}$$

式中，$\alpha_1$、$\alpha_2$ 分别表示部门1、部门2在总消费中所占的比重；在各部门内部，企业生产第 $i$ 种工业制成品 $V_i$ 中产品 $v$ 的销售量和价格分别为 $q_i(v)$ 和 $p_i(v)$；$\sigma$ 表示不同产品之间的替代弹性，为简化模型，假设 $\sigma$ 为常数，且 $\sigma > 1$。假设 $i$ 部门工业制成品的价格指数 $P_i$ 也为 CES 函数形式：

$$P_i = \left[ \int_{v \in V_i} p_i(v)^{1-\sigma} \mathrm{d}v \right]^{1/(1-\sigma)} \quad (4-3)$$

## 2. 生产

假设每个企业只生产一种产品，每种产品的生产中均需投入熟练劳动力 $s$ 和非熟练劳动力 $l$ 两种生产要素，且 $s$ 和 $l$ 在不同产品中的投入密度 $\beta_i$ 及 $1-\beta_i$ 是不同的。对于任意的企业 $i$，其国内生产的固定成本 $f_i$ 及出口的固定成本 $f_{ix}$ 与产量无关，企业生产的可变成本与产量成正比，并随生产率 $\varphi$ 的提高而下降。则产品 $i$ 仅在国内销售和出口的成本函数分别为

$$\Gamma_i = \left( f_i + \frac{q_i}{\varphi} \right)(w_l)^{\beta_i}(w_s)^{1-\beta_i}, \quad 1 > \beta_1 > \beta_2 > 0 \quad (4-4)$$

$$\Gamma_i = \left( f_{ix} + \frac{\tau_i q_i}{\varphi} \right)(w_l)^{\beta_i}(w_s)^{1-\beta_i}, \quad 1 > \beta_1 > \beta_2 > 0 \quad (4-5)$$

式中，$w_l$、$w_s$ 分别表示非熟练劳动力、熟练劳动力的工资水平；$\tau_i$ 表示运费、保险费等出口的冰山贸易成本，$\tau_i > 1$ 表示 $\tau_i$ 单位的产出只能有1单位到达国外市场；出口的固定成本 $f_{ix}$ 除了包括国内生产投入的固定成本 $f_i$ 外，还包括建立海外市场营销渠道的费用、改进产品以符合海外消费者偏好的费用等；$\beta_1$、$\beta_2$ 分别表示 $w_l$ 和 $w_s$ 的成本弹性。

为追求利润最大化，企业采用边际成本加成的方法进行定价，则企业对产品 $i$ 的国内市场定价 $p_i$ 及国际市场定价 $p_{ix}$ 分别为

$$p_i(\varphi) = \frac{\sigma(w_l)^{\beta_i}(w_s)^{1-\beta_i}}{(\sigma-1)\varphi} \quad (4-6)$$

$$p_{ix}(\varphi) = \tau_i p_i(\varphi) \quad (4-7)$$

异质性贸易理论认为，企业的出口是一种自我选择行为，只有生产率高的企业才能投入生产并进入国际市场。根据式（4-1）~式（4-3），企业生产产品 $i$ 的收益 $r_{id}(\varphi)$ 如式（4-8）所示，$i$ 产品生产的沉没成本为 $f_i(w_l)^{\beta_i}(w_s)^{1-\beta_i}$，当生产率水平为 $\varphi_i^*$ 时，企业的收益恰好能弥补其沉没成本，结合式（4-6）、式（4-8）和式（4-9）可得企业仅在国内市场销售的零利润生产率 $\varphi_i^*$，如式（4-10）所示。

$$r_{id}(\varphi) = p_i(\varphi)q_i(\varphi) = \alpha_i Y \left[\frac{P_i}{P_i(\varphi)}\right]^{\sigma-1} \qquad (4\text{-}8)$$

$$\pi_{id}(\varphi) = \frac{r_{id}(\varphi_i)}{\sigma} - f_i(w_l)^{\beta_i}(w_s)^{1-\beta_i} \qquad (4\text{-}9)$$

$$\varphi_i^* = \frac{\sigma}{P_i(\sigma-1)} \left(\frac{\sigma f_i}{\alpha_i Y}\right)^{1/(\sigma-1)} (w_l)^{\sigma\beta_i/(\sigma-1)} (w_s)^{\sigma(1-\beta_i)/(\sigma-1)} \qquad (4\text{-}10)$$

式中，$Y$ 表示总产出；$\pi_{id}$ 表示内销产品 $i$ 的利润水平。

假设两国是对称的，则企业的出口收益 $r_{ix}$ 及利润 $\pi_{ix}$ 如式（4-11）和式（4-12）所示，结合式（4-8）、式（4-11）和式（4-12）可得企业出口的零利润生产率，如式（4-13）所示。

$$r_{ix}(\varphi) = p_{ix}(\varphi)q_{ix}(\varphi) = \alpha_i Y^F \left[\frac{P_i^F}{p_{ix}(\varphi)}\right]^{\sigma-1} \qquad (4\text{-}11)$$

$$\pi_{ix}(\varphi) = \frac{r_{ix}(\varphi_{ix})}{\sigma} - f_{ix}(w_l)^{\beta_i}(w_s)^{1-\beta_i} \qquad (4\text{-}12)$$

$$\varphi_{ix}^* = \frac{\sigma \tau_i}{(\sigma-1)P_i^F} \left(\frac{\sigma f_{ix}}{\alpha_i Y^F}\right)^{1/(\sigma-1)} (w_l)^{\sigma\beta_i/(\sigma-1)} (w_s)^{\sigma(1-\beta_i)/(\sigma-1)} \qquad (4\text{-}13)$$

式中，$P_i^F$ 表示第 $i$ 种工业制成品的国外价格指数；$Y^F$ 表示国外总产出；$\pi_{ix}$ 表示出口产品 $i$ 的利润水平。生产率水平高于 $\varphi_{ix}^*$ 的企业可以同时在国内外市场销售产品，介于 $\varphi_i^*$ 和 $\varphi_{ix}^*$ 的企业仅能够在国内市场销售产品，低于 $\varphi_i^*$ 的企业退出市场。

3. 出口的二元边际

产业 $i$ 的出口额 $X_i$ 是一国 $i$ 产业内各企业在一定时期内所创造的出口价值总和，$X_i$ 可以被分解为出口企业数 $M_{ix}$ 与各企业平均出口额 $\bar{r}_{ix}$ 的乘积。由于假设每个企业只生产一种差异化产品，出口企业数即为既定时期内该国出口产品的种类数，反映该国出口多样化的特点，称为扩展边际（extensive margin，EM）。企业平均出口额即为产品的平均收益，反映已出口产品在数量上的增长，称为集约边际（intensive margin，IM）。

$$X_i = M_{ix}\bar{r}_{ix} \qquad (4\text{-}14)$$

通常企业生产首先面向国内市场，在成功进入国内市场后才考虑开发国际市场，因此，出口企业数 $M_{ix}$ 为企业数 $M_i$ 与出口条件概率的乘积：

$$\text{EM}_i = M_{ix} = \frac{1-G(\varphi_{ix}^*)}{1-G(\varphi_i^*)} M_i \qquad (4\text{-}15)$$

假设企业生产率服从 Pareto 分布，其累积分布函数和概率密度函数分别为：$G(\varphi) = 1 - \varphi_{\min}^{k} \varphi^{-k}$，$g(\varphi) = k \varphi_{\min}^{k} \varphi^{-(k+1)}$。式中，$\varphi_{\min}$ 表示生产率下限；$k$ 为参数，且 $k+1 > \sigma$。为简化模型，将 $\varphi_{\min}$ 标准化为 1，则 $\varphi \geqslant 1$，$G(\varphi) = 1 - \varphi^{-k}$，$g(\varphi) = k \varphi^{-(k+1)}$。

企业数为该产业的总产值与企业平均收益的比值[式（4-16）]，企业平均收益 $\bar{r}_i$ 是平均劳动生产率 $\tilde{\varphi}_i$ 的函数（式 4-17），这里 $\tilde{\varphi}_i$ 是指成功进入市场的企业的平均劳动生产率[式（4-18）]：

$$M_i = \frac{Y_i}{\bar{r}_i} \tag{4-16}$$

$$\bar{r}_i = r_i(\tilde{\varphi}_i) = \left(\frac{\tilde{\varphi}_i(\varphi_i^*)}{\varphi_i^*}\right)^{\sigma-1} \sigma f_i (w_l)^{\beta_i} (w_s)^{1-\beta_i} \tag{4-17}$$

$$\tilde{\varphi}_i(\varphi_i^*) = \left[\frac{1}{1 - G(\varphi_i^*)} \int_{\varphi_i^*}^{\infty} \varphi^{\sigma-1} g(\varphi) \mathrm{d}\varphi\right]^{1/(\sigma-1)} \tag{4-18}$$

将式（4-16）～式（4-18）代入式（4-15）可得出口额的扩展边际为

$$\mathrm{EM}_i = M_{ix} = \frac{1+k-\sigma}{k\sigma} Y_i \left(\frac{P_i^F}{\tau_i P_i}\right)^k \left(\frac{Y^F}{Y}\right)^{k/(\sigma-1)} (f_i)^{(k+1-\sigma)/(\sigma-1)} (f_{ix})^{k/(1-\sigma)} (w_l)^{-\beta_i} (w_s)^{\beta_i-1} \tag{4-19}$$

由所构建的扩展边际理论模型式（4-19）可知：①产业规模扩大，有利于企业形成规模经济效应，提高生产效率，会有更多的企业跨越出口生产率门槛，进入国际市场，出口产品的扩展边际增加。②国外产品与本国同类产品相比，相对价格越高，出口产品的世界市场价格越高，激发企业不断提高生产效率，开发新产品与新市场，出口扩展边际增加。③外国相对于本国的经济规模（$Y^F/Y$）越大，对本国产品的需求越大，出口的扩展边际越大。④国内生产的固定成本（$f_i$）上升，生产效率低的企业将被迫退出市场，市场份额向更高生产率的企业转移，使得产业总体生产率水平上升，并有更多企业生产率水平超过国际市场关门生产率水平，出口扩展边际增加。⑤冰山贸易成本（$\tau_i$）提高，为降低产品的出口成本，企业减少甚至取消对相对遥远市场的出口，或者仅对相对遥远市场出口高质量的产品，出口扩展边际下降。⑥出口固定成本（$f_{ix}$）上升，一方面迫使部分生产率较低的企业退出出口市场，供应国际市场的产品种类减少；另一方面出口固定成本上升能够提高持续出口企业的垄断程度，降低出口企业技术创新和开发新产品、新市场的积极性，进而降低出口产品的扩展边际。⑦非熟练劳动力与熟练劳动力的工资水平（$w_l$、$w_s$）上升，意味着出口产品的成本提高，进入国际市场的产品种类减少。

由式（4-8）及式（4-11），企业出口收益和国内销售收益之间的关系为

$$\bar{r}_{ix} = \left(\frac{P_i^F}{\tau_i P_i}\right)^{\sigma-1} \left(\frac{Y^F}{Y}\right) r_{id}(\tilde{\varphi}_i) \qquad (4\text{-}20)$$

则出口额的集约边际为

$$\text{IM}_i = \bar{r}_{ix} = \frac{k\sigma f_i}{1+k-\sigma} \left(\frac{P_i^F}{\tau_i P_i}\right)^{\sigma-1} \left(\frac{Y^F}{Y}\right) (w_l)^{\beta_i} (w_s)^{1-\beta_i} \qquad (4\text{-}21)$$

由所构建的集约边际理论模型式（4-21）可知：①国内生产的固定成本上升，能够成功进入该产业的新企业减少，一旦成功进入，它们将获得更高的利润，进而提高产业的平均收益；②冰山贸易成本上升，产品的出口成本增加，不仅会降低持续出口企业的收益水平，还会导致更多的资源配置到生产低质量产品的企业中，进而降低产业的平均收益水平；③国外产品与本国同类产品相比，相对价格提高，原有产品的国际市场关门生产率提高，该产业的平均收益水平增加；④外国相对于本国的经济规模越大，对本国产品的需求越大，有利于形成规模经济，并提高产业的平均收益水平；⑤非熟练劳动力与熟练劳动力的工资水平上升，企业将通过成本加成的方法将其转移到产品售价里，企业的平均收益水平上升。

## 4.3 实证模型的估计、检验与分析

### 4.3.1 实证模型构建、指标选择与数据

对式（4-19）、式（4-21）两端取自然对数，可得本书的实证模型，如式（4-22）和式（4-23）所示。

$$\begin{aligned}\ln \text{EM}_{i,t} =\ & \alpha_i + \alpha_1 \ln Y_{i,t} + \alpha_2 \ln(P_{i,t}^F/P_{i,t}) + \alpha_3 \ln(Y_t^F/Y_t) \\ & + \alpha_4 \ln \tau_{i,t} + \alpha_5 \ln f_{i,t} + \alpha_6 \ln f_{ix,t} + \alpha_7 \ln w_{l,t} + \alpha_8 \ln w_{s,t}\end{aligned} \qquad (4\text{-}22)$$

$$\begin{aligned}\ln \text{IM}_{i,t} =\ & b_i + b_1 \ln(P_{i,t}^F/P_{i,t}) + b_2 \ln(Y_t^F/Y_{i,t}) + b_3 \ln \tau_{i,t} \\ & + b_4 \ln f_{i,t} + b_5 \ln w_{l,t} + b_6 \ln w_{s,t}\end{aligned} \qquad (4\text{-}23)$$

参照式（4-22）和式（4-23），本书主要选取以下变量。

（1）二元边际：$i$ 产业的扩展边际 $\text{EM}_i$，$i$ 产业的集约边际 $\text{IM}_i$。

（2）产业规模 $Y_i$、外国相对于本国的经济规模 $Y^F/Y$：$Y_i$、$Y$ 和 $Y^F$ 分别用中国制造业各产业 GDP、GDP 总额及外国 GDP 总额表示。

（3）相对价格（$P_i^F/P_i$）：$P_i^F$ 和 $P_i$ 分别用美国和中国制造业各产业产品的价

格指数表示。

（4）冰山贸易成本 $\tau_i$：$\tau_i$ 用中国历年国际航线运输线路里程来表示。

（5）国内生产的固定成本 $f_i$：$f_i$ 用各产业国有企业产值占该产业总产值的比重表示。

（6）出口固定成本 $f_{ix}$：借鉴钱学锋的做法，本书采用 2015 年中国和与中国合作的前 30 名贸易伙伴之间的平均贸易成本 $\theta_c^{-30} = \sum_{r=1}^{-30}(Y_r/Y_A)\Phi_{rc}$ 代表 $f_{ix}$。式中，$Y_r$、$Y_A$ 分别表示中国前 30 名贸易伙伴各自的经济规模和总体经济规模，均用 GDP 表示。$\Phi_{rc} = \sqrt{E_{rc}E_{cr}/E_{cc}E_{rr}}$ 代表贸易自由度，$E_{rc}$ 和 $E_{cr}$ 分别表示中国主要贸易伙伴对中国的总出口和中国对主要贸易伙伴的总出口，$E_{cc}$、$E_{rr}$ 分别表示中国和中国主要贸易伙伴的国内销售，等于各自国内的总产出减去各自的净出口。

（7）非熟练劳动力与熟练劳动力的工资水平 $w_l$ 与 $w_s$：$w_l$ 和 $w_s$ 分别用各产业城镇集体单位工资和国有企业的工资水平表示。

上述指标中，各类产品的出口额来源于 UN Comtrade 网站，美国各产业的价格指数来源于美国劳工部网站[①]，其他数据均来源于国研网数据库。此外，由于某些产业个别年份的出口值可能出现零值，为便于分析，本书用 $1+\text{EM}_i$ 替代 $\text{EM}_i$。

### 4.3.2 实证模型估计与检验

由于出口二元边际估计中使用的数据涵盖 2003~2011 年 HS1996 六位数量级的中国制造业全部出口商品，且 F 检验拒绝联合回归模型，Hausman 检验拒绝随机效应模型，解释变量较多不适用于变参数模型，因此，本书选择变截距固定效应面板模型进行实证分析。

为进一步分析要素禀赋对中国出口二元边际的影响，本书根据各类产品的要素密集度将 28 个制造业产业划分为 9 个中高技术产业和 19 个中低技术产业，分别得出制造业总出口扩展边际 EM、中高技术产业出口扩展边际 HTEM 和中低技术产业出口扩展边际 LTEM 的方程，如式（4-24）~式（4-26）所示。

$$\ln \text{EM}_{i,t} = 4.82\ln Y_{i,t} - 11.32\ln(P_{i,t}^F/P_{i,t}) + 2.57\ln(Y_t^F/Y_t) - 0.51\ln \tau_{i,t}$$
$$(47.88) \quad (-98.93) \quad (6.86) \quad (-2.36)$$
$$+ 4.7\ln f_{i,t} - 96.52\ln f_{ix,t} + 5.96\ln w_{l,t} - 1.32\ln w_{s,t}$$
$$(138.01) \quad (-28.39) \quad (61.89) \quad (-6.24)$$
（4-24）

---

[①] UN Comtrade 网站：http://comtrade.un.org；美国劳工部网站：http://www.bls.gov。

$$\ln \text{HTEM}_{i,t} = 109.94 + 4.73\ln Y_{i,t} - 1.01\ln(P_{i,t}^F/P_{i,t}) + 3.11\ln(Y_t^F/Y_t)$$
$$(4.44) \quad (7.36) \quad\quad (-0.87) \quad\quad\quad (3.25)$$
$$- 4.74\ln \tau_{i,t} + 6.73\ln f_{i,t} - 203.59\ln f_{ix,t} + 6.4\ln w_{l,t} - 2.77\ln w_{s,t}$$
$$(-12.23) \quad (8.96) \quad\quad (-4.72) \quad\quad (3.60) \quad (-2.31)$$
（4-25）

$$\ln \text{LTEM}_{i,t} = 6.02\ln Y_{i,t} - 17.63\ln(P_{i,t}^F/P_{i,t}) + 0.43\ln(Y_t^F/Y_t) + 1.75\ln \tau_{i,t}$$
$$(82.93) \quad\quad (-109.50) \quad\quad\quad (0.58) \quad\quad\quad (3.79)$$
$$+ 5.02\ln f_{i,t} - 138.71\ln f_{ix,t} + 4.07\ln w_{l,t} - 2.39\ln w_{s,t}$$
$$(80.42) \quad\quad (-7.70) \quad\quad\quad (46.14) \quad\quad (-11.32)$$
（4-26）

式（4-24）～式（4-26）的拟合优度分别达到 0.9673、0.9624 和 0.9662，除式（4-25）中的相对价格和式（4-26）中外国相对于本国的经济规模外，其他变量 t 值的绝对值均显著大于 2，模型总体拟合效果良好。

利用式（4-23），采用变截距固定效应面板模型，分别得出制造业出口集约边际 IM、中高技术产业出口集约边际 HTIM 和中低技术产业出口集约边际 LTIM 的方程，如式（4-27）～式（4-29）所示。

$$\ln \text{IM}_{i,t} = 0.5\ln(P_{i,t}^F/P_{i,t}) + 0.7\ln(Y_t^F/Y_t) + 1.07\ln \tau_{i,t} - 0.08\ln f_{i,t}$$
$$(9.71) \quad\quad\quad (6.10) \quad\quad (12.02) \quad\quad (-1.72)$$
$$+ 0.54\ln w_{l,t} + 0.58\ln w_{s,t}$$
$$(9.62) \quad\quad (7.35)$$
（4-27）

$$\ln \text{HTIM}_{i,t} = 0.12\ln(P_{i,t}^F/P_{i,t}) + 0.77\ln(Y_t^F/Y_t) + 0.65\ln \tau_{i,t} - 0.52\ln f_{i,t}$$
$$(40.08) \quad\quad\quad (140.30) \quad\quad\quad (368.98) \quad\quad (-651.84)$$
$$+ 0.93\ln w_{l,t} + 0.67\ln w_{s,t}$$
$$(277.53) \quad\quad (388.79)$$
（4-28）

$$\ln \text{LTIM}_{i,t} = 24.8 + 0.66\ln(P_{i,t}^F/P_{i,t}) + 0.83\ln(Y_t^F/Y_t) + 1.15\ln \tau_{i,t}$$
$$(7.34) \quad (22.42) \quad\quad\quad (33.61) \quad\quad\quad (37.76)$$
$$- 0.07\ln f_{i,t} + 0.51\ln w_{l,t} + 0.51\ln w_{s,t}$$
$$(-4.83) \quad\quad (9.08) \quad\quad\quad (7.82)$$
（4-29）

式（4-27）～式（4-29）的拟合优度分别为 0.9993、0.9998 和 0.9955，除式（4-27）中国内生产的固定成本外，其他变量 t 值的绝对值均显著大于 2，模型总体拟合效果良好。

### 4.3.3 实证结果分析

1. 扩展边际的实证结果分析

中国制造业 2011 年与 2003 年相比实际产值增加了 3.41 倍，年均增长速度达到了 19.87%。其中，中低技术产业产值的年均增长速度为 19.73%，中高技术产业产值的年均增长速度为 20.16%。理论上来讲，产业规模的扩大，有利于形成规模经济效应，使得更多的企业跨越出口门槛生产率，进入国际市场，出口扩展边际增加。式（4-24）～式（4-26）的实证分析也表明，2003～2011年，中国制造业产业规模每扩张1%，出口扩展边际增加4.82%。虽然，中国中高技术产业规模扩张的速度高于中低技术产业，但由于中国在劳动力密集型的中低技术产业上更具有比较优势，对新技术的吸收能力更强，中低技术产业的产业规模每扩张1%，出口扩展边际增加6.02%，高出中高技术产业1.29个百分点。

2003～2011年，国外制造业产品价格与中国同类产业相比提高了29.25%，年均增长速度达到了 3%。其中，中低技术产业和中高技术产业国内外相对价格的年均增长率分别为 3.25%和 2.48%。理论上来讲，国外产品与中国同类产品相比相对价格水平提高，意味着中国出口产品可以在国外卖更高的价格，激发企业不断提高生产率，向国外市场推出更多种类的产品，出口扩展边际增加。从式（4-24）～式（4-26）的实证分析可以看出，国内外价差的变化对出口扩展边际的影响与理论预期相反。2003～2011年，国外产品与本国同类产品相比，相对价格每抬高1%，出口扩展边际降低11.32%。这是因为中国非熟练劳动力过剩，无论是在中高技术产品，还是在中低技术产品的生产上都过度地使用了非熟练劳动力。当市场竞争程度提高时，市场集中程度低的熟练劳动力密集型产品价格水平提高，而市场集中程度高的非熟练劳动力密集型产品价格水平下降。因此，国外产品与中国同类产品相比相对价格水平提高体现了国内外产品的异质性不断增加，国外市场相对于国内市场的垄断性日益上升，企业的市场进入成本提高，产品出口扩展边际下降。式（4-24）～式（4-26）的实证分析也可看出国内外价差变化对中国出口扩展边际的逆向影响主要是由中低技术产业出口扩展边际的下降引起的。国外产品相对于国内产品价格每抬高 1%，会使得中低技术产业的出口扩展边际下降17.63%，高出中高技术产业16.62个百分点。由于中低技术产品的市场准入水平低，中国又在中低技术产品上具有比较优势，长期以来中国大规模的发展加工贸易产业，企业只负责产品的加工、装配环节，失去了创新的动力与能力。当国外市场垄断性增强，对低质产品的需求下降时，不但企业原有产品的市场份额降低了，短期内企业又无法向国际市场推出高质量的差异产品，出口扩展边际下降。

2003年，世界市场其他国家的产出规模是中国的22.14倍，而2011年世界市场其他国家的产出规模仅为中国的 8.76 倍。理论上来讲，世界市场相对于中国的经济规模缩小，对中国产品的需求减少，出口扩展边际下降。从式（4-24）～式（4-26）的实证分析可知，国外市场相对经济规模每缩小1%，中国制造业出口扩展边际下降 2.57%。由于中高技术产品多为能够满足消费者多样化需求的差异性、高质量产品,产品的需求收入弹性比较高,而中低技术产品一般为同质性的低质量产品,产品的需求收入弹性比较低,国外市场相对经济规模缩小对中国中高技术产业的出口扩展边际影响更大。国外市场相对经济规模每缩小1%,中高技术产业和中低技术产业的出口扩展边际分别下降3.11%和0.43%。

随着中国出口市场的不断扩展,出口产品的冰山贸易成本不断提高,产品的出口生产率门槛增加,理论上将降低出口产品的扩展边际。从式(4-24)~式(4-26)的实证分析可知,出口产品的冰山贸易成本每提高1%,中高技术产业的出口扩展边际下降4.74%;而中低技术产业主要生产加工贸易产品,冰山贸易成本一般由国外企业承担,因而冰山贸易成本提高,并不增加中国企业的出口生产率门槛。冰山贸易成本每提高1%,反而使得中低技术产业出口的扩展边际增加1.75%。总体上来说,出口产品的冰山贸易成本每提高1%,总扩展边际下降0.51%。

随着中国市场经营体制的逐步完善及政府职能的转变,企业国内生产的固定成本不断降低。理论上来讲,国内生产的固定成本降低,将会有更多低效率的企业越过市场准入门槛,市场份额向低效率的企业转移后,部分企业退出出口市场,出口扩展边际下降。式(4-24)~式(4-26)的实证分析中,国内生产的固定成本每降低1%,出口扩展边际降低4.7%。由于中高技术产品多靠质量竞争取胜,市场竞争程度提高会降低产品的市场垄断力量,而中低技术产品多为同质性的标准化产品,接近于完全竞争的市场结构,大量低效率企业进入市场对中低技术产业总体生产率水平和出口扩展边际的影响较小。国内生产的固定成本每降低1%,中高技术产业和中低技术产业的出口扩展边际分别下降6.73%和5.02%。

入世后,中国贸易自由化程度大幅提高,企业的出口固定成本降低,理论上将提高出口产品的扩展边际。式(4-24)~式(4-26)的实证分析中,出口固定成本每降低1%,出口产品的扩展边际提高96.52%。由于出口固定成本的降低更大程度上削弱了中高技术产品的市场垄断力量,激励企业不断开发新产品与新市场。因此,企业的出口固定成本降低对中高技术产业的出口扩展边际影响更大。出口固定成本每降低1%,中高技术产业和中低技术产业出口扩展边际分别提高203.59%和138.71%。

2011年与2003年相比,中国中低技术产业熟练劳动力和非熟练劳动力工资水平分别上涨了1.52倍和1.64倍,中高技术产业熟练劳动力和非熟练劳动力工资水平分别上涨了1.54倍和1.55倍。理论上来讲,工资水平上涨意味着出口产品的成本上升,出口产品的扩展边际下降。从式(4-24)~式(4-26)的实证分析中可以看出,熟练劳动力工资水平每上涨1%,中高技术产业和中低技术产业的出口扩展边际分别下降2.77%和2.39%;但非熟练劳动力工资水平上涨的结果与理论预期相反,非熟练劳动力工资水平每上涨1%,反而使得中高技术产业和中低技术产业的出口扩展边际分别提高6.4%和4.07%。这主要是由于中国非熟练劳动力过剩，因此，无论是在中国具有比较优势的中低技术产品，还是在中国具有比较劣势的中高技术产品的生产中都更多地使用了非熟练劳动力。而且，随着工资水平的上涨，熟练劳动力和非熟练劳动力工资水平的差距在增加。对于出口企业来说，生产技术水平很难在短期内提高，只有在生产中更多地使用非熟练劳动力，企业才能够在短期内克服生产成本上涨的负面影响，使生产率水平维持或者超过出口门槛生产率，进而扩大产品的出口扩展边际。另外，随着非熟练劳动力的工资水平上涨，美国、日本、欧盟等主要贸易伙伴逐渐将产品的加工制造环节转移到印度、东盟等劳动力成本更低的国家或地区，中国开始开拓非洲、南美洲等市场，这些新市场购买力水平比较低，对中国非熟练劳动力密集型产品具有强烈的需求，出口规模不断扩张，出口产品的扩展边际增加。

2. 集约边际的实证结果分析

理论上来讲，国外产品相对于国内同类产品的价格上升，成功进入出口市场的企业会减少，继续保持出口的企业将获得更多的市场份额和利润，出口集约边际增加。式（4-27）～式（4-29）的实证分析也表明，国外产品相对于国内同类产品的价格上升1%，中高技术和中低技术产业的出口集约边际分别提高0.12%和0.66%。由于相对于中低技术产业，国外在中高技术产业中的技术领先性和异质产品的垄断优势更强，产品的需求价格弹性较小。因此，无论是出口扩展边际，还是出口集约边际，国内外相对价格的变化对中低技术产业的影响都大于其对中高技术产业的影响。

根据规模经济理论，外国与中国的相对经济规模下降的程度越大，就会有越多的企业因国外需求不足而无法获得规模经济效应，产品的平均收益减少，出口集约边际下降。从式（4-27）～式（4-29）的实证分析可知，外国相对于中国的经济规模每减少1%，中国的出口集约边际降低0.7%。结合式（4-24）～式（4-26）可以看出，外国相对于中国经济规模缩小，对于已成功进入出口市场的中高技术产业和中低技术产业集约边际的影响相差无几，但是，相对来说，规模经济效应对于中高技术产品进出国际市场的决策具有更重要的作用。国外市场规模相对缩小对中高技术产业扩展边际的影响达到了其对中低技术产业影响的7.23倍。

理论上来讲，冰山贸易成本上升，将会降低出口产品的集约边际。但从式（4-27）～式（4-29）的实证分析来看，与理论预期相反，冰山贸易成本每上升1%，中国出口产品的集约边际增加1.07%。这主要是由于冰山贸易成本主要由运输成本组成，当能源价格上涨等原因导致国际运输成本提高时，更多的跨国公司选择在中国设立分支机构，这样既可以利用中国丰富的能源和廉价的劳动力，又可以将加工后的产品直接转售到中国的周边市场。由于中国按照属地原则进行出口统计，外商投资企业出口规模的扩张直接提升了中国出口商品的集约边际水平。由于中国在中低技术产品的生产上更具有比较优势，跨国公司更多选择将产品的加工制造等低技术环节转移到中国进行生产，因此，冰山贸易成本的变化对中低技术产品集约边际的影响大于其对中高技术产品集约边际的影响。冰山贸易成本每增加 1%，中国中低技术产业的集约边际提高 1.15%，而中高技术产业的集约边际仅提高 0.65%。另外，众多的理论与实证研究表明产品价值随着运输成本的提高而增加，只有高质量产品的生产者能够进入更遥远的出口市场，意味着运输成本等冰山贸易成本提高会导致更多的资源配置到高生产率、生产高质量产品的企业中，从而提高产业的平均生产率水平，出口产品的集约边际增加。

理论上来讲，国内生产的固定成本减少将降低产业的总体生产率水平，进而减少出口产品的集约边际。但从式（4-27）～式（4-29）的实证分析可知，与理论预期相反，国内生产的固定成本每减少 1%，出口产品的集约边际增加 0.08%。主要是因为国内生产的固定成本降低后，更多的低效率企业进入市场，原有出口企业的市场份额减少，出口收入降低，但同类产品新进入企业增加的出口收入超过了原有出口企业的损失，出口集约边际增加。由于中高技术产业的市场进入门槛高，国内生产的固定成本降低后，会有更多的企业进入中高技术产业。同时，中高技术企业相对于中低技术企业而言具有更高的可变利润，有能力支付高额的固定成本以采用先进的技术进入高端产品市场，从而扩大出口产品的集约边际。国内生产的固定成本每减少 1%，中高技术产业的集约边际增加 0.52%，而中低技术产业的集约边际仅增加 0.07%。

工资水平上涨，企业将会把工资成本转移到产品售价中，理论上将提高产品的集约边际。式（4-27）～式（4-29）的实证分析中，熟练劳动力和非熟练劳动力工资水平上涨分别使得出口产品的集约边际增加 0.58%和 0.54%。由于中高技术产业具有更高的成本加成空间，工资水平上涨对中高技术产业集约边际的影响大于其对中低技术产业集约边际的影响。

## 4.4 出口企业二元边际不均衡发展的成因分析

中国企业出口扩展边际停滞不前甚至有所下降的原因是，在出口扩展边际的所有影响因素中，仅有产业规模扩张、出口固定成本下降和非熟练劳动力过剩引致的资源配置劣化在提升产品的出口扩展边际。然而，这三个因素的作用有限，并且不可持续。①产业规模扩张意味着国外市场相对需求缩小，规模经济效应相互抵消。②入世后，WTO 成员对中国的关税、非关税贸易壁垒大幅削减，出口固定成本降低是避免中国产品出口扩展边际减少的最主要原因。然而，WTO 进一步贸易自由化进程缓慢，未来时期内，中国企业面对的出口壁垒将较为稳定，出口固定成本难以大幅降低。③凭借生产中过度使用非熟练劳动力而提升的出口扩展边际，使得中国的技术水平和产品质量与国外的差距较大，降低了产品的出口门槛生产率和产业的整体生产率水平。④技术落后和产品质量升级缓慢促使国外产品和中国同类产品之间的价格差距越来越大，政府给予低效率加工贸易企业的各种保护政策使得这些企业失去了创新的动力与能力，生产率水平长期得不到改善，一旦国际市场需求低迷，便会进一步拖低出口产品的扩展边际。

相对而言，推动中国出口集约边际扩张的原因较多，式（4-23）中，除国外市场与本国市场的相对规模外，其他所有因素均推动出口集约边际增加。但从式（4-27）～式（4-29）的分析中可以看出，出口集约边际的快速增长并没有带来相应福利水平的改善。①当产品的比较优势逐渐降低时，中国企业并没有意识到通过开发新产品、提高生产率、变产品比较优势为竞争优势的重要性，而是努力为落后的加工贸易产品开拓新的市场。②国内生产的固定成本降低，使得更多低效率的加工贸易企业进入市场，产业的整体生产率水平降低。③中国持续出口的产品多为加工贸易产品，虽然，中国出口总规模因集约边际的增加而持续增长，但中国的出口收益仅为其中低廉的加工装配费用，剔除通货膨胀因素后，最终通过出口而交换到的实际产品并没有快速增长。

综上所述，集约边际是我国出口额持续攀升的原因，扩展边际是我国出口创汇的收入来源。二元边际的不平衡发展导致了我国出口增收不增利，而二元边际的畸形发展又和我国内外经济结构失衡密切相关。

### 4.4.1 要素结构失衡

中国劳动力的绝对禀赋和相对禀赋均异常丰富，由于非熟练劳动力长期处于过度供给状态，与发达国家相比，我国在各类技术水平产品的生产中都使用了更多的非熟练劳动力。

### 4.4.2 产品结构失衡

与发达国家相比，我国在各类技术水平产品的生产中均使用了更多的非熟练劳动力，因此，即使是高技术企业，其生产的产品也仅为该产业的低端产品，产品尚未形成市场势力，获利能力依然较弱，长期依靠价格竞争维持市场份额。

### 4.4.3 贸易方式失衡

由于加工贸易方式生产的产品为非熟练劳动力密集型产品，中国是世界第一人口大国，在非熟练劳动力密集型产品的生产上具有比较优势，且加工贸易方式市场准入和出口市场准入的门槛生产率水平低，使得中国的加工贸易在2005年以后得到了过度发展。即使是高技术产品的生产企业，大多只负责产品价值链环节中利润最为微薄的加工组装环节，企业没有技术能力和充足的资金来从事研发创新活动。因此，当我国市场全面开放时，加工贸易企业通过压低生产成本、降低产品质量的方式扩大出口，出口集约边际不断扩张，这不仅降低了企业的生产率水平和获利能力，也进一步阻碍了企业扩展边际的发展。

### 4.4.4 内外需比例失衡

2003~2015年，中国的经济规模与世界总体经济规模相比上升了1.52倍，而中国居民的收入水平及消费能力比较低，过剩产品以出口集约边际扩张的方式源源不断地输往国外，当国外市场需求疲软时，企业只能采取低价竞争的方式维持及扩大出口份额，从而导致中国出现出口增收不增利的怪象。

在所有四个因素中，要素结构失衡是我国内外经济结构失衡和出口二元边际不均衡发展的根本原因。当前，我国劳动力禀赋结构正在经历深刻的变化。随着人口老龄化程度的加深，支持我国外贸发展的人口红利已经消失（孙亚南和张桂文，2014，2017）。民工荒、技工荒和大学生就业难并存的现象凸显我国劳动力结构与产业结构之间的不匹配。农民工年增长速度放缓的现象进一步表明尽管我国熟练劳动力的相对禀赋有所提升，但非熟练劳动力和熟练劳动力仍分别处于供过于求和供不应求的状态。今后，二孩政策能够在一定程度上缓解未来劳动力短缺所带来的负面影响。同时，随着中国要素市场供给侧结构性改革的深化、职业教育及在职培训的普及，中国将形成以劳动力质量为基础的新的人口红利。劳动力禀赋优势的转变必将对当前和未来我国商品出口二元边际的均衡发展产生深远的影响。

当前劳动力禀赋变化对中国商品出口集约边际具有正反两个方面的影响。一方面由于非熟练劳动力相对成本上升，企业将用熟练劳动力替代部分非熟练劳动力，这有利于提升企业的生产率水平和产品质量，进而提升我国出口商品的集约边际。但由于我国熟练劳动力仍处于供不应求状态，当前要素禀赋变化对出口集约边际的促进作用非常有限。另一方面，当前劳动力禀赋变化可从多角度抑制中国商品出口集约边际的发展：首先，加工贸易的发展是中国商品出口集约边际迅速扩张的决定因素。人口红利消失后，非熟练劳动力成本持续上涨，导致加工贸易企业生产成本和出口产品价格提高，降低了产品的国际竞争力，抑制了出口集约边际。其次，劳动力价格扭曲减少，更多的资源从加工贸易企业转移到一般贸易企业，加工贸易出口集约边际降低，一般贸易出口集约边际提升；由于从加工贸易企业转移出来的熟练劳动力供给不足，非熟练劳动力过剩，其技术水平和素质并没有得到相应提升，一般贸易出口集约边际提升的幅度小于加工贸易集约边际降低的幅度，出口集约边际总额降低。再次，非熟练劳动力成本提升后，一部分企业将生产转移到非熟练劳动力成本较低的国家和地区，降低了出口集约边际。最后，非熟练劳动力从无限供给转向有限剩余后，生产逼近了生产可能性边界，企业根据比较优势扩张原有产品产量的潜力降低，阻止了集约边际的扩张。可见，当前劳动力禀赋的变化对我国商品出口集约边际的抑制作用远大于促进作用，从总体上来说抑制了我国出口集约边际的扩展。

当前劳动力禀赋变化对中国商品出口扩展边际也具有正反两个方面的影响。一方面，当前劳动力禀赋变化可能提升中国商品出口的扩展边际。首先，非熟练劳动力转向有限剩余后，生产扭曲减小，自选择效应得到有效发挥，激发企业创新动力，有利于企业开发新产品和新市场，提升出口扩展边际。其次，随着产品生产中熟练劳动力投入比重的提升，企业的研发制造能力得以加强，并对本地企业产生更大的关联和拉动作用，带动出口扩展边际螺旋上升。另一方面，当前劳动力禀赋变化也可能抑制中国商品出口的扩展边际。适龄劳动力减少导致劳动力成本提升后，企业出口的门槛生产率水平提高，一部分生产率水平低于临界值的企业退出国际市场，抑制了出口扩展边际。可见，当前劳动力禀赋的变化对中国出口商品扩展边际的促进作用大于抑制作用，最终将提升我国商品的出口扩展边际。

当前要素禀赋的变化虽然会对我国出口贸易形成"阵痛"，但正在逐渐改善我国商品出口二元边际不均衡发展问题。当未来我国劳动力短缺现象得以缓解，大量非熟练劳动力转化为熟练劳动力，劳动力供求均衡时，我国不但能够实现出口二元边际同时提升，还能够实现出口二元边际的均衡发展。

## 4.5 促进我国企业出口二元边际均衡发展的对策建议

从以上分析可以看出，调整出口集约边际的结构、扩大出口扩展边际，真正实现出口对经济增长的带动作用，需要从根本上优化我国的要素禀赋结构，因此，本书拟从以下几个方面给出相应政策建议。

### 4.5.1 加速人口红利由数量增长转向质量提升

随着大量非熟练劳动力供给所带来的中国人口红利逐渐释放完毕，由教育普及带来的劳动力供给质量的红利正在逐步形成，然而熟练劳动力结构性失业和供求失衡的现象阻碍了我国对外贸易转型升级和出口二元边际的均衡发展。为了给外贸长期发展打好基础，政府应采取措施加速人口红利由数量增长转向质量提升，如加大高等教育和职业教育投入，补贴企业在职培训，提升熟练劳动力供给数量；构建合理的要素价格体系，消除要素价格扭曲，推动劳动力市场供求均衡；完善知识产权保护制度，激励科技人员开展创新活动。

### 4.5.2 推动企业技能偏向型技术进步

与中性技术进步不同,偏向型技术进步能够改变企业的要素密集度,进而影响要素的边际产出和企业的边际成本。偏向本国丰富要素的技术进步虽然能够提升出口集约边际,但易使本国经济陷入"比较优势陷阱";相反,偏向本国丰富要素的技术进步能够引领本国经济实现比较优势的动态转型升级。因此,我国应该鼓励与引导企业实现技能偏向型技术进步,扩大熟练劳动力密集型产品的相对出口能力和出口集约边际,同时,熟练劳动力边际产出的提高还有助于扩大出口扩展边际。

### 4.5.3 加强和拓展与"一带一路"沿线国家的对外贸易

"一带一路"建设将降低我国与沿线国家的贸易成本,有利于提高出口二元边际。另外,"一带一路"沿线有众多要素禀赋结构低于我国的发展中国家,并且这些国家的发展水平、要素禀赋差异较大,为我国熟练劳动力密集型产品的对外出口提供了机遇。加强与"一带一路"沿线国家的交流与合作,有利于提升我国熟练劳动力密集型产品的扩展边际。

### 4.5.4 调整生产要素地区分布,优化地区间出口二元边际布局

我国各地区之间要素禀赋存在差距,建立与健全生产要素流动的优惠制度安排,引导低生产率、非熟练劳动力密集型企业到我国中西部地区投资,并吸引高生产率、熟练劳动力密集型企业到良好产业基础的东部地区,有利于将非熟练劳动力密集型产品的出口集约边际从东部地区转移到中西部地区,并扩大东部地区熟练劳动力密集型产品的出口二元边际,实现地区间出口二元边际的协调发展。

### 4.5.5 推动加工贸易向高端发展

加工贸易过度发展是我国出口二元边际增收不增利的主要原因,但加工贸易符合中国的国情,过去需要,现在需要,将来仍然需要,因此,推动我国加工贸易向高端发展是当前迫切需要解决的问题。政府应该加大职业教育投入,引导企业开展各类在职培训,提升非熟练劳动力的技能水平,鼓励与支持加工贸易企业通过自主研发、品牌化建设和产品升级走上产业链中上游,并带动上下游关联产业的生产与出口,全面提升出口二元边际。

# 第5章 出口企业低效因素的相互作用关系及协调发展对策

生产率体现了企业的生产技术水平和竞争能力，成本加成率体现了企业的市场势力和获利能力，出口二元边际体现了企业的出口模式和未来发展潜力。异质性企业贸易理论以这三个问题为主线揭示了贸易起因、贸易模式和贸易利得。贸易起因是否与异质性企业贸易理论相符、贸易利得是否巩固了企业的市场势力、贸易模式是否均衡发展，是从异质性企业贸易理论的视角衡量企业出口贸易效益的主要因素。我国制造业企业的出口中普遍存在的生产率悖论、出口学习效应微弱、"低加成率陷阱"和出口二元边际不均衡发展的现象，本书分别从贸易起因、贸易模式和贸易利得的角度揭示了我国企业出口效益低下的现状，并且四者之间的相互作用和相互联系致使我国企业出口陷入低效循环，成为制约我国从制造业大国向制造业强国转变的重要因素。因此，找出我国出口企业低效因素之间的相互作用关系，是推动我国企业摆脱生产率悖论，走出"低加成率陷阱"、推动出口二元边际均衡发展，从而加速中国外贸转型升级的关键。

## 5.1 生产率悖论、"低加成率陷阱"和二元边际失衡的关系

自选择效应机制欠佳、出口学习效应微弱、出口陷入"低加成率陷阱"和出口二元边际不均衡发展现象在本身构成低效因素的同时，分别对出口企业其他低效因素的影响如以下几个方面。

### 5.1.1 自选择效应机制欠佳对企业低效出口的影响

由于内需不足，中国长期以来一直实行出口导向的贸易政策，出口企业相对于非出口企业能够享受出口退税等贸易补贴，同时，由于资金短缺，我国长期给予外商投资企业超国民待遇，吸引跨国公司将产品生产的加工组装环节转移到我国境内，使得中国企业出口出现了异质性企业贸易理论无法解释的现象，即低生产率的企业反而能够进入出口市场。2001~2005年，我国各类所有制企业、各地区企业及高技术企业和低技术企业的出口中，均存在出口选择悖论，2006~2016

年，虽然，制造业企业总体的出口开始遵循自选择效应机制，但是，低技术企业、国有企业和东部地区企业的出口中，均出现出口选择悖论现象。自选择效应机制欠佳的影响是多方面的。首先，生产率水平体现了企业的吸收能力，低生产率的企业从事出口导致企业获得的出口学习效应非常微弱。其次，生产率水平是决定企业成本加成率水平的重要因素。低生产率的企业具有更高的生产成本，同时，低生产率的企业多数生产低技术含量、低质量的产品或者仅从事产品生产的加工组装环节，因此，通常具有更低的成本加成率水平，低生产率的企业从事出口导致我国企业出口渐进陷入"低加成率陷阱"。最后，当面对日益激烈的国际市场竞争环境时，低生产率的企业不得不采用降低价格的方式来维持或者扩大市场份额，从而导致企业出口集约边际不断扩大，同时，低生产率的企业研发创新能力比较弱，使得出口产品质量难以改善，出口产品种类鲜有更新，出口扩展边际停滞不前。

### 5.1.2 出口学习效应不足对企业低效出口的影响

建立在廉价劳动力禀赋基础之上的比较优势，使得我国出口企业研发投入的成本远远大于创新的未来收益，多数企业缺乏创新的动力。在生产技术水平低下、创新能力不足的情况下，通过出口吸收国外的新技术、新知识来获得出口生产率溢价和出口成本加成率溢价，是我国利用后发优势追赶发达国家的重要渠道。但从第2章的实证分析中可以看出，尽管，2002~2016年，我国上市公司制造业企业总体及各类技术水平、各类所有制和各地区企业的出口中均存在出口学习效应，但是，出口生产率溢价系数均不高于1%。在其他条件不变的情况下，制造业企业总体中，出口企业相对于非出口企业生产率增长率高0.70%，制造业企业出口密度每增加1%，生产率增长率提升0.0006%。因此，过低的出口学习效应使得我国出口企业始终保持生产技术水平和市场定价能力上的相对劣势，企业无法利用后发优势提升生产率水平和产品质量，进而无法转变出口集约边际不断扩张、出口扩展边际停滞不前的发展模式。即使2006~2016年，企业逐步恢复自选择效应机制，但是，企业出口仍然陷入"低加成率陷阱"。

### 5.1.3 "低加成率陷阱"对企业低效出口的影响

成本加成率是衡量企业市场势力和获利能力的重要指标，成本加成率水平越高，代表企业的获利能力越强，在国际市场上赚取的利润份额越大。然而，2001~2005年，我国上市公司制造业低技术企业、外商投资企业和西部地区企业，以及2006~2016年，我国上市公司制造业中技术企业、低技术企业、外商投资企业、民营企业、东部地区企业和西部地区企业的出口均陷入了"低加成率陷阱"。出口企业比非出口企业具有更低的成本加成率，意味着即使企业出口的集约边际不断扩大，但通过集约边际扩张赚取的利润却十分微薄，没有足够的研发资金从事研发创新活动。生产率水平低、研发创新能力不足使得企业获得的出口学习效应非常有限。出口企业生产率和产品质量改善的程度与速度落后于国外竞争对手，没有能力增加产品的扩展边际。

### 5.1.4　出口二元边际不均衡发展对企业低效出口的影响

集约边际是我国企业出口规模持续攀升的原因，扩展边际是我国企业出口创汇的收入来源。虽然，2003~2015 年，我国制造业 9 个中高技术产业中有 2 个产业出口扩展边际为零，19 个中低技术产业中有 11 个产业出口扩展边际为零，4 个产业的年均出口扩展边际不足百万元。但是，这 28 个产业的出口集约边际一直居高不下。出口二元边际的不均衡发展使得我国形成低生产率的企业出口的惯性行为，不利于通过完善自选择效应机制，实现产业内资源的优化配置；出口集约边际的过度发展使得国外市场的竞争效应不断增强，我国的贸易条件不断恶化，企业陷入"低加成率陷阱"的程度更加严重；出口扩展边际停滞不前，使得企业无法从新产品的出口中获得知识外溢，出口学习效应十分微弱。

## 5.2　促进出口企业生产率、成本加成率和二元边际协调发展的对策建议

生产率悖论、出口学习效应微弱、"低加成率陷阱"和出口二元边际不均衡发展之间的相互作用关系，使得我国企业陷入"低生产率、低成本加成率出口—出口学习效应微弱—集约边际扩张、扩展边际停滞不前—出口企业与非出口企业之间生产率和成本加成率之间的差距逐步扩大"的恶性循环。为使我国企业摆脱低效出口的恶性循环，除采用 2.7 节、3.6 节、4.5 节的对策以外，还有必要针对企业特征适度调整对外贸易战略，促进出口企业生产率、成本加成率和出口二元边际的协调发展。具体如下几个方面。

（1）在三大类技术水平的企业中，尽管，2001~2005 年高技术企业的出口中存在生产率悖论，2006~2016 年高技术企业的出口生产率溢价系数较低，但是，高技术企业中，出口企业的成本加成率始终高于非出口企业。适度的贸易保护不但可以推动高技术企业生产率水平的提高，还有利于提升高技术企业的市场势力和获利能力，因此，政府可以维持或者加强对高技术企业的各种保护政策。2001~2016 年，中技术企业的出口始终遵循自选择效应机制，且中技术企业出口中获得的出口学习效应最强，但国内市场全面开放以后中技术企业的出口成本加成率溢价系数由正转负，出口陷入"低加成率陷阱"。这说明中技术企业的出口中市场竞

争机制较为健全，但与高技术企业相比，中技术企业的产品质量相对较低、市场竞争能力相对较弱，当国外市场竞争更加激烈时，中技术企业只能依靠降低价格的方式来维持出口份额。国家应该采取适当的税收或者研发补贴政策，鼓励与引导中技术企业提升产品质量和市场定价能力。低技术企业的出口中始终存在生产率悖论和"低加成率陷阱"现象，因此，国家应该取消对低技术企业的各种政策补贴，让低技术企业根据市场竞争机制自由决定其进入、退出国际市场的活动。

（2）在三大类所有制的企业中，国有企业的出口中始终存在生产率悖论，但国有企业中，出口企业的成本加成率水平始终高于非出口企业。可见，国有企业出口的产品以高技术产品为主，适当的贸易保护可以提升国有企业出口产品的市场定价能力，在国有企业真正成长起来以后，国家再取消对国有企业进入市场的各种保护，让国有企业根据市场竞争机制自由决定其进入、退出国际市场的活动。尽管在三大类所有制企业中，外商投资企业的出口规模最大、出口扩张速度最快，全要素生产率水平比较高，但从整体上来看，2001～2005年，外商投资企业的出口中同时存在生产率悖论和"低加成率陷阱"现象，2006～2016年，外商投资企业开始遵循自选择效应机制确定出口市场的选择行为，但其出口仍然陷入"低加成率陷阱"，由于外商投资企业主要从事加工贸易活动，且其在生产经营和市场营销的过程中通常采取防止技术转移与技术外溢的措施，企业的出口活动并没有获得出口学习效应。因此，国家应该采取政策，引导外商投资企业向中技术产业和高技术产业投资、放宽技术转让门槛和加大出口利润再投资的比重等。2001～2005年，民营企业的出口中存在生产率悖论，但民营企业的出口成本加成率溢价系数仍然为正，2006～2016年，尽管民营企业的出口开始恢复自选择效应机制，但民营企业的出口却陷入"低加成率陷阱"，这说明民营企业的出口产品结构优于外商投资企业，但民营企业资金短缺、人才匮乏，民营企业的出口定价更易受外部市场冲击的影响，国家应该采取政策解决民营企业融资难、人才短缺等问题，引导民营企业产品转型升级，巩固民营企业的市场地位。

（3）在各地区企业中，上市公司制造业东部地区企业的出口中始终存在生产率悖论，我国市场全面开放以后，东部地区企业的出口成本加成率溢价系数由正转负。这说明东部地区企业长期依靠政府政策扶持，出口集约边际不断扩大，但是出口企业的市场势力和贸易收益却逐年下降，政府应该降低或者取消对东部地区企业的贸易保护。尽管，2001～2005年中部地区企业的出口中存在生产率悖论，但2001～2016年，中部地区企业的出口成本加成率溢价系数始终为正，这说明中部地区的市场运行机制优于东部地区，中部地区企业的产品结构优于西部地区企业，国家应该取消对中部地区企业的各种保护，让中部地区企业根据市场竞争机制自由决定进入、退出国际市场的行为。尽管，2006～2016年，西部地区企业的出口生产率溢价系数由负转正，西部地区企业的出口开始遵循自选择效应机制，但由于西部地区资金匮乏、人才短缺、产品技术含量低等原因，西部地区企业中出口企业的成本加成率始终低于非出口企业。政府应该出台人才政策，防止西部地区高素质人才外流，鼓励和引导东部地区高生产率的企业到西部地区投资，提升西部地区出口产品的质量与市场竞争能力。

# 参 考 文 献

戴觅，余淼杰，Maitra M. 2014. 中国出口企业生产率之谜：加工贸易的作用. 经济学（季刊），13（2）：675-698.

高运胜，郑乐凯，杨张娇. 2017. 异质性产品质量与出口加成率. 统计研究，34（9）：28-35.

耿晔强，狄媛. 2017. 中间品贸易自由化、制度环境与企业加成率——基于中国制造业企业的实证研究. 国际经贸探索，33（5）：51-68.

巩爱凌. 2013. 市场扭曲与中国外贸出口粗放型发展——基于全球价值链视角. 世界经济与政治论坛，（5）：137-149.

黄先海，诸竹君，宋学印. 2016. 中国出口企业阶段性低加成率陷阱. 世界经济，39（3）：95-117.

李春顶，唐丁祥. 2010. 出口与企业生产率：新-新贸易理论下的我国数据检验（1997~2006年）. 国际贸易问题，333（9）：13-21，32.

李春顶，尹翔硕. 2009. 我国出口企业的"生产率悖论"及其解释. 财贸经济，（11）：84-90，111，137.

李建萍. 2015. 异质性企业的出口生产率悖论研究——基于比较优势视角的解释. 山东大学博士学位论文.

刘啟仁，黄建忠. 2015. 异质出口倾向、学习效应与"低加成率陷阱". 经济研究，50（12）：143-157.

鲁晓东，连玉君. 2012. 中国工业企业全要素生产率估计：1999—2007. 经济学（季刊），11（2）：541-558.

马凌远. 2016. 中国出口增长二元边际的再测算——基于不同生产要素密集型产品贸易的视角. 国际商务（对外经济贸易大学学报），（3）：44-53.

马树才，周小琳. 2014. 国际原油价格波动对我国外贸收支的冲击效应. 辽宁大学学报（哲学社会科学版），42（4）：2，53-63.

马树才，周小琳. 2015. 中国外贸收支顺差居高不下的成因分析. 统计与信息论坛，30（6）：59-66.

马树才，周小琳. 2017. 中国商品出口二元边际均衡发展研究——引入要素禀赋理论的思考. 亚太经济，（5）：62-71.

钱学锋. 2008. 企业异质性、贸易成本与中国出口增长的二元边际. 管理世界，（9）：48-56，66，187.

钱学锋，潘莹，毛海涛. 2015. 出口退税、企业成本加成与资源误置. 世界经济，38（8）：80-106.

钱学锋，熊平. 2010. 中国出口增长的二元边际及其因素决定. 经济研究，45（1）：65-79.

申蕾. 2013. 全球失衡治理的博弈论分析. 经济研究导刊，（7）：14-16.

盛斌，吕越. 2014. 对中国出口二元边际的再测算：基于2001~2010年中国微观贸易数据. 国际贸易问题，383（11）：25-36.

盛斌，毛其淋. 2011. 贸易开放、国内市场一体化与中国省际经济增长：1985~2008年. 世界经济，34（11）：44-66.

盛丹. 2013. 国有企业改制、竞争程度与社会福利——基于企业成本加成率的考察. 经济学（季刊），12（4）：1465-1490.

盛丹, 王永进. 2012. 中国企业低价出口之谜——基于企业加成率的视角. 管理世界, (5): 8-23.
施炳展. 2010. 中国出口增长的三元边际. 经济学(季刊), 9 (4): 1311-1330.
史本叶, 张永亮. 2014. 中国对外贸易成本分解与出口增长的二元边际. 财经研究, 40 (1): 73-82.
孙亚南, 张桂文. 2014. 城乡二元经济转型的实现途径研究——基于韩国的经验及启示. 商业时代, (29): 61-62.
孙亚南, 张桂文. 2017. 二元经济转型的一般规律研究——基于跨期国际比较分析的视角. 天津社会科学, 2 (2): 107-114.
田敏. 2014. 生产率与企业出口行为——基于中国工业企业数据的实证研究. 华中科技大学博士学位论文.
薛冰, 卫平. 2017. 贸易成本与中国出口产品二元边际. 经济与管理研究, 38 (7): 14-25.
张家胜, 祁春节. 2007. 我国贸易顺差的可持续性研究. 世界经济研究, (7): 58-65, 88.
张仁寿, 苏然, 张二震. 2016. 经济开放与中国企业生产率的关系研究——"学习效应"还是"自选择效应". 世界经济研究, (4): 119-133, 136.
赵瑞丽, 孙楚仁, 陈勇兵. 2018. 最低工资与企业价格加成. 世界经济, 41 (2): 121-144.
赵伟, 赵金亮. 2011. 生产率决定中国企业出口倾向吗——企业所有制异质性视角的分析. 财贸经济, (5): 100-105.
周小琳, 王浩明. 2014a. 国际原油价格波动对中国外贸收支失衡的影响分析. 经济问题探索, (9): 148-153.
周小琳, 王浩明. 2014b. 中国外贸收支顺差的根源探析——基于跨期一般均衡理论的视角. 上海经济研究, (10): 25-36.
周小琳, 吴翔, 独孤昌慧. 2015. 异质性企业贸易理论关于国际贸易基本问题的回答——一个文献综述. 经济问题探索, (9): 156-163.
祝树金, 张鹏辉. 2015. 出口企业是否有更高的价格加成: 中国制造业的证据. 世界经济, 38 (4): 3-24.
宗毅君. 2012a. 出口二元边际对竞争优势的影响——基于中美1992~2009年微观贸易数据的实证研究. 国际经贸探索, 28 (1): 24-33.
宗毅君. 2012b. 中国制造业的出口增长边际与贸易条件——基于中国1996~2009年微观贸易数据的实证研究. 产业经济研究, (1): 17-25.
Ackerberg D A, Caves K, Frazer G. 2015. Identification properties of recent production function estimators. Econometrica, 83 (6): 2411-2451.
Altomonte C, Barattieri A. 2015. Endogenous markups, international trade, and the product mix. Journal of Industry, Competition and Trade, 15 (3): 205-221.
Altug S, Filiztekin A. 2002. Scale effects, time-varying markups, and the cyclical behaviour of primal and dual productivity. Applied Economics, 34 (13): 1687-1702.
Amiti M, Freund C. 2007. China's export boom. Finance & Development, 44 (3): 38-41.
Amiti M, Khandelwal A K. 2013. Import competition and quality upgrading. Review of Economics and Statistics, 95 (2): 476-490.
Amurgo-Pacheco A, Pierola M D. 2008. Patterns of Export Diversification in Developing Countries: Intensive and Extensive Margins. Washington: World Bank Publications.

Bastos P, Silva J. 2010. The quality of a firm's exports: where you export to matters. Journal of International Economics, 82 (2): 99-111.

Bellone F, Musso P, Nesta L, et al. 2008. Financial constraints and firm export behaviour. The World Economy, 33 (3): 347-373.

Bellone F, Musso P, Nesta L, et al. 2014. International trade and firm-level markups when location and quality matter. Journal of Economic Geography, 16 (1): 67-91.

Bernard A B, Eaton J, Jensen J B, et al. 2003. Plants and productivity in international trade. American Economic Review, 93 (4): 1268-1290.

Bernard A B, Jensen J B, Redding S J, et al. 2007. Firms in international trade. Journal of Perspectives, 21 (3): 105-130.

Bernard A B, Jensen J B, Redding S J, et al. 2012. The empirics of firm heterogeneity and international trade. Annual Review of Economics, 4 (1): 283-313.

Bernard A B, Jensen J B, Schott P K. 2006. Trade costs, firms and productivity. Journal of Monetary Economics, 53 (5): 917-937.

Bernard A B, Wagner J. 1997. Exports and success in German manufacturing. Weltwirtschaftliches Archiv, 133 (1): 134-157.

Combes P P, Duranton G, Gobillon L, et al. 2012. The productivity advantages of large cities: distinguishing agglomeration from firm selection. Econometrica, 80 (6): 2543-2594.

Das S, Roberts M, Tybout J. 2007. Market entry costs, producer heterogeneity, and export dynamics. Econometrica, 75 (3): 837-873.

de Loecker J, Warzynski F. 2012. Markups and firm-level export status. American Economic Review, 102 (6): 2437-2471.

Domowitz I, Hubbard R G, Petersen B C. 1986. Market structure and the cyclical fluctuations in U.S. manufacturing. Review of Economics and Statistics, 70 (1): 55-66.

Eaton J, Kortum S. 2002. Technology, geography, and trade. Econometrica, 70 (5): 1741-1779.

Feenstra R, Kee H L. 2008. Export variety and country productivity: estimating the monopolistic competition model with endogenous productivity. Journal of International Economics, 74 (2): 500-518.

Fryges H, Wagner J. 2010. Exports and profitability: first evidence for German manufacturing firms. The World Economy, 33 (3): 399-423.

Gradzewicz M, Hagemejer J. 2007. Impact of competition and business cycles on the behaviour of monopolistic markups in the Polish economy. MPRA Paper: 11-27.

Hall R E. 1988. The relation between price and marginal cost in U.S. industry. Journal of Political Economy, 96 (5): 921-947.

Helpman E, Melitz M J, Yeaple S R. 2003. Export versus FDI. Social Science Electronic Publishing, 94 (1): 300-316.

Heckscher E F. 1919. The Effect of Foreign Trade on the Distribution of Income. Cambridge: MIT Press.

Hopenhayn H A. 1992. Exit, selection, and the value of firms. Journal of Economic Dynamics and Control, 16 (3/4): 621-653.

Hummels D, Klenow P J. 2005. The variety and quality of a nation's exports. American Economic Review, 95（3）：704-723.

Kancs D A. 2007. Trade growth in a heterogeneous firm model: evidence from South Eastern Europe. The World Economy, 30（7）：1139-1169.

Kang J K. 1993. The international market for corporate control: mergers and acquisitions of U.S. firms by Japanese firms. Journal of Financial Economics, 34（3）：345-371.

Khandelwal A. 2010. The long and short (of) quality ladders. The Review of Economic Studies, 77（4）：1450-1476.

Konings J, Cayseele P V, Warzynski F. 2005. The effects of privatization and competitive pressure on firms' price-cost margins: micro evidence from emerging economies. The Review of Economics and Statistics, 87（1）：124-134.

Konings J, Roeger W, Zhao L. 2011. Price-cost margins and shares of fixed factors. CEPR Discussion Paper.

Konings J, Vandenbussche H. 2005. Antidumping protection and markups of domestic firms. Journal of International Economics, 65（1）：151-165.

Krugman P. 1980. Scale economies, product differentiation, and the pattern of trade. The American Economic Review, 70（5）：950-959.

Krugman P R. 1979. Increasing returns, monopolistic competition, and international trade. Journal of International Economics, 9（4）：469-479.

Krugman P R. 1989. Industrial organization and international trade. Handbook of Industrial Organization, 2：1179-1223.

Lall S. 2001. Competitiveness indices and developing countries: an economic evaluation of the global competitiveness report. World Development, 29（9）：1501-1525.

Levinsohn J, Petrin A. 2003. Estimating production functions using inputs to control for unobservables. Review of Economic Studies, 70（2）：317-341.

Linder S B. 1961. An Essay on Trade and Transformation. Stockholm：Almqvist &Wiksell.

Loecker J D, Warzynski F. 2012. Markups and firm-level export status. American Economic Review, 102（6）：2437-2471.

Lu Y, Yu L. 2015. Trade liberalization and markup dispersion: evidence from China's WTO accession. American Economic Journal：Applied Economics, 7（4）：221-253.

Manova K, Zhang Z. 2009. China's exporters and importers: firms, products and trade partners. National Bureau of Economic Research.

Martin J. 2012. Markups, quality, and transport costs. European Economic Review, 56（4）：777-791.

Martin S. 2002. Advanced Industrial Economics. Oxford：Blackwell Publishers.

Melitz M J. 2003. The impact of trade on intra-industry reallocations and aggregate industry productivity. Econometrica, 71（6）：1695-1725.

Melitz M J, Ottaviano G I P. 2008. Market size, trade, and productivity. The Review of Economic Studies, 75（1）：295-316.

Nekarda C, Ramey V. 2013. The cyclical behavior of the price-cost markup. NBER Working Paper.

Ohlin B. 1933. Interregional and International Trade. Cambridge：Harvard University Press.

Olley G S, Pakes A. 1996. The dynamics of productivity in the telecommunications equipment industry. Econometrica, 64（6）：1263-1297.

Ricardo D. 1817. On the principles of political economy and taxation. Cambridge：Harvard University Press.

Roeger W. 1995. Can imperfect competition explain the difference between primal and dual productivity measures? Estimates for U.S. manufacturing. Journal of Political Economy, 103（2）：316-330.

Rotemberg J J, Woodford M. 1999. The cyclical behavior of prices and costs. Handbook of Macroeconomics, 1：1051-1135.

Samuelson P A.1952. The transfer problem and transport costs：the terms of trade when impediments are absent. The Economic Journal, 62（246）：278-304.

Schmeiser K N. 2012. Learning to export: export growth and the destination decision of firms. Journal of International Economics, 87（1）：89-97.

Siotis G. 2003. Competitive pressure and economic integration: an illustration for Spain, 1983-1996. International Journal of Industrial Organization, 21（10）：1435-1459.

Smith A. 1776. Wealth of Nations. New York: The Modern Library.